新媒体时代下德育教育研究

王京姝 郭 艳 贾士勇 著

延吉·延边大学出版社

图书在版编目（CIP）数据

新媒体时代下德育教育研究 / 王京姝, 郭艳, 贾士勇著. -- 延吉：延边大学出版社, 2023.11
ISBN 978-7-230-05946-6

Ⅰ.①新… Ⅱ.①王… ②郭… ③贾… Ⅲ.①德育—教育研究 Ⅳ.①G41

中国国家版本馆 CIP 数据核字(2023)第 211252 号

新媒体时代下德育教育研究

著　　者：王京姝　郭　艳　贾士勇
责任编辑：尹昌静
封面设计：瑞天书刊
出版发行：延边大学出版社
社　　址：吉林省延吉市公园路 977 号　　邮　编：133002
网　　址：http://www.ydcbs.com　　E-mail：ydcbs@ydcbs.com
电　　话：0433-2732435　　传　真：0433-2732434
制　　作：山东延大兴业文化传媒有限责任公司
印　　刷：延边延大兴业数码印务有限责任公司
开　　本：787×1092　1/16
印　　张：17.75
字　　数：300 千字
版　　次：2024 年 5 月 第 1 版
印　　次：2024 年 5 月 第 1 次印刷
书　　号：ISBN 978-7-230-05946-6

定价：78.00 元

作者简介

王京姝（1989.6—）女，汉族，山东济南人，硕士，讲师，现任山东财经大学统计与数学学院辅导员，主要从事高校思想政治教育、网络思想政治教育等方面的工作，参与省部级课题 1 项、校级课题 2 项，并发表相关领域论文。工作以来，参加过辅导员职业能力大赛、辅导员论文大赛、辅导员工作案例大赛，并多次获奖。指导学生获山东省大学生数学竞赛一等奖、"挑战杯"大学生课外学术科技作品竞赛二等奖等。多次荣获"优秀指导教师""社会实践先进个人""优秀共青团干部"等荣誉称号。

郭艳（1977.8—）女，汉族，四川岳池人，毕业于辽宁师范大学中文系，汉语言文学学士学位，在职研修地理教育学硕士，从事初中地理教学 26 年，现任教于盘锦市兴隆台区欢喜岭学校，担任八年级地理教学，兼学科组长，中学副高级教师。在报纸杂志上曾多次发表初中地理教育教学方面的论文。

贾士勇（1976.12—）男，汉族，山东济南人，本科，中学一级教师，现任职于山东省济南市槐荫区崇新学校，主要从事（初中）学生管理、学生思想教育、教育教学等方面的工作。

前　　言

德育教育，作为学校教育工作的重要组成部分，一直以来都扮演着引领、驱动和保障学生健康成长的关键角色。在新媒体时代，德育教育面临着新的机遇和挑战，它的创新与发展变得尤为迫切。

本书以新媒体时代下的德育教育创新为切入点，从德育教育的理念、模式、内容、方法和形式等多个角度出发，探讨其创新发展的路径，深入分析了在新媒体时代下，德育教育如何更好地为学生的全面发展服务，并提出了一系列有建设性的建议。此外，本书还将研究的视野拓展至交叉学科领域，考察了德育教育在地理学科的发展现状，以及地理教师政治地理素养的提升。

德育教育的创新是推动社会进步的关键因素之一，也是培养未来领袖和公民的重要途径。未来的领袖和公民需要具备多元化、综合的素质，包括道德品质、批判性思维、社会责任感和跨文化意识。这些素质将帮助他们更好地适应并塑造一个不断发展和变化的世界。通过不断探索和创新，德育教育可以为学生提供更丰富、更有启发性的经验，以便他们能够成为具有良好道德品质的社会主义接班人。

本书旨在为广大教育工作者和研究者提供深入研究德育教育创新的材料，以帮助他们更好地了解和推动这一关键领域的发展。

由于本书的编写涉及复杂的理论和实践领域，难免存在理论水平有限、不足和错误之处。因此，恳请广大的德育工作者和读者，对本书进行批评和指正，以期更好地完善其内容。

目　　录

第一章　新媒体概论 1
第一节　新媒体的产生与发展 1
第二节　新媒体的特点 4
第三节　新媒体的组成 12

第二章　新媒体给德育工作带来的机遇和挑战 14
第一节　新媒体给德育教育工作带来的机遇 14
第二节　新媒体给德育教育工作带来的挑战 20
第三节　新媒体时代下加强德育教育的措施 23

第三章　新媒体时代下的德育教育 29
第一节　德育教育的概念 29
第二节　德育教育的理论基础 30
第三节　德育教育的内容 33

第四章　新媒体时代德育教育现状 49
第一节　新媒体时代德育教育的意义 49
第二节　新媒体时代德育教育创新的重要性 53
第三节　新媒体时代德育教育存在的问题 66
第四节　新媒体时代德育教育问题的成因 73

第五章　新媒体时代德育教育的目标 85
第一节　教育目的与教育目标的区别和关系 85
第二节　新媒体视野下德育教育目标应坚持的原则 86
第三节　德育教育目标定位中存在的问题 90
第四节　新媒体时代德育内容体系构建的目标 92

第六章　新媒体时代德育教育的原则和方法 97
第一节　德育教育的原则 97

第二节　德育教育的方法 106
第七章　新媒体时代德育教育的理念创新 116
第一节　树立"全环境育人"理念 116
第二节　树立一元主导与包容多样的理念 121
第三节　树立德育价值取向与社会道德整体发展趋向相一致的理念 ... 127
第四节　树立德育教育与新媒体传播特征相一致的理念 131
第八章　新媒体视野下德育教育方法创新 134
第一节　德育教育方法创新的基本依据 134
第二节　德育教育方法创新的基本要求 137
第三节　对中国德育教育方法的继承与创新 140
第四节　对国外现代教育方法的吸纳与借鉴 141
第五节　建构以学生发展为本的教育方法体系 142
第九章　新媒体时代教师德育素养的培养 144
第一节　新媒体时代教师德育素养的塑造与提升 144
第二节　新媒体时代教师德育素养的实践与评价 164
第十章　新媒体时代下地理教学中的德育培养策略研究 185
第一节　概念阐述及研究必要性分析 185
第二节　地理教材中适合德育培养的内容分析 191
第三节　地理教学中德育培养的课堂观察 196
第四节　地理教学中德育培养的策略 207
第十一章　地理学科视角下研学旅行德育的现状及对策 211
第一节　相关概念与理论基础 211
第二节　研学旅行中地理德育融入的现状调查 216
第三节　研学旅行地理德育培养的优化对策 230
第十二章　地理教师政治地理素养提升研究 242
第一节　地理教师政治地理素养现状调查与分析 242
第二节　地理教师政治地理素养提升对策 262
参考文献 274
后　　记 276

第一章 新媒体概论

第一节 新媒体的产生与发展

媒体是传播信息的媒介。随着新媒体技术的迅猛发展,新媒体逐渐取代了旧媒体,成为主流媒体。新媒体是一个广泛的概念,可以理解为利用数字网络技术,通过局域网、无线网、卫星等通信渠道,以电视、手机和电脑为终端,向用户传递信息的一种媒体形态。严格来说,新媒体应该被称为数字化媒体。具体来说,新媒体实际上就是一个网络媒体平台,在这个平台上,用户可以利用文本、图像、音乐和视频等多种信息格式自由创作内容。不同用户之间还可以基于自身的人际关系网络对相关内容进行评论、分享。新媒体作为一种新兴的网络媒体平台,与传统媒体存在本质的区别,新媒体用户享有更多的自主权。

一、新媒体的纵向发展

从媒介的发展历程来看,可以将其分为语言期、文字工具期、印刷期和网络化期。在旧石器时代的早期,很少有人谈论传播媒介。随着语言的出现,人们开始进行信息的交换和沟通。直接口头交流使多种信息的传递成为可能,但由于缺乏适当的媒介和工具,人们只能用具体的物体代替抽象的符号来进行信息交换,交流仍然存在一定的局限性,如口头语言形式的限制、信息无法即时保存等,而这些因素促使了书写工具的出现。

随着书写工具的出现,人类进入了有记录的"历史"阶段,这也标志着新石器时代的结束。在这个时期,出现了真正的媒介,如具有代表意义的甲骨文、青铜器和古代钱币等。造纸术和印刷术的发明及应用极大地提高了人类文明的传播速度和质量。尽管那时的印刷技术仍然处于"原生状态",但无疑比"手工制造"要高效得多,信息传递也更加有条理,使人们能够获取到更多的信息。

1969年兴起的互联网促使整个世界逐渐发展成为一个"地球村",如今,人类已经进入了网络媒介时代。随着互联网的普及,人类的信息传播变得更快、更广泛。媒介已经超越了最初的定义,被赋予了前所未有的价值和意义。

"媒体"一词源自拉丁语"Medium",音译为媒介,意思是两者之间。媒体指传播信息的媒介,它是人们利用的工具、渠道和载体,也可以理解为技术方法。媒体是所有能够将信息从来源传达给接收者的技术工具的统称。与新媒体相对,传统四大媒体通常是指报纸、杂志、广播、电视。

新媒体与传统媒体相比,并不是一个全新的概念。实际上,在传媒界,"新"和"旧"只是"新旧"的相对关系,而不是绝对关系。新媒体一直以来都有自己的发展历程,即"觉醒""发展""繁荣"。

1967—1985年是"觉醒"阶段:1967年,美国哥伦比亚广播网络科技网络的负责人戈尔德马克首次提出了"新媒介"这一概念。

1985—1992年是"发展"阶段:1985年5月,在联合国新闻委员会每年举行一次的会议上,提出并采用了"新媒体"一词。

1992年至今是"繁荣"阶段:1992年,美国借助互联网推行"信息高速公路"建设的时机,提出"网络"一词。在先前的有关文献研究中,虽然新媒体的实质内容围绕"新媒体"展开,但大多数仍然沿用"网络"这一特定概念,认为"新媒体"就是"互联网时代新媒体"。

20世纪末期,为了使研究更加规范,体现时代特色,联合国教科文组织对"新媒体"进行了再次界定,并在技术不断发展与创新的背景下,使"新媒体"这一概念在"与时俱进"的基础上得到了进一步的扩展。在今天,新媒体已不是具体的媒介,它被打上了科技的特征与印记,具有所谓的相对性。

总之,"新媒体"只是一个相对而言的概念。与传统媒体相比,新媒体能够利用网络技术等新兴技术,利用互联网、各种通信网络、卫星等媒介,通过手机、计算机、电视等多种终端,为使用者提供信息和其他相关的服务。

二、新媒体的横向发展

新媒体从诞生之日起，就与传统媒体有着很大的不同，因此，它也更加顺应了时代的潮流。从传播学的观点来看，传统媒体是指广播、报纸、杂志、电视四大主流媒体。与传统媒体相比，新媒体被人们形象地称为"第五媒体"。

当然，从"媒体"角度来看，新媒体和传统媒体有许多共性。然而，我们现在关注的是新媒体与传统媒体的不同之处，因此，我们需要从这些差异入手。新媒体和传统媒体最大的区别在于传播机制。传播机制具体指的是信息传播的形式、方法及整个流程，包括传播者、传播途径、传播媒介和接收者等各个组成部分，它是信息从发布者到接收者的传递渠道的总体概要。传统媒体的传播机制通常是一对多的，即从一点到多点，或者点对面的传播机制。在这种传播机制下，信息发布者或信息源逐层构建了所谓的"信息金字塔"，所有稀缺资源都由精英阶层掌握，并享有处理信息的话语权，这使得传统媒体能够通过控制信息源来轻松控制传播内容。

与传统媒体的传播机制相比，新媒体的传播机制具有多点对多点、全方位的特点。在新媒体环境下，受众与信息来源的界限越来越模糊。传统意义上的信息来源在与受众进行交互的过程中，也被称为"有力的信息接收者"，从某种程度上来说，受众也是"信息来源"。比如，通过微博、微信等方式，许多受众本身也变成了信息的发布者，从而使信息的供给逐渐呈现出自发、自给自足的状态。新媒体的涌现给政府的管理带来了巨大的挑战。由于全民皆可作为信息来源，政府难以投入足够的人力物力对其进行全方位的核查，这就需要将传统的"以堵为主"的治理模式转变为"以疏为主"的治理模式。20世纪原创媒介理论家麦克卢汉指出，媒体的首要作用是改变人的生存状态，新媒体对人们生活的影响丝毫不逊色于任何一种传统媒体。随着新媒体的准入门槛越来越低，信息传播气氛也更加自由和民主。同时，网络媒介也极大地拓展了公众获取信息的途径，降低了公众获取信息的成本，将很多以前消费不起媒体信息的潜在消费者变成了真正的信息消费群体。

抛开技术层面的复杂性，仅就新媒体与传统媒体之间的区别与联系而言，可以归纳为"三个新"：第一，新科技的先进性。数字化技术的广泛应用将会释放出海量的频谱资源，并大大提高信息的传输效率。第二，新媒体的"新"特点。除了多对多的传播优势，新媒体的"新"作用在于传播信息的及时、全面，并表现出一种点对点的互动性。第三，它的作用是新颖的。新媒体的信息传播能够将更多的信息接收者转化为受众。

三、新媒体的本质特征

新媒体的本质特征包括几个关键特点：相对性、技术性、媒介性、服务性。

（1）相对性意味着新媒体是一种相对于传统媒体的新兴媒体形式，是在广播、电视、报刊等传统媒体之后崭露头角的媒体形态。

（2）技术性表明新媒体在履行其功能时需要借助数字、网络、移动等技术来实现。

（3）媒介性是指新媒体利用多种媒介，如互联网、无线通信网络、卫星来实现信息传播，并通过电脑、手机、数字电视等客户端来实现对信息的接收和上传。

（4）服务性则强调新媒体作为一种媒体形式，致力于向用户提供信息分享和互动娱乐等服务。

在整个过程中，新媒体展现出自主性、开放性、平等互动、即时便捷、丰富多样的信息共享等特点。

第二节 新媒体的特点

新媒体自诞生以来，就展现出与传统媒体不同的特质。新媒体时代赋予信息传播明显的时代特色，这主要体现在信息内容的丰富多样性、信息形式的多样性、信息价值的多重性、信息来源的隐蔽性、信息检索的便捷性及辨别信息真伪的困难性上。随着科技的迅猛发展和各类新媒体形式的涌现，新媒体的便捷性和互动性对人们的生活产生了深远影响。这种影响对高校教学活动，尤其对高校学生的思想观念、道德评价和价值判断的形成与发展具有重要的意义。因此，在当前阶段，了解新媒体的特点并利用其优势，对高校德育教育工作的顺利开展具有重要意义。

一、新媒体时代的特点

新媒体相对于传统媒体而言，是一种由报刊、广播、电视等传统媒体演化而来的新媒体形式，它依赖数字技术、网络技术和移动技术等现代技术的支持，通过互联网、无线通信网络、卫星等渠道，以及电脑、手机、数字电视等终端向用户提供信息和娱乐服务。更准确地说，新媒体其实是数字化媒体。熊澄宇指出："新媒体是一个不断演化的概念。它在互联网的基础上不断扩展，包括无线移动技术及与计算机相关的其他新媒体形态。"新媒体使我们能够即时获取和传播各种信息。

（一）能发声的时代

随着新媒体相关技术的不断发展，尤其是网络技术的进步，每个人都能借助互联网这个平台来表达自己的观点，成为信息传播的渠道及意见表达的主体。有人将这个时代形容为"能发声的时代"或"大众麦克风的时代"。互联网已成为不同利益群体进行利益表达，尤其是弱势群体捍卫基本权益的平台。

（二）平等的时代

社会的公平正义是以社会秩序和社会价值为核心的方法论概念。在新媒体领域，公平正义的体现应着重考虑如何保障新媒体成员实现其价值平衡，确保网络社会中的信息基本对等。只有在这个前提下，作为社会成员的个体才能在新媒体背景下实现可持续发展。新媒体时代存在一种内在的讨论公平正义的基础，它在广义上体现了公平和正义的概念，并借助网络技术为人们提供了一种生活形式。

新媒体时代已经从根本上改变了传统的社会群体结构和人际互动方式。互联网的普及使成千上万台计算机互相连接，共享信息和资源，但同时也保持各自的独立性。互联网具有去中心化的特点，且缺乏领导管理机构，因此，每个互联网用户都有机会成为中心。个体的平等和权利意识得到增强，不再受传统社会等级制度的束缚，从而使人际交往的平等性得到最大程度的体现。

由此可以看出，互联网的开放、自由和互动性体现了天然的平等性。互联网的开放和自由使其拥有无限的信息资源，同时也使网络中的每个成员能够平等地分享这些信息。人们可以充分利用互联网独有的互动功能进行相互交流。

美国未来学者约翰·奈斯比特认为："计算机将摧毁政治领域的金字塔；我们建立等级森严的金字塔式的管理系统是因为我们需要掌握下属的去向及他们的任务完成情况，而有了计算机的帮助，我们可以用平行联系的方法重新设计我们的组织结构。"

（三）"全媒体"的时代

"全媒体"这个概念源自美国一家叫作 Martha Stewart Living Omnimedia（玛莎-斯图尔特生活全媒体）的家政公司。在过去的十多年里，随着科技的迅速发展，新的信息传播手段不断涌现，传统媒体和新媒体的融合不断深入。尽管"全媒体"这个概念在学术界尚未形成共识，但在传媒领域的实践中，它的内涵逐渐丰富。

"全媒体"中的"全"不仅包括传统媒体形式，如报纸、杂志、广播、电视、音像、电影、出版等，还包括新媒体形式，如互联网、电信、卫星通信等各种传播工具，同时还考虑到了人们接收信息的各种感官，包括视觉、听觉、触觉等。此外，全媒体强调满足不同受众的需求，选择最合适的媒体形式和渠道，提供高度细分的服务，实现对受众的全面覆盖并达到最佳传播效果。

"全媒体"这个概念虽然尚未在学术界正式提出，但在传媒领域的实际应用中已经得到了发展。这个概念考虑到了媒体形式的不断演进和变化，以及媒体内容、渠道和功能的融合，使人们需要在媒体使用方面探索更广泛的概念。因此，"全媒体"近年来已经广泛应用于新闻传播、远程教育等领域，它的特点包括动静结合、深浅互补、即时传输、实时终端及交互联动等。

当前，传统媒体和新媒体正处于相互融合的发展阶段，涵盖了官方和非官方的舆论场。

官方舆论场包括党报、国家电视台及官方新闻网站等，而非官方舆论场则包括口头传播、互联网及自媒体等。有人这样描述这两个舆论场之间的关系："两个舆论场的重叠部分越大，舆论引导的针对性和有效性就越高；两个舆论场的重叠部分越小，舆论引导的针对性和有效性就越低。如果两个舆论场根本无法重叠，传统媒体的舆论影响力将面临威胁。"因此，如果传统媒体失去发声权，互联网、手机和广播等新媒体有可能对社会产生重大影响。

（四）民主彰显的时代

在新媒体时代，任何有互联网接入条件的个体都有可能引起广泛的舆论反响。这是因为在新媒体环境下，每个人都扮演了记者和媒体的角色。新闻与信息传播不再是专业机构的垄断，而是一个受众广泛参与的过程。

各社会阶层，包括知识分子、中产阶级、成功人士、普通民众、政府官员、媒体从业者、事实核查者、国外媒体及互联网上的各类个体等，都可以在互联网上表达自己的观点。因此，互联网经常成为弱势群体表现伤痛并相互支持的平台，这也进一步突显了民主的价值。

（五）新媒体成为民众利益表达的第一通道

在传统媒体时代，民众在信息的接收和传播方面处于被动地位，而在新媒体时代，人们能够充分表达自己的意见，维护自身切实的利益和合法权益，还可以对社会上的各种行为进行有效的监督，进一步彰显了社会的公平与正义。传统媒体的舆论监督功能逐渐减弱，而互联网则成为民众表达权益诉求并争取公众支持的方式。

新媒体已经成为突发公共事件的主要信息来源。通过互联网，民众可以迅速了解事件的过程，同时也可以发表个性化的评论。人们对深度搜索信息的渴望及他们获取网络信息能力的提高，导致与事件相关的话题层出不穷。因此，互联网已经成为突发公共事件的首要信息来源。

二、新媒体在传播方式和内容方面的特点

新媒体对传统媒体的传播方式和内容进行了创新与发展，这一点是显而易见的，尽管新媒体和传统媒体在内涵和范围上存在差异，但新媒体毕竟是在传统媒体的基础上发展起来的。

保罗·莱文森是一位著名的理论家，他认为在新旧媒体的演进中，后继的媒介通常是对以往媒介的辅助或根本性的补充，这种补充的价值常常受到历史背景的影响。这一理论也被称为"补偿性媒介理论"。根据这一理论，我们可以看到在媒体发展的历史进程中，报纸的出现将口口相传的信息转变为平面化的文字呈现形式，广播弥补了报纸无法提供的实时性和现场感，电视则通过图像呈现信息，更具有视觉吸引力。这些都是历史性的媒体改革，对受众产生了深远影响。如今，新媒体主要以互联网和智能移动设备为载体，对传统媒体进行了重要的"补偿"。这种"补偿"具有历史性和时代性的重要意义。新媒体在传播方式和内容方面具有以下几个显著特点：

（一）迎合人们休闲娱乐、学习时间"碎片化"的需求

随着社会的迅速发展和人们生活节奏的加快，人们越来越难以拥有连续的时间用于娱乐、学习和消遣。新媒体的出现恰好满足了人们对这种"碎片化"时间的利用需求，这主要表现在以下几个方面：

首先，新媒体打破了地域的限制，使信息的传播不再受地理位置的束缚，无论是城市还是乡村，各种信息可以通过不同的媒体呈现在人们面前，实现了信息在众人面前的平等分发。

其次，新媒体消除了时间限制，使人们能够随时随地获取信息。随着互联网的广泛普及，新媒体的"碎片化"特征也更加明显。

最后，借助多样化的终端设备，受众可以使用不同形式的新媒体来实现对"碎片化"时间的有效利用。

(二)满足人们随时随地互动、表达、娱乐的信息需求

传统的媒体,如报纸、广播和电视,采用的是一种"中心化"的传播方式,是一种一对多的传播模式。然而,新媒体则采用了"去中心化"的传播方式,实现了点对点和面对面的传播。这种变化使受众能够更加自由、个性化地处理各种信息,并进行个性化的评论和反馈。此外,受众还能通过各种客户端实现远程视频和图像交流,这使交流方式更加多元化。这些优势是传统媒体不具备的,也是传统媒体无法企及的。

(三)人们使用新媒体的目的性与选择的主动性更强

在传统媒体时代,个体在向公众表达观点时常常存在很多障碍。这些障碍被称为"高门槛",即要在传统媒体上发表观点通常需要具备一定的条件,包括经济、社会地位和专业水平。否则,想进入传统媒体的视野几乎是不可能的。

然而,新媒体技术的崛起彻底改变了这种被动的局面。随着互联网等新媒体工具的发展,受众可以借助各种"话筒"来自由表达个性化的观点。一些流行的方式包括在线论坛、微博、微信等。这些新型的信息传播工具不仅为受众提供了便捷的交流方式,使他们能够分享各种观点和进行讨论,还促进了民主原则的普及,有助于社会主义文化建设。

新媒体的兴起确实降低了信息获取和传播的门槛,给传统媒体带来了一定冲击。同时,传统媒体也在积极适应这种"低门槛"的趋势,以保持自身的竞争力。

(四)新媒体的使用使市场细分更加充分,内容选择更加个性化

新媒体广泛整合传统媒体的各个方面,并得到了广泛应用。即时通信不再仅限于文字聊天,还包括语音和视频通话。博客已演化为包括语音和图像在内的信息传播方式。移动媒体更是融合了传统媒体的各种元素。

总之,新媒体提供了多种媒介形式,使用户可以轻松切换,并保持网络内容的更新。它将图像、文字、声音、动画等融为一体,为用户提供点对点的信息传递服务,使他们每个人都可以使用可信赖的私人信息传播工具。此外,新

媒体在传播形式方面更具直观性和娱乐性。

三、新媒体传播的特点

（一）传播行为更加个性化

"原型"的概念是由荣格提出的，被誉为"人类心灵的集大成之理论"。人类的存在可以划分为一些模式，如父母、恋人、夫妻、老人与年轻人、英雄与失败者。这种原型是与生俱来的，尽管每个人都有与别人不同的思想和看法，但实际上它们都有共同的原型，这就是人类意识的源头，也是思维的出发点。这也解释了为什么每一个从事创意工作的人，都会被某种形式所影响。以原型为基础，对个人在新媒体环境下的个性化行为进行研究，是一个很有实用价值的研究课题。

在科技的帮助下，新媒体的传播方式变得越来越个性化。在新媒体的环境中，博客、播客、移动终端等新媒介的出现，使每个人都有机会成为信息的发布者，都可以自由发表自己的看法，传播自己感兴趣的观点。然而，这种个性化的传播方式也有其弊端，那就是"个性化"过度，导致"鱼龙混杂"。同时，在新媒体环境下，信息管理工作面临着严峻的挑战，这对受众的信息甄别能力提出了更高的要求。

（二）传播速度实时化

相较于传统媒体，新媒体借助现代科技实现了信息的即时传播。传统媒体需要烦琐的编辑、后期制作和排字工作，而新媒体则利用技术的优势，使信息能够实时传播到世界各地。以巴西世界杯为例，新媒体技术使受众可以通过网络和移动终端实时观看比赛，并进行即时点评。在互联网时代，即使是不擅长使用新媒体技术的人，也能在两三分钟内发布一条微博，而信息的传播只需要一次点击。此外，转发与评论信息内容的速度也与传统的传播方式截然不同，新媒体能够使信息几乎瞬间在网络上传播开来。

（三）传播方式多元化

传统媒体的传播模式是点对点的，呈现出单向、线性和非选择性的特点。在一定时间内，信息发布者向受众传递信息，受众作为被动接收者，无法作出信息反馈，整个信息传递的过程是静态的，这有助于信息管理者对信息进行控制。相比之下，新媒体的传播形式更丰富，是多点对多点的方式，是双向互动的过程。网络论坛和贴吧等社交媒体得以蓬勃发展，这是因为它们为用户提供了在线互动的机会，使每个人都能发表自己的观点，同时也增强了信息发布者的归属感。

（四）接收方式移动化

"移动接收"是指用户能够随时随地接收他们感兴趣的信息。这种新型的移动接收方式使资讯读者从时间和空间的束缚中解放出来。信息可以在任何时间、任何地点自由传播，这使工作变得更加便捷、高效。通过手机终端上的移动信息化软件，用户能够搭建与计算机相连的应用系统，消除了时间和空间的限制，实现便携通信。传统媒体的信息接收方式较为固定，时空选择有限。在新媒体时代，移动终端和网络技术的迅猛发展使受众能够在不同时间和不同地点获取信息，真正实现了"移动接收"。

（五）传播内容交融化

与传统媒体相比，新媒体的传播内容更加多样化，能够将文字、图像、声音和视频等多媒体元素融为一体。随着无线网络的广泛应用和移动终端的进步，移动设备还融合了浏览网页和视频通话等功能，这些特性是建立在多种网络，如互联网、通信网络和广播电视网络融合基础上的。

第三节 新媒体的组成

新媒体对时代的影响广泛，其触及面已经扩展到人们生活、工作和学习的各个领域。人们主要通过新媒体的客户端进行信息的传播。随着网络技术和通信技术的不断发展，各种客户端应运而生，如论坛、博客、播客、搜索引擎、电子邮件、网站、移动多媒体、楼宇屏幕、即时通信软件、对话链、虚拟社区等。这些新媒体工具已经融入了人们的日常生活。

智能手机是一种具备独立操作系统和运行环境的移动设备，它具有以下特点：第一，能够通过移动通信网络实现无线互联网连接；第二，它集成了个人数字助理功能，包括日程管理、任务安排、多媒体应用和网页浏览；第三，拥有开放性的操作系统，具备独立的处理器和内存，可安装各种第三方应用程序，从而不断扩展其功能；第四，智能手机具备高度的个性化，能够根据用户需求扩展内置功能、进行软件升级及实时识别软件的兼容性；第五，具备强大的性能和广泛的第三方软件支持。

微博是微型博客的简称，是一个广播式社交网络平台，通过关注机制分享实时简短信息。2006 年 3 月，博客技术先驱 Blogger 的创始人埃文·威廉姆斯创立了新兴公司 Obvious，推出了大型微博服务。在最初阶段，这项服务仅用于向好友手机发送文本信息。微博以用户关系为基础，用于信息分享、传播和获取。用户可以通过 WEB、WAP 等多种客户端来构建个人社区，发布文字信息，实现实时分享。微博的关注机制有单向和双向两种，它更注重时效性和随意性，能够表达每时每刻的思想和发布最新动态，而博客则更倾向于总结一段时间内的所见、所闻和所感。此外，微博也催生了微小说这一文学体裁。

微信是腾讯于 2011 年 1 月 21 日发布的一款提供智能终端即时消息服务的免费软件，它支持跨通信运营商和操作系统平台，能够在互联网上快速传送语音短信、视频、图片和文字，同时具备多项特色功能，如"摇一摇""漂流瓶""朋友圈""公众平台""语音记事本"等。

作为目前最流行的社交信息平台和移动终端入口之一，微信逐渐发展成一个庞大的商务交易平台，对营销产业产生了重大影响。微信商城应运而生，使用户可以在微信平台上查询、购买和体验商品。它将线上和线下的互动、订购和支付相结合，可以为用户提供综合性的服务。

微信的主要特点包括：一是多功能的聊天，支持发送文字、语音、视频、图片和表情，以及具备多人聊天功能；二是便捷的添加朋友的方式；三是即时通话功能，用户可以通过语音聊天室与一群人通话，实时互动，即使关闭手机屏幕也可以继续聊天。

腾讯 QQ（以下简称 QQ）是腾讯公司于 1999 年 2 月 11 日推出的一款免费的基于 Internet 的即时通信软件。QQ 具备多种功能，包括在线聊天、视频聊天、语音聊天、点对点断点续传文件、共享文件、网络硬盘、自定义面板、远程控制、QQ 邮箱等，并支持多种通信方式，包括移动通信终端。

在互联网发展的早期，由于网站相对较少，信息查找相对容易。然而，随着互联网的迅猛发展，信息量激增，对普通网络用户来说，想要找到所需的资料变得非常困难。为满足广大用户的信息检索需求，专业搜索网站应运而生。搜索引擎能够自动从互联网上搜集信息，方便用户进行查询。互联网上的信息数量庞大且杂乱无章，所有的信息就像大海中的小岛一样，而网页链接就是连接这些小岛的桥梁。搜索引擎为用户提供了一张清晰的信息地图，使他们能够轻松查找到所需的信息。搜索引擎的搜索方式有多种，包括目录索引、元搜索、垂直搜索、集合式搜索、门户搜索等。

新媒体是由不同的部分构成的，而且这些构成部分在不断地发展和更新。然而，并不是每当出现新的媒体成员时，旧成员就会被淘汰。新媒体的各个组成成员都在积极发展壮大。当旧成员的功能无法满足社会需求时，新成员就会崭露头角。新成员的出现代表了新媒体创新发展的成就，同时也激励旧成员积极采用新技术，跟上时代发展步伐，以免被淘汰。新成员的兴起离不开旧成员为其创造的环境和基础。新旧成员之间存在相互依存的关系，它们可以共同发展，相互促进。

第二章　新媒体给德育工作带来的机遇和挑战

第一节　新媒体给德育教育工作带来的机遇

新媒体的特点包括资源的共享性、功能的多样性及内容的广泛性。它具有信息传播速度快、环境开放、作用的双重性等显著特征，因此备受学生欢迎。学生群体在新媒体的帮助下能够进行更个性化的信息传递，这使他们成为新媒体时代的重要"发言人"。同时，新媒体传递的信息对所有人来说都是共享和可获得的。戴维·H·罗思曼在他的著作《网络即新生活》中提出："新媒体给我们的德育教育带来了难得的机遇。在新媒体条件下，德育教育工作可以同网络相结合，利用新的认识工具、新的交流方式使高校德育教育工作具有更强的生机和活力。"因此，在大学中，可以充分发挥新媒体技术的优势，弥补传统德育教育的不足之处，提高教学效果。大学的德育工作者可以利用新媒体及时了解大学生的思想动向，有针对性地指导学生，更好地发挥其作用。

一、新媒体拓宽了德育显性教育和隐性教育的载体

在高校教育领域中，显性教育和隐性教育是两种基本的德育方式，它们起到了不同的教育和熏陶作用。然而，在实际操作中，这两种教育存在各自的缺陷，无法充分发挥全面育人的作用。只有使二者相互结合、互相补充，才能最大限度地激发学生的潜力，取得更好的教学效果。

（一）高校德育工作中的显性教育

显性教育是一种以自觉、直接和显性的教育行为为主要形式的教育方式。课堂教学、先进人物讲座、谈心谈话、学术交流会等是外显性教育的主要方式。德育的显性教育是理论和知识课程的一个重要组成部分，具有目的性、计划性、组织性、社会性、实践性等特征。在我国大学德育的发展历程中，显性教育发挥了重要作用，并适时地推动了大学德育教学工作的顺利开展。

在过去很长的一段时间里，"显性教育"一直是我国德育教育的主流。高校德育工作中的显性教育是指德育教育工作者在公共场所对受教育者进行的德育教育，旨在培养大学生的政治观念、思想观念、道德观念、法治观念。

在德育的进程中，显性教育虽然占据主导地位，但是也有其局限性。

首先，从显性教育的内容来看，存在对德育的过分重视，却忽视了德育实践的问题，过分注重培养学生的道德观念，却忽略了对学生人文素质的培养。例如，在显性教育的教学过程中，集体主义、爱国主义等方面的内容过多，并且只强调概念、观点和原理，而缺乏实际运用。

其次，从显性教育的方式来看，显性教育的显著特点是在课堂上进行授课，采用"填鸭式"的教学方式。这种教学方式在一定程度上限制了学生主观能动性的发挥。显性教育更注重对理论和政策的传播和解释，带有一定的强制性，这种直白的教学方式可能使德育教育变得单调乏味，甚至引起学生的反感。

最后，显性教育倾向于从德育目标出发，而不是以德育需求为前提。实际上，由于社会各阶层的需求存在差异，导致德育目标和德育需求之间脱节，进而使显性教育失去了其与生俱来的"有效性"。

（二）高校德育工作中的隐性教育

隐性德育与显性德育是相对应的，它通过有意识地运用隐性课程理论，重视对隐性德育资源的开发与利用，在德育活动中采用相对隐秘的方式，让学生在不自觉中获得良好的学习体验。这种教育包括物质形态的隐性德育教育、以学校管理体制为载体的隐性德育教育，以及以大学精神为载体的隐性德育教育。在实际工作中，我们应充分利用这三种隐性德育资源，以发挥其最大作用。

换句话说，隐性德育通常采用迂回和渗透的方式，没有对受教育者产生直接的影响。它将教育目标融入日常生活，将教育过程融入休闲娱乐，以"润物无声"和"潜移默化"的方式将思想和价值观输送给受教育者，对他们的道德、态度和情感产生影响。

隐性教育具有以下特点：第一，它利用学生自己创造的氛围来进行教育，利用任何有集体性质的活动来进行教育；第二，它将教学内容渗透到个体的社会实践活动中，以引导受教育者的行为；第三，它采用了间接的教学手段，以潜移默化的方式对学生进行教育；第四，它具有多样化和广泛的载体；第五，它强调主体与客体的平等性和互动性，以平等和互动为基础，为交流提供保障。

在大学中开展隐性德育教育，不仅可以对现实中的显性德育教育进行补充，还可以满足新媒体环境下多样化、开放性的信息传播需求，以及学生主体意识增强的迫切需求，同时也可以涵盖学生思想道德养成与发展的整个过程。然而，目前我国大学在开展隐性德育教育方面仍然存在一些问题，包括教师和管理者的隐性德育意识不强、资源的开发与使用较为有限、采用传统方式的情况较多，以及与显性德育教育的联系不够紧密等。究其原因是传统"重视显性、忽视隐性"理念的束缚、教育者整体素养相对较低、综合的保障体系不够完善，以及隐性德育教育本身的局限性。

因此，高校在实施隐性德育教育时需要注意两个关键方面的"保证"。首先，应确保"育人为先"，将德育工作置于首要位置，将提高大学生的思想品德素质放在首位。其次，应确保育人机制，建立完善的高校德育保障体系，通过人力和制度的保障等方式来加强大学生的德育教育，并使显性和隐性德育教育有机结合，从而提升大学生的思想政治素养，取得更为显著的德育教育成果。

（三）高校德育工作的显性教育和隐性教育的载体

高校教育者可以通过课堂讨论、举办事件沙龙、举办高峰论坛等多种方式与学生进行交流，从而实现双向互动。在这个过程中，教育者可以潜移默化地传达高校德育的要求，从而培养学生树立正确的人生观、世界观、价值观，使学生形成正确的思维和行为模式，避免学生走上歧途。

高校教育者还可以将网络事件中所包含的新颖、形式多样的精神文化产品应用到德育教育中，将德育教育融入娱乐活动中，让学生在情感上产生共鸣，从而实现精神上的升华。在大学开展网络德育的同时，网络事件也可以悄悄地渗透显性德育教育所提倡的与社会发展相适应的价值取向，从而在不知不觉中实现高校德育的教学目标。通过各种间接的方法，高校教育者可以对学生进行潜移默化的引导，引导他们的思想和行为，这是在新媒体环境下，大学开展隐性德育教育的一种实践。

此外，学校还可以通过户外电子屏幕、计算机、各类移动设备等多种硬件设备，对学生进行显性和隐性德育教育和指导，还可以利用学生感兴趣的网站、论坛和手机等作为媒介，以专题的形式呈现。德育教育的重点在于引导，而不是灌输。要充分利用新媒体的丰富信息资源，构建信息平台，以学生喜欢的形式进行有说服力的、有针对性的宣传和教育，将党的路线、方针和政策融入他们的思想中。此外，还可以利用便捷快速的新媒体传播途径，如手机短信、博客、贴吧、微信、微博、抖音、小红书等方式加强与学生的沟通，及时发现和解决问题，从而提高德育教学效果。

二、新媒体使高校德育教育的信息传达更为及时

"载体"这一概念的提出为大学德育理论研究开辟了一条新的道路。然而，随着社会的进步，特别是新媒体的蓬勃发展，当代大学生的主体意识与价值取向变得越来越强烈，传统的传播方式已经难以适应新媒体时代的需求。因此，构建一个崭新的载体平台，形成合力，更好地为德育服务，是当前大学德育工作者的一种新视角。

在新媒体环境下，德育教育应具有更强的时效性。新媒体的出现消除了传统德育教育的时空限制，同时，新媒体也成为高校开展德育教育的重要工具。新媒体的应用提高了大学德育信息传播的时效性，尤其是在互联网快速发展的背景下，它使学生能够及时、迅速地获取国内外重要的时政时事信息，拓宽了学生的视野。新媒体在互联网的支持下，能够及时、准确地传播信息，及时地

对高校德育的教学内容和方法进行调整,从而取得了良好的教学效果。

三、新媒体拓展了德育教育的空间、领域和模式

新媒体的出现为高校学生的德育工作提供了新的思路和空间。数字技术、计算机网络技术、移动通信技术等使新媒体构建了一个资源丰富、信息量大、传输速度快、互动性强的网络系统。在这个新的领域中,德育教育的内容变得更加丰富,研究范围也更加广泛,表现形式也更加多样化。它的形态逐渐模糊,情境变得更为复杂,难度也有所增加。新媒体将家庭和学校连接在一起,利用新媒体技术,父母可以随时随地了解学生在学校的生活和学习情况,从而保证了德育教育的连贯性。在新媒体环境下,高校可以通过信息网络平台创建自己的德育网站,并通过网站的信息传播渠道对学生进行德育教育。通过这个网络平台,学生可以及时了解当前的时政新闻,充实自己,提升思想政治素养。

新媒体的出现为高校学生的德育工作提供了一个新的平台。传统的德育教学活动仅限于课堂、交流会和面对面的交谈,导致德育的形式单一,且受到时空的限制。在新媒体环境下,高校的德育教育可以突破时空的限制,利用丰富多样的德育内容对大学生进行德育教育。

新媒体的出现为高校德育工作的开展开辟了新的途径。传统的教学方式因其自身的局限性而不能适应新媒体的特点。传统的德育工作模式是单向的、"一刀切"式的,带有一定的指令性性质。在新媒体环境下,德育的方式是一种双向的方式,它可以通过图片、文字和视频来实现,用声音等方式来传达。新媒体时代下的教学方式实现了"两个融合":一是把大学校园文化和新媒体文化有机地融合起来,利用新媒体技术推动大学文化的发展,使高校的文化内涵更加充实,发挥更大的作用。二是把新媒介文化融入学生的成长过程中,推动大学生的思想"现实"和"虚拟"的融合,实现德育和新媒介价值观的有机统一,这既丰富了高校德育的内涵,又营造了一个健康、积极、文明的校园文化氛围。

四、新媒体提高了德育教育的开放性和自主性

在新媒体德育教育过程中,高校教育工作者要积极探索多种传播形式,满足网络德育教育的需求,并在此基础上进行创新。同时,还要不断努力提高自身的说服力、影响力和战斗力。高校德育工作者应充分发挥互联网的独特优势,准确把握时代脉搏,弘扬时代主题,发挥新时期高校德育工作的"服务保证"功能。

在新媒体技术的支持下,高校德育工作得以顺利开展。在这个过程中,高校需要利用学科的力量和教育者的力量对学生进行德育教育。在新媒体的影响下,教育者和受教育者之间的地位是平等的。这种教学方式有助于发挥学生的主观能动性,充分激发他们的学习积极性和创造性。

五、新媒体信息传播的多边和平等性使德育教育主客体双方的信任度大幅提高

在高校德育工作中,教师与学生之间的相互信任关系对高校德育工作的成效和质量产生了重要的影响。目前,大学生普遍不愿意向教师表达自己的真实想法,这是因为人的思想常常是隐秘的,这使得学生在接受德育时受到情感方面的阻碍。目前,可以通过新媒体的虚拟传播方式实现教师与学生的双向沟通,这可以消除学生内心的顾虑,增强教师和学生之间的相互信任,取得了良好的教学效果。

新媒体的出现使高校德育中的两个主要群体,即教师与学生之间的信任度大幅提高。在新媒体的帮助下,高校德育教育工作者逐渐改变了以往的教学观念,随着新媒体技术的发展,现实与虚拟的边界被打破,这逐渐拉近了教育者与被教育者之间的心理距离,使学生在网上社交时放松了心理上的警惕,可以坦然表达自己的观点。正是由于这种虚拟身份的互动,使教育者能够通过网络社交媒体全面了解学生的心理发展状况,知悉他们真正的思想和情感。

第二节　新媒体给德育教育工作带来的挑战

在新媒体时代，信息的自由传播扰乱了信息的传播环境，导致媒体的失范，引发了一系列包括个人隐私、伦理道德和信息安全等在内的问题，这些问题会严重影响高校学生的思想道德和政治观念，给高校的德育工作带来新的挑战。

随着以互联网为媒介的"第四媒体"在全球范围广泛传播，网络逐渐成为不同文化思潮交汇的前沿。其中，网络舆论是指社会大众对网络上出现的具有一定影响力和倾向性的"焦点"和"热点"观点的反应。网络舆论对高校的德育工作起到了重要作用，它是高校德育工作的"晴雨表"和重要组成部分。如何准确掌握网络舆论、把握舆论动向和引导舆论走向，是当前高校德育工作面临的新问题。新媒体技术对高校学生的学习和生活产生了巨大影响。在新的历史条件下，广泛使用新媒介对高校学生的德育工作提出了新要求，也给高校学生的德育工作带来了新的挑战。

一、新媒体对意识形态提出挑战

随着新媒体的飞速发展，部分"西方国家"利用互联网对我们的"意识形态"进行了全方位的渗透。这一渗透过程具体表现在以下几个方面：

首先，他们宣扬"西化"的世界观、人生观和价值观，试图以生活方式的"优势"来诱导我们，将新媒体技术发展作为西方对社会主义国家实施"和平演变"策略的工具。

其次，西方国家善于运用新媒体进行"舆论战"，通过各种媒体大肆炒作、攻击和诽谤，给我国的国际形象带来了负面影响。最重要的一点是，西方国家借助新兴的媒介技术，向发展中国家进行意识形态和文化渗透。在这种情况下，新媒体给当前高校的德育工作带来了严峻的挑战。

二、新媒体对学生健康成长提出挑战

新媒体是一种以数字化和网络化为特征的媒介形态。在新媒体时代，网络和智能手机等新媒介的广泛使用，改变了高校学生的社交方式和学习方式。因此，高校德育课教师需要调整教学理念，充分利用新媒体的信息优势，有效地开展德育教育。

在新媒体背景下，不良信息对高校学生的心理健康产生了负面影响，引发了多种心理问题。

部分学生因沉迷于互联网而患上"网络综合征"，具体表现为抑郁、失眠、注意力不集中等。不良信息使学生难以真正认识到自我价值，难以与他人和谐相处，甚至会逃避现实生活和学习，无法有效地调节情绪。在面临抉择时，这些学生不能作出准确的判断和选择。

大学生的思想尚未成熟，自我控制能力有限，新媒体的吸引力，尤其是网络游戏和虚拟功能，使一些学生沉湎其中，自我控制力不断降低。新媒体蕴含大量的信息资源，使一些学生认为自己已经掌握足够的知识，不需要认真听课，因此无论做什么事都无法集中注意力。

三、新媒体对高校德育教育方式、方法提出挑战

新媒体具有海量的信息资源和数字化的传播技术，同时具有师生互动的特点。网络时代的到来给人类带来了巨大的便利和影响，改变了人们的思维方式、行为方式。当前，大学生是新媒体应用的主体，因此，对新媒体环境下大学生的思想品德教育进行研究，探讨新媒体环境下大学生思想品德教育的对策与途径显得十分必要。

在新媒体环境下，传统的高校德育手段已不能满足大学生成长的需求。传统德育方法主要包括讲授、知识灌输和讨论。然而，在新媒体环境下，这些传统方法因缺乏互动性和生动性等特点，在德育方面显得相对薄弱。新媒体多对多的教学模式更符合大部分学生的需求。新媒体的出现对高校的德育工作产生

了重大影响。

四、新媒体对高校教师的话语权提出挑战

在以传统媒介为主导的社会，教师的权威地位较高，主要有两个原因：一是知识更新缓慢，流通缓慢；二是知识相对封闭。

教师权威是指教师在教学活动中对学生所具有的强大的影响，它是一种以教师为中心的权威，显示出学生对老师的信任与服从。目前，我国的教师权威正面临着诸多的挑战，这主要表现在：网络与信息技术的飞速发展、社会转型时期的价值观多元化、教育教学改革的深化。由于某些教师的不当行为，对其专业声誉和社会评价产生了一定的影响，从而导致了教师权威的弱化，甚至被消解。

新媒介冲击着大学教师的话语权。大学德育工作者被誉为"人的灵魂工程师"，深受广大师生的爱戴。然而，随着新媒体的发展，新的教学环境对传统教学所独有的教师权威提出了质疑，并不断瓦解着教师权威赖以存在的基础。新媒体时代的到来，使大学的德育教育呈现出一种与以往不同的发展态势。高校德育教育者和学生处在同一层次，他们的接受能力比学生要差，因而在信息的获取上也处于劣势。在这种情况下，许多学生对高校教师的教学水平产生了质疑，由此对高校教育工作者产生了一种信任危机。

高校德育教育者是高校学生德育工作的主体，其自身素质的高低关系着高校德育教育的成效。在传统的德育中，教师更容易树立权威。然而，在新媒体环境下，教育者的信息优势正在逐渐减弱，网络的互动性和平等性给德育工作者的权威带来了挑战。此外，大学阶段是学生学习能力最旺盛的阶段之一，他们能更快地吸收各种信息，某些信息可能比学校的教育者了解的还要多，这使大学教育工作者处于相对被动的位置。

新媒体技术以受众互动为特点。在新媒体的帮助下，学生不再像过去那样容易接受德育教育者灌输的知识，而是主动地与其进行对话。在网络环境下，学生能够轻松获取各种公开、内部的信息。因此，在对大学生进行德育工作时，往往会出现一种"荒诞情景"，即大学生对德育工作者的信任与尊重程度大大

降低，这使德育工作者陷入了尴尬的境地。高校德育工作者是高校德育的主体，在角色界定与制度安排上拥有话语权，但在不同情境下，其话语权也会发生变化。随着互联网的发展和信息传播渠道的多元化，高校学生的思想和行为也发生了深刻的变化。大学德育工作者必须适应时代发展的需要，采取适当的策略，以提高其话语权的影响力，从而提高德育的有效性。

第三节　新媒体时代下加强德育教育的措施

在认识到新媒体对大学生德育工作的影响后，我们应把握新媒体环境下的机会，主动运用新媒体技术，开展适应新媒体时代发展需求的德育，拓宽新媒体环境下开展德育教育的有效途径，推动大学生德育工作顺利开展。

一、完善新媒体管理体制，营造健康的新媒体环境

（一）法律约束

《中共中央关于进一步加强和改进学校德育工作的若干意见》中明确指出："要抓紧建立健全有关的法律法规和制度，依法加强对社会生活各个方面的管理，把我们倡导的思想道德原则融于科学有效的社会管理之中，使自律与他律、内在约束与外在约束有机地结合起来。"

法律约束是指根据国家法律规定，在一定程度上限制人们的行为，这是加强行政体制改革的重要途径。法律、法令、规章等具有法律效力，受国家强制力的保障。法律是德育教育的重要资源，它是大学生德育工作顺利开展的关键。

在新媒体技术持续发展的背景下，社会发生了巨大变革。这种泛滥的趋势对学生的思想、道德、政治觉悟和价值观造成了不利影响。在这种情况下，高校德育的基本灌输和劝说作用相当有限，必须依靠法律的力量来加强德育教育。

只有双管齐下,才能纠正和解决学生的认知和思维困惑,有效弥补以说教为主的德育工作的不足,推动高校德育工作的顺利开展。

法律法规与德育起到了互补的作用,它们在引导人们的行为和促进社会发展方面相互影响、相辅相成、相互支持。高校德育工作更注重潜移默化,强调发挥"觉悟"的作用,是一个以"号召"为主要特点的影响进程。在一般情况下,高校德育效果显著,它渗透到大多数受教育者身上,但对那些没有道德意识和价值观追求的人来说,效果则会大打折扣。然而,法律的作用不同,它不仅可以用强制法律手段来制裁品行不端的人,还可以通过授予荣誉称号、表彰和晋升等法律途径来激励人们的道德追求,这对提高德育的实效性有很大帮助。

立法可以规范新媒体的行为,净化新媒体环境,对不道德的行为进行教育和惩罚,使学生能够正确、合理地使用新媒体。然而,仅仅依赖政府的立法还远远不够,高校是社会和历史的一部分,各个高校都有自己的传统和实践,因此,各高校也应根据各自的情况及时制定新媒体管理制度和行为规范,以规范学生的行为。只有这样,才能以政府立法为主要手段,以学校的相关法规为辅助手段,全面推进大学生的法治建设。

加强对政府法规的宣传,增强学生的法律意识,使法治理念深入人心,这是大学生德育工作者的职责和义务。只有确保有法可依、有法必依,才能有效净化新媒体环境,防止学生因不恰当地运用新媒体而导致违纪行为。当遇到不文明的行为或在新媒体上发现不健康的信息时,高校应当占据"舆论"的制高点,运用法律手段,通过必要的渠道,有效地控制和封锁不健康信息,坚决阻止不健康信息和思想的传播,为学生树立正确的人生观和价值观提供有力的法律保障。

(二)行政约束

行政约束指的是有关部门为了保障社会和他人的安全,可以采取行政措施对具有一定危险性的自然人进行短时间的人身自由限制。十年树木,百年树人。培养适应时代需求的全面、健康、高素质人才是我国的紧迫需求,也是高校的责任。在新媒体迅速发展的背景下,社会上存在许多不良风气,对大学生的思想产生了一定的腐蚀作用。这些不良风气不仅影响了学生的科学人生观、世界观和价值观，还妨碍了高校的全面、健康、稳定发展。因此，高校应该采用一些行政手段，对学生的行为进行约束和管理，以协调学生与学生、学生与学校、学生与社会的关系，确保学生养成良好的思想、品德和行为习惯。

新媒体时代的到来给大学生德育工作带来了更大的挑战。为加强对学生的德育教育和心理健康教育，高校教育者必须在危机发生前采取措施，以确保学校教学工作和学生生活秩序的稳定。

作为高校管理的一个重要组成部分，校园舆论监督承担着对学校舆论的监督责任。这项工作的主要负责人应该是高校中负责德育的行政管理者，他们需要对校园舆论进行监管，以及时准确地了解学生的思想动态，防止群体性事件的发生。有效控制和遏制网络上有害信息的传播是一项长期而艰巨的任务。

1. 需要建立应对突发公共事件的团队

新媒体为人类提供了一种非常开放的环境，在这个环境中，有用的和无用的、对的和错的、先进的和落后的信息都会在学生身边出现。关于这一点，必须保持清醒的认识，不可忽视，否则就会混淆学生的是非观。社会责任意识的淡化，可能导致学校、社会、政治等各方面的不稳定，使管理工作变得更加复杂和困难。大学生的心理尚不成熟，面对各种信息冲击，心理素质显得有些不足，从众心理较为普遍。学校在应对突发事件时，可以采取相应措施，如成立舆论危机处理工作组、制订学校舆论应急预案、建立学生心理档案，这能够在最短的时间内对突发事件的学生进行疏导、心理干预等。在突发事件发生后，应通过相关的德育网站等渠道，及时发布具有权威性和准确性的消息，还原事件的真实情况，这可以让学生及时了解情况，平复情绪。此外，还应利用社交媒体，及时了解大学生的思想动态，引导他们正确处理敏感事件，净化新媒体环境。同时，在选拔团队成员时，必须认真仔细，从高校里挑选那些政治素质高、思维清晰、办事得当的学生干部和学生党员。高校突发事件是一个逐步发展的过程，需要增强工作人员的预防意识，确保信息系统畅通高效。应加强对管理者在危机沟通方面的系统培训。在此基础上，建立完善的组织制度，实现人才的规范管理，能够为学校的行政介入提供保障。

2.高校应设立舆论监督组织

所谓监督，就是要对项目实施过程中出现的偏差与差错进行及时改正。在应对高校舆论方面，应完善相关制度，明确各岗位的责任，建立完善的岗位责任制度，对相关工作人员进行定期或不定期的抽查，找出问题的根源，并加以改正。监督还包括对教学过程的监督，这里的监督对象并不只是人、考评者，也包括对项目及制度本身的正确性的检查与修正。监督的方法有：检查、评比、总结、评估、教育、激励等。要想在最短时间内找到问题，并尽可能地减少损失，就需要建立一个灵敏、准确和强有力的反馈体系。在建立这样的舆论监管组织时，必须有明确的分工，上报的过程要做到标准化，以提高审查的效率，并确保在发现问题后，可以及时反馈，并进行有效的纠正。

3.要充分发挥学生干部和学生党员的主观能动性

学生干部和学生党员在信息的传播中扮演着举足轻重的角色，学校可以采取必要的管理措施，培养一支具有较高政治素养的学生干部和学生党员队伍。及时发表与主流思想相一致的新闻，做好与大学生的交流与疏导工作，以避免一些组织或个人借此制造社会动荡。大学生的德育工作不能只是被动地防御，还应该在适当的时候掌握主动权。在这一进程中，也要进一步增强高校学生党员的主体意识。另外，还需要加强对高校学生党员的教育管理，为他们工作创造一个良好的平台。

德育和行政管理是相互补充、相互促进的有机整体。如果只有思想教育而没有执行，德育教育会显得软弱无力。同样，如果不进行意识形态教育，就会导致"盲目治理"。高校的行政工作不仅体现了学生的基本意愿和利益，还反映了学校的愿望和需求。行政工作应该具有一定的强制性，但必须建立在合情、合理和合法的基础上，否则，即使能够取得一定成效，也难以持续下去。德育工作强化了行政管理的力量和功能，而行政管理则巩固了这一成就。因此，可以说，行政也是一种思想教育，德育工作也是一种管理方法，它们相互辅助，互为补充。

二、重视高校德育"网上"建设，开辟新的德育舞台

"网上"德育在新媒体环境中的重要性日益凸显。高校德育理论课是大学生德育工作的一个重要组成部分，也是一个重要的阵地。

然而，"网上"德育工作仍存在一些不足之处，具体表现如下：

第一，质量发展不均衡。在网站品质方面，综合类高校的网站建设起步较早，较为标准化，拥有独立域名和丰富资源，而高职高专院校在网络建设方面存在一定不足。

第二，内容质量差。一些网站信息量不足，缺乏实用性，内容复杂，缺乏优先顺序。一些站点缺乏特点，互相缺乏协作。

第三，形式呆板。一些网站过于强调政治色彩，设计单调，视觉效果不佳，缺乏吸引力。某些网页过多使用图片，却缺乏实质内容。有的网站分栏过多，前后页面风格差异大，缺乏一致性。

第四，低科技水平。部分网站技术水平较低，选用的技术平台或软件不够先进，互动功能不足，使用率低。

第五，宣传缺乏主动性。在开展网上德育教育时，不仅需要建立网页，还需要主动加强宣传。部分高校在这一方面缺乏主动宣传德育教育的主动性。

应提高网络环境下的德育的主动性、有效性和长效性，创建一批活跃的、具有示范作用的德育专业网站。同时，在各个层面上，建立一个强大的德育信息系统，并配以相关的应用软件。在高校开展网上德育工作时，需要特别关注以下几个问题：

1.要有针对性

要增强服务意识，将德育工作与解决现实问题结合起来，充分发挥高校思政工作的优势，提高其针对性和实效性。

2.要明确目标

准确的定位是网站内容合理编排的前提，也是其功能能够实现、达到预期效果的基础。网站应不仅用于舆论宣传，还应提高教育者的素质，为学生的成长提供服务。

3.要优化教学内容

首先，要丰富思想内涵，使其具有更强的渗透力，引导网站走上良性、健康、向上的道路，为整个社会的和谐进步作出贡献。其次，要提高信息素养，发掘大学生的德育内涵，实现网络"虚拟"和"线下"的统一，以激发学生对德育的兴趣。

4.要提高互动性和增强亲和力

网站的互动性使德育从单向说教转变为双向对话，学生处于平等的角色和主体地位，这将极大增强学生的参与意识。

三、培养和教育学生洁身自爱，自律自控，积极发挥学生组织作用，提高其正确运用新媒体的能力

大学生应从以下几个方面进行自我约束：

首先，需要增强自己的责任感，树立"无规矩不成方圆"的观念，强化责任感和规矩意识，对自己的言行负责。其次，要从实际出发，通过亲身体验来深刻体会真理，从而提高判断力和辨别是非的能力。最后，主动提升自身的道德水平。

大学生社团是大学生德育工作的主要载体。在新媒体技术不断发展和教学制度改革的背景下，学生的学习和生活方式发生了一些改变。他们加入学生社团，参加各种校园活动，丰富校园生活，这成为他们发展兴趣、丰富业余生活的重要途径。大学生社团作为新兴的社会力量，已成为大学生德育工作的重要方式和途径。

高校德育教育者应该努力做到发挥学生组织的团队作用，积极利用新媒体手段，开展思政教学活动。例如，可以定期组织学生开展相关的德育教学活动，定期组织学生参观彰显社会正能量的场所等。

第三章　新媒体时代下的德育教育

第一节　德育教育的概念

德育是道德教育的缩写，强调了道德培育，即对人的道德品质和行为进行教育的过程。在中国传统文化中，"道"最初指"路"，后来引申为社会规律和有道理的意义。"德"原本包含德行和节操的概念，也是个人品行的指向。因此，"德"以"道"为基础，是遵循社会规则和规范并受到广泛认可的行为。

道德教育与学校德育教育存在复杂的关系。从其重要意义上看，德育是维护社会正常秩序所需的，因此，德育被视为一项社会义务。社会有责任对大学生进行道德教育，而大学生的道德发展也是通过社会活动来认识和形成的。与此同时，大学生以校园为中心，他们的行为理念和价值体系更多地来自于书籍和教师的间接经历，因此，学校成为学生进行道德教育的主要场所。德育课程是德育教育的重要组成部分。

德育教育是学校教育中所有教育行为的核心元素，道德教育在引导学校、教师和学生的行为方面起到了关键作用，也是学校教育目标的最高追求。我国传统教育最注重的领域之一就是道德教育。在学校的道德教育中，由于中学的德育目标是处于人格知识体系构建和人格形成的关键时期的青少年，因此，其作用更加重要。这一时期是学校道德教育的重要时期。中学道德教育既有其理论基础，又有其悠久的发展历史和独特特点，下面将一一进行详细介绍。

第二节 德育教育的理论基础

一、心理学理论

心理学从思维和心理两个方面对人的行为进行了分析，说明了人的内部原因。从心理学的观点来看，对道德教育进行研究的学派有两个，一个是弗洛伊德的心理分析理论，另一个是皮亚杰的认识发展理论。根据弗洛伊德的理论，人的个性可以分为三个方面：本我、自我、超我。"本我"是一种不自觉的行为，它遵循人的天性和本性。"小我"是一种介乎于"我"与"超我"之间的"自我"，它既有"意识"，又有"思维"。"超我"指的是一种与社会伦理、道德相一致的个性产物，它通过自律来抑制意识中不合乎规范、不道德的部分。青少年正处于本我和超我观念发生冲突、自我调和作用明显的时期，也是一个认识和塑造个性的重要时期，它的道德系统的建立就是一个超我人格最后圆满的过程。在此阶段，我们要以社会理念为指导，强化对"超我"的规范意识的灌输，从而实现对"本我"的合理控制。这种多元化的个性特征，对思想政治工作的开展具有很大的启示作用，尤其是它突出了青年时期的个性特征，使其更具指导性。

皮亚杰的认知发展理论注重个体的发展过程，他指出，个体是在与环境相互作用和构建自身经验的基础上发展的，而道德发展则是建立在个体经验和对社会关系、习惯、法律等的判断基础之上，经历道德阶段、他律阶段和自律阶段。10岁以上的儿童，也就是中学道德教育的目标对象，已经具备了基本的知识结构，对社会道德有了一定的认识，拥有了理解规则的能力，能够根据需要约束自己的行为。因此，在这个时期进行道德教育至关重要。皮亚杰的"差异性认知结构发展"理论揭示了学生在各个年龄段的知识结构和心理特点，为学校思想政治工作的开展提供了科学依据。

二、社会学理论

道德的功能在于调节人际关系，因此，从社会学的角度审视和剖析道德及其德育，具有重要的现实意义。社会学家涂尔干以社会学的视角进行了较为系统的研究，其认为伦理的作用在于维护社会秩序。通过伦理制度的建立，个体的行为受到参照和限制，从而保证了个体的行为准则与社会准则的一致，最终实现了个人和社会的和谐。道德系统的建立主要依赖道德教育，尤其是对儿童和青少年的道德教育。

中学德育的目标是通过教育青少年，将特定社会历史环境下的总体道德理念融入他们的知识和意识形态之中，培养他们成为自觉遵守社会准则和履行社会职责的个体，确保他们的价值和愿望在社会所允许的范围内实现。这要求他们既要追求个人利益，又要确保集体的利益。涂尔干指出，在进行青少年道德教育时，首先要考虑确保青少年能够主动参与，但当他们表现极端不合作时，可以采用强制手段，使他们接受社会行为准则，即认同灌输的道德观念是正确的。在他看来，在学校德育中，教师是具有经验和文化权威的人，他们既要承担社会的强制性责任，又要担任道德思想的传播者。

涂尔干从社会学的角度强调了德育的重要性，尤其是其积极作用，但他也指出，过分侧重于"制约"，只强调道德的约束，可能会忽略未成年人的个体意愿，从而导致社会和青少年在特定情况下陷入对立状态，存在不合理之处。

三、哲学理论

哲学是在对现实进行理性思考的基础上，掌握事物发展的一般规律，用来解释原则，并对事物进行引导。它建立在理性思维的基础上，即总结和反思。哲学对实践具有一定的指导作用。从哲学的角度来看，德育已经进行了一千多年的反思，但绝大多数教育问题都可以追溯到哲学自身的问题。在德育实践中，问题如"何为德育""如何进行最合理、最有价值的德育教育"是所有德育活动的参与者、管理者和接受者应达成共识的。

在道德教育的哲学观中，杜威提出了一种实用的道德哲学。杜威将道德视为一种具有一定可变性的社会意识，其实质是一种解决问题的理念。他认为没有什么道德准则是永恒不变的。杜威强调要在个体的思维和行动中寻找道德教育的痕迹，以培养具有社会责任感和自身功能完善的个体。将这一哲学理念融入中学道德教育中体现了道德教育的目的，即满足社会行为准则和国家对未成年人基本意识形态导向的要求，从而实现"有用"。

与杜威侧重"实用"的高中道德教育不同，萨特和马丁提倡的道德教育思想以生存主义为代表。他们主张个体是自由和独立的，拥有道德选择的自由。他们强调应该让学生在道德教育中发挥自身作用，即使是尚未成熟的中学生也应如此。无论思想如何，只要是出于个体意愿，都具备合理性。

存在主义建立在个体自由和生存价值之上，因此，在学校教育中，道德教育应关注师生双方的客观需求，将道德教育从传统的被动接受模式转变为一种激发学生主动需求的教学方法，以确保学生能开展自主学习并明确学习目标。这一理论注重师生双方，尤其强调对学生需求的重视，在近年来的中学道德教育实践中得到了广泛认可。

受分析主义思想影响的彼得斯等人认为，在高中思想政治教育中，应该加强对中学思想政治教育概念的剖析，以构建科学的思想体系。高中德育应注重形式，轻视内容。道德教育的执行者应保持中立态度，对不同伦理制度持中性看法。这一理论强调理智和中立，要求教师和教学管理人员在道德教育中不受私人情感影响，为学生提供最客观的道德观念，并强调教育的科学性。然而，他们似乎忽略了对学生个体情况的分析。

托马斯主义道德教育强调道德教育中的精神力量，注重心灵的平静和美好境界的追求，并强调通过人类智力实现道德教育。

第三节 德育教育的内容

德育的核心内容包括社会主义主流意识形态教育,如理想信念、爱国主义、思想道德建设及人的全面发展。德育应不断创新内容,以满足社会和时代的发展需求,对内容体系的一些方面和环节提出新要求,避免陷入形式主义。德育的内容应与社会需求和学生实际思考密切相关,包括热点、难点和悬而未决的问题,以达到预期效果。在开展德育教育时,应提高学生的思维能力,建立科学的知识体系,同时加强对学生关于中国共产党的理论、路线、方针、政策,以及我国相关法律法规的积极教育,批判错误思潮和愚昧的思想观念。我们的目标是引导广大青年学子树立正确的价值观,促进他们个体的全面发展。

一、以理想信念教育为核心,进行"三观"教育

理想信念代表了个人政治信仰和世界观在奋斗中的具体体现。共产主义的理想和信仰构建了一种崭新、科学的世界观、人生观和价值观,为全人类提供了独特的信仰。坚持正确的理想信念是道德教育的核心。

(一)建立在正确认识社会深刻变革时期的时代特点上

在改革开放的实践中,我们需要教会学生正确理分析和看待各种复杂的社会现象,包括一些不良现象。改革开放对我国社会的积极影响和重大意义需要以长远的眼光来看待。然而,改革开放作为中国的第二次革命,具有一定的试验性和风险,主要表现为体制尚不成熟和一些不良社会现象的存在。我们必须认识到这些不良方面在一定时期内难以完全避免,同时也要明白它们是我们党和国家正在努力解决的问题。我们应该相信随着改革的深入和新体制的逐渐完善,这些问题必将得到有效的解决。这样,学生就不会被特定历史时期的不良现象所困扰,也不会动摇他们的理想信念。

（二）建立在科学的世界观基础上

德育的关键在于培养学生树立远大的理想，而这建立在科学的世界观基础上。科学的世界观涉及对自然界和人类社会的科学认知。因此，德育应注重向学生传授马克思主义的唯物论和辩证法，帮助他们通过学习和掌握科学知识、科学思想、科学精神和科学方法，真正理解唯物主义和唯心主义、科学和反科学、伪科学的界限。此外，历史唯物主义教育也很重要，其使学生认识到社会主义代替资本主义是人类社会发展的必然规律，这需要坚定信念，有足够的耐心和毅力来迎接曲折的历史发展。此外，我们应让学生坚信：马克思主义运用历史唯物主义揭示了人类社会发展的规律，社会主义代替资本主义是历史发展的必然趋势，尽管道路曲折，但方向是不可逆转的。

二、以爱国主义教育为重点，开展弘扬和培育民族精神的教育

爱国是每个公民的责任和义务，也是社会主义伦理对个人最基本的要求，这是社会主义社会中人们根深蒂固的经济道德观。在多种道德关系中，正确处理与祖国、人民及社会主义制度的关系是最基本的。爱国主义是我们思想伦理建设的底线，同时也是社会主义核心道德观的重要组成部分。

（一）热爱祖国是中华民族的传统美德

在社会主义社会，爱国是公民与祖国的紧密联系，是协调个人利益和国家民族利益的重要因素。它构成我国各族人民团结互助、共同繁荣的伦理和政治基础，也是每个公民的责任和义务。爱国主义代表了对祖国最深厚的感情，体现了民族的自尊心、自信心及为祖国的独立和繁荣而奋斗的精神。作为一种社会现象，爱国主义与人们的生活环境、生活方式、语言等密切相关。作为社会意识形态的一部分，爱国主义在国家形成后产生，成为国家和民族巩固、发展的精神力量，是具有凝聚力和号召力的象征。在我国，爱国主义一直是鼓舞人民团结奋斗的旗帜，是各族人民共同的精神支柱，在维护祖国统一、民族团结，

抵御外来侵略及推动社会进步方面发挥了重要作用。在爱国主义精神的激励下，我国展现出强大的凝聚力和生命力，不断追求自强不息。

在我国，爱国主义、集体主义和社会主义教育相互促进，构成了三位一体的体系。世界各国都高度重视公民的爱国主义教育，而我国是一个人口众多的社会主义国家，更应重视爱国主义教育。我国开展爱国主义教育的目标在于激发民族精神，提高民族凝聚力，增强民族自尊心和自豪感，巩固和发展广泛的爱国主义统一战线，将人民的爱国之情引导至建设中国特色社会主义伟大事业、为祖国的统一、繁荣和富强贡献力量的方向。我们需要培养具备理想、道德、文化和纪律的社会主义公民，共同为实现四个现代化、达成21世纪的宏伟目标及全面推进中华民族伟大复兴而团结奋斗。因此，加强爱国主义教育是思想道德建设中的一个重要组成部分，应贯穿于社会主义现代化建设的全过程。

爱国主义是一个历史概念，它在不同的时期和历史阶段具有不同的内涵和特点。这反映了其适应时代发展的新要求。当谈到现代爱国主义时，我们强调要热爱伟大的社会主义祖国，在党的领导下，为国家的繁荣和昌盛贡献自己的智慧和才智，将个人理想和事业与祖国的社会主义现代化建设紧密结合起来。因此，当代爱国主义的基本内涵和要求应包括以下内容：

首先，我们需要准确了解自己国家的历史和现实，增强爱国情感。其次，我们要将爱国热情和信仰转化为实际行动，积极参与社会主义现代化建设。我们应充分认识到国家的存在和发展是每个人生存和发展的前提条件，应该将自己的命运与国家的命运紧密相连。真正的爱国者要与祖国同呼吸共命运，将国家利益放在首位，关注国家的关切和忧虑，将个人的未来与国家的未来结合起来，为国家的进步和发展而努力。在日常生活中，每个同学都应在科学和文化领域努力奋斗，将未来的工作岗位当作国家服务的平台，将爱国之心、报国之志及强国之才投入国家的现代化建设中。最后，我们要自觉捍卫国家的统一。这是每个公民的责任，也是捍卫国家独立和领土完整的义务。我们必须维护我们的历史和文化传统，坚决维护国家的领土完整和主权独立。中国是一个统一的多民族国家，我们必须与各民族团结一致，坚定捍卫国家统一，这是中华民族伟大的爱国主义传统。

（二）学生爱国主义教育实践的内容与途径

德育理论课规定，爱国主义教育的目标包括：第一，使学生了解我国现代化建设的伟大成就和宏伟目标；第二，使学生了解中华民族悠久历史和中国近现代史，并了解中华民族的发展历程、对人类文明的贡献、历史事件和著名人物，以及中国共产党领导人民为建立新中国所作的努力；第三，使学生了解基本国情，包括了解我国的发展优势和不利因素，以增强人民的使命感和社会责任感；第四，使学生了解中华优秀传统文化，包括哲学、社会科学、文学艺术、科学技术，以及民族精神、民族气节；第五，使学生认识到民族团结和祖国统一的重要性，强调维护民族团结和祖国统一的重要性，同时对其进行"和平统一、一国两制"方针的教育；第六，加强对学生的国防和安全教育，提高全民族抵御外敌入侵、维护国家主权和领土完整的自觉性。这些目标是开展爱国主义教育的重要内容，中华民族的优秀传统文化和中国近现代史是我国开展爱国主义教育的宝贵资源。

爱国主义是一个人对自己与国家之间的关系及对国家的热爱，它不仅是一种意识上的觉醒，更是一种具体的行动。我们要开展深入、持久、生动的爱国主义宣传教育，以增强青少年的爱国情怀，激发他们的强国之志，鼓励他们为国家和民族作出贡献。在开展爱国主义教育时，应充分发挥思想政治理论课的主渠道作用，同时利用重要节日、纪念日、社会实践、校园文化教育和舆论造势等手段，以提升青少年和大学生的民族自尊心和自豪感。

三、以道德规范为基础，进行思想道德教育创新

建设德育体系要具备创新精神，这是高校思想道德教育核心之一。改革开放以来，社会主义思想道德教育在内容和形式上都经历了一系列重要改革。这些创新和发展表明我国社会主义精神文明已取得新的历史成就。

（一）社会主义道德体系的创新和发展

马克思主义认为，一切道德实际上都受社会经济状况的制约。我国当前的

社会主义道德框架一直在不断创新和发展，这是一项极为重要的历史使命。因此，我们需要具备全球历史视野，批判性地参考资本主义市场经济发展过程中相关的道德观念。我国社会主义道德框架的理论基础根植于马克思主义、毛泽东思想和中国特色社会主义理论，秉持为人民服务和以集体主义为核心的原则。因此，为人民服务和社会主义集体主义构成了整个社会主义道德框架的基石。这一道德框架建立在我国经济和政治关系的现实基础之上，同时也吸收了人类文明进步的优秀经验，反映了时代发展的道德需求。我们应建立和完善社会主义道德框架，其必须准确反映我国当前社会主义经济和政治关系的主要特征，促进社会主义市场经济的健康发展，这有助于解放和拓展社会主义生产力。同时，也要适应社会主义政治体制改革，形成有益于推动社会主义民主政治的道德框架。总之，我国当前的社会主义道德框架是一个充满活力、不断创新和发展的科学道德体系。

我国的社会主义伦理体系是以人民为中心、以集体主义为基础的。改革开放的深入，激发了社会主义改革的动力，社会主义伦理体系也经历了不断的创新和发展。

1. 竞争与协作需要相互融合

在市场经济中，强调竞争和协作的统一是贯彻社会主义集体主义伦理原则的重要手段。现代市场经济的演进表明竞争机制是其核心机制。因此，我们应积极评价竞争，消除竞争的伦理偏见。但是在自由竞争的情况下，竞争也可能带来负面影响，影响人们的精神生活。为确保社会主义市场经济的健康发展，我们不仅要加强社会主义法治建设，还要推进社会主义伦理建设。在构建和完善社会主义市场经济体系的进程中，加强社会主义伦理建设要求我们积极倡导和弘扬团结互助的精神，正确处理竞争与协作的关系，抵制极端自私自利和损害他人谋取私利的行为，逐渐塑造适应社会主义市场经济、与团结协作一致的社会主义竞争观念。

2. 强调法治观念的重要性

现代市场经济被视为法治经济，其正常运行需要稳定而合理的法律秩序的支持。因此，市场经济的参与者都必须切实遵守法律，这已成为市场经济的伦理要求之一。

3.关注社会主义义利观

义利问题涉及社会整体利益与个人利益之间的平衡，也被称为公私关系。儒家的重义轻利曾对我国产生了重大影响，但随着社会主义市场经济的发展，人们的义利观逐渐变化，纠正了过于片面看重义而轻视利的观念。然而，一些人仍然持有极端唯利是图和见利忘义的思想，可能对社会产生负面影响。处理义利问题是一项伦理任务，在社会主义市场经济的进程中，每个市场参与者都必须面对如何妥善平衡国家、人民、集体和个人利益之间的关系。社会主义市场经济要求人们抵制唯利是图和见利忘义的思想倾向，倡导既重视国家和人民利益，又充分尊重公民个人合法权益的社会主义义利观，同时在发展社会主义生产力的前提下弘扬社会主义集体主义精神。因此，社会主义义利观的核心是社会主义集体主义伦理原则。

总之，随着社会主义市场经济和社会主义民主政治的不断发展，社会主义道德体系将经历重大变革，其不仅会在内容和形式上发生深刻变化，还将呈现出崭新的面貌，成为推动社会主义社会进一步发展的关键精神元素。这种创新和进步正是社会主义道德体系生命力的体现。

（二）思想道德教育创新

党的十七大提出了一系列与学生德育相关的深刻理论观点，其中，包括"坚持以培养人才为中心，德育优先""积极将社会主义核心价值观纳入国民教育和精神文明建设全过程"及"强调人文关怀和情感引导"。这些观点反映了我国对学生德育教育的现代需求，为促进学生德育改革和创新提供了重要的实践指导。

1.实现德育的理念创新

学生德育的目标在于引导学生坚持正确的政治理念、培养高尚的道德品质，树立正确的世界观、人生观和价值观。中国共产党历来高度重视德育，不同历史时期提出了强调育人为主的德育理念。我们需要专注于学生的德育素质，将德育置于首要位置，以培养出良好的思想道德素质为目标，促进学生的全面发展，提升他们的思想道德素质、科学文化素质和身体健康素质。只有这样，我们才能推动我国高校的进步，使其培养出合格的学生。

当前，全球正在经历广泛而深刻的变革，我国也不例外。社会主义和资本主义在全球范围内的意识形态斗争和竞争是一个长期而复杂的过程。学生德育在前所未有的有利条件下发展，但同时也面临着前所未有的严峻挑战。为了创新学生德育理念，我们必须坚持以培养人才为中心，将德育置于首位。

2.实现德育的内容创新

为适应新时代的需求，德育教育需要强调培养学生对中国特色社会主义道路的理想信仰，并促进他们积极践行社会主义核心价值观，以促进学生的全面发展。这反映了党的十八大提出的学生德育工作的新时代内涵，也是新时期学生德育工作的核心。

党的十八大明确了两项关键任务：一是，加强社会主义核心价值体系的建设，通过深入推动社会主义核心价值体系的学习教育，引领社会思潮、凝聚社会共识，推动马克思主义中国化、时代化、大众化，建设哲学社会科学创新体系，推动理论体系教材普及，广泛展开理想信仰教育，弘扬民族和时代精神，培养社会主义核心价值观。二是，全面提高公民道德素质，坚持法治和德治相结合，强化道德教育，推动公民道德建设工程，引导人们自觉履行法定义务、社会责任、家庭责任，塑造良好社会氛围，加强政务诚信、商务诚信、社会诚信和司法公信建设，改进和加强德育工作，关注人文关怀和心理疏导，深化群众性精神文明创建活动，积极推动志愿服务，不断宣传道德楷模。这是党在新时代对德育工作提出的新要求，也是广大德育工作者的新工作指南。

四、推动德育理论与实践的创新

中国特色社会主义文化建设代表了凝聚全国各族人民力量和提升国家整体实力的重要举措。在全面实现小康社会宏伟目标的蓝图中，社会主义文化建设具有战略性地位，为社会主义文化的持续发展提供了明确指导。我们应该以全局的眼光认识文化建设在德育中的战略价值，采取切实有效的措施，推动中国特色社会主义文化的蓬勃发展。

（一）深刻认识文化建设在德育中的战略意义

在当今世界，文化不仅深刻地融入了各民族的生命力、创造力和团结力，还日益成为国家整体综合实力和国际竞争力的重要组成部分。国家的繁荣和发展、民族的自主和复兴、人民的尊严和幸福，都与强大的文化密切相关。中国，作为全球最大的发展中国家，必须展现自身文化理念，高举本国文化旗帜，通过全球文化互动和竞争，将我国建设成为文化强国，确保中国特色社会主义文化在国内外具有广泛吸引力和重要影响力。

文化是民族的灵魂，也是维系国家统一和民族团结的精神纽带。每个成熟的民族都拥有独特的文化特征和独特性，这种特殊文化是民族凝聚力和团结力的重要源泉。中国特色社会主义文化扎根于中华五千年的文明，与当代伟大实践相结合。它不仅代表了中华民族的身份，还是鼓舞全国人民和全球华人为实现民族复兴而团结奋斗的强大精神力量。当代教育的目标是不断提高中华民族的团结力和创造力，培养有理想、有道德、有文化、有纪律的学生。

（二）推进德育的理论和方法创新

在当代中国，发展一种先进的文化是必不可少的，这种文化应当是面向现代、面向国际、面向未来的民族科学大众社会主义文化。我们需要始终遵循马克思列宁主义、毛泽东思想和邓小平理论在意识形态领域的指导地位，以"三个代表"重要思想来引导社会主义文化建设。社会主义文化应该坚持为人民服务和为社会主义事业服务的方向，同时倡导百花齐放、百家争鸣的政策。科学的理论可以武装人，正确的舆论可以引导人，高尚的精神可以塑造人，而优秀的作品可以鼓舞人。在改革开放和现代化建设的实践中，我们着眼于世界文化发展的前沿，应该传承民族文化的卓越传统，借鉴各民族的优点，在内容和形式上积极创新，不断提高中国特色社会主义文化的吸引力和感召力，以满足人们的精神文化需求、丰富人们的精神世界，增强人们的精神力量。

1.加强和谐校园建设

营造和谐、充满人文关怀的教学氛围，是学校道德教育发展的一个重要方面。这样的环境能够为学生创造一种轻松、和谐、充满人文情感的氛围，对引导和调节个体行为具有潜在的影响力，是一种无形但强大的力量。大学校园文化是一种独特的文化现象，它对学生的人格完善、文化素养提升、学术品位塑造、审美趣味培养具有重要作用。因此，高校应为学生营造和谐的校园文化氛围。

为了实现这一目标，大学应充分发挥在人才培养和科技等方面的优势，将校内外各种资源进行有机整合，以社会主义核心价值观为引领，营造积极向上的校园文化氛围。利用校园网络、电视、电台等多种媒体渠道，以展览室和图书馆等为主要场所，将政治思想和道德建设内容有机融入校园文化，同时积极探索采用参与式、体验性、互动式的教学方式，并不断创新内容、形式和手段。此外，高校需要组织开展多样化的文艺、体育和军事训练活动，通过社会调查、社会公益服务、社团等多种形式，提高学校道德教育的针对性、实效性、吸引力和感染力。

在此基础上，加强高校传统文化建设，是高校德育工作的重要组成部分。高校应注重传统文化教育，将中华民族精神的传承与培育融入整个国家教育体系。此外，高校在强调职业技能的同时，也应注重民族文化的传承与发展，以提高大学生的传统文化与人文素养。只有通过提高每个学生的自豪感和自信心，我们才能满足社会主义新时代的需求。

2.更新教育理念

学生德育理论课的教师需要不断更新自己的教育理念。我们必须坚定以培养学生的全面素质为核心目标，注重贯彻渗透式教育和养成式教育，将焦点聚焦在培养受教育者的经验和内化过程上，确保素质教育贯穿思想政治理论教育的各个环节。特别要强调对大学生的人文素质培养，促进理科和人文教育之间的互补交流。在思想政治教育中，我们必须坚守"以人为本"的原则，积极落实这一理念，调动师生的积极性，并专注解决思想政治教育在针对性、实际效果和吸引力等方面的问题。

大学教育是一种以人为本的社会实践，它要求学生积极地参与教育过程，使学生在学习中实现"双向互动"。思想政治课的教师需要采用多种教学方法，打破师生之间的交流壁垒，拉近师生间的距离，以促使学生与教师平等、真诚地互动，并且愿意与老师进行交流。在这种情况下，学生可以通过自己的表现和交流来提升自身的思想品德素养。为实现这一目标，必须适应人文关怀的教育方式，采用对话、启发和互动的教学方法，适应不同学生的需求，采用多样途径和方式来进行教育指导。道德品质还应扮演精神激励、价值引导、方法保证和人格建设等多方面素质的引导角色。

3.创新教学方法和手段

学生德育理论课的创新包括教学内容和教学方法的创新。在教育过程中，教学方式与手段起到了关键作用，它不仅反映了教育的基本理念，还为实现教育的根本宗旨提供了保障。在思想政治课教学中，教师需要通过多种途径来实现思想政治课的教育目标。为做到这一点，教师必须明确自己的理念，丰富教育教学理论知识，制订精心设计的教学方案。在此基础上，教师还要定期反思自己的教学活动，以建立和谐的师生关系，实现师生之间的良性互动。只有在师生合作下，教师才能实现教学目标。

在教学方式和手段上，需要找到合适的切入点，激发学生的兴趣。当今社会是一个动态、瞬息万变的世界，这导致道德教育的内容、方法、对象、途径、思想和原则都发生了变化。思想政治理论课必须不断吸取马克思主义的最新成果，以体现时代性。教师应关注学生所面临的问题，将学生的思想和需求作为教学的出发点，其必须针对学生关心的问题进行针对性的解答，因为研究表明，只有当思想理论符合学生的主观需求时，才能获得最大的认同。教育心理学的研究也表明，学习者对知识的接受水平与个人需求成正比。因此，在学生的道德教育中，教师必须从学生主要关注的问题入手，与学生的心理特征和社会热点相结合，使其具有较强的感染力和可接受性，避免形式化。此外，在思想政治课教学中，教师还应提高审美品位，使学生感到新鲜。应根据社会环境的发展、国际国内形势的变化、新问题和发展趋势及社会思想的影响，适时开展针对性的德育教育，以确保学生保持积极的心态。道德教育的内容应具有实际针对性和创新性，以提高其感染力和说服力。同时，教育应围绕学生的学习、成长、健康、生活、交往、恋爱等方面进行有针对性的思想政治教育，以提高思想政治教育的实际效果。

五、新媒体时代下德育内容的新拓展

（一）网络德育

近年来，信息技术迅猛发展，给道德教育带来了新的机遇。信息网络技术的不断进步，为道德教育提供了现代化的工具，扩展了其传播范围。互联网的开放性和信息传播的自由流动使时空不再成为限制。网络具备高度便捷、信息量巨大、覆盖广泛的特点。然而，网络也带来了一系列问题，是一把"双刃剑"。尽管网络可以推动社会进步，但是我们需要面对其带来的挑战。

随着网络的迅速发展和人们对网络的认识日益成熟，网络德育的需求也与日俱增。因此，每个社会成员都应积极培养网络思想政治道德觉悟，遵循网络行为规范。网络德育涉及我们在网络世界中应遵守的道德理念和行为准则。

1.加强网络德育

网络社会的一个显著特点是虚拟性，但虚拟不代表不存在，而是以虚拟方式呈现的另一种存在形式。通过虚拟的网络屏幕，我们依然与真实的人连接和互动。从这个意义上说，网络社会只是现实社会的延伸，网络社交关系是现实社交关系的扩展。在教育领域，我们需要关注研究新时代互联网政治的作用，改进传统的教育方法和思维方式，以适应数字化时代互联网快速发展的趋势。我们应该加速将教育引入网络，加强对互联网的监管并提高信息过滤能力，确保先进思想和文化在网络中占主导地位，扩大其影响力和覆盖范围，巩固社会主义主流意识的基础。同时，教育工作者需要培养人们对文化的敏感和准确的判断能力。尼葛洛庞蒂认为，人们无法掌握所有信息，而是应该拥有关于信息的信息，即对信息进行评估和选择的能力。只有具备敏锐和准确的文化判断和识别能力，人们才能在大量信息中作出正确的选择。

2.遵守网络道德规范

网络生活中的道德要求是为了维护网络公共秩序而需要共同遵守的基本

道德准则,是社会公德在网络空间的应用和扩展。互联网是人们自愿相互连接而建立起来的世界,在网络社会中,人们可以自由表达个人的思想、意愿和情感,摆脱了现实社会的限制和顾虑。接受网络社会的德育与现实社会的德育最大的不同在于德育主体的自觉性。网络社会的德育主要依赖于网络主体自身对德育的要求和约束,即实现自我约束的德育。面对全时空、无边界、虚拟自由的网络环境,正确理解"可能性"与"应当性"之间的关系有助于我们自觉遵守网络思想政治道德。网络为人们提供了自由飞翔的翅膀,使许多在现实生活中不可能的事情成为可能,但"可能"并不意味着"应该"。例如,借助网络技术可以私自解密、侵入他人的计算机系统获取他人信息,但这并不意味着应该窃取他人信息。在网络生活中,个体的道德自律是维护网络道德规范的基本保障,每个社会成员都应培养自觉的道德意识,展现良好的人格,共同建设一个健康美好的网络世界。

3.遵守网络法律规定

为维护人们的合法权益,网络世界也需确立规则。规则是确保人们享有合法权益和自由的保障,它的设立旨在确保人们的自由度,同时约束那些侵犯他人权益的行为。在网络社交领域,我们应当遵守各项网络规则,不断完善互联网法律法规,提高每个人对网络法律的认知,以便依法追究各种违法行为人的责任。

(二)科技德育

近年来,科技的迅速发展给社会带来了巨大的推动力,但也引发了深刻的问题。这一问题涉及到科技的双重性质,即其既能造福人类,又可能毁灭人类,如同一把"双刃剑"。因此,我们迫切需要认识到这种善恶之间的微妙平衡,因为它涉及整个人类社会的存续。在这背景下,科技伦理应运而生,它代表了在处理科技问题时应当遵循的伦理思想和准则。鉴于科技已经高度发展,科技伦理变得尤为关键。

1.正确处理人与科学技术的关系

进入近代工业文明社会后,人类的科学技术取得了飞速的进步,并取得了一系列重大成就。这些成就涵盖了广泛的领域，包括社会系统、经济系统、人脑和生命系统、网络系统等，对经济、社会和人类自身的进展产生了深刻影响。

现代科学技术以其惊人的力量极大地促进了社会经济的发展，提高了人们的生活水平，同时提高了国家的整体实力。"知识等于力量"和"科学技术是第一生产力"等理念逐渐深入人心。然而，与此同时，一些人过于热衷于科学技术，出现了唯科学主义的倾向。受唯科学主义思想的影响，人们更注重实用性和工具性，却忽视了对价值观和意义的合理思考。这导致人们精神上的迷茫，减少了对人文关怀的关注，以及行为方式的失范。我们需要对这些现象进行反思和纠正。

在人类与科学技术之间的关系中，人类永远是主导者，是最终目标。科学技术只是手段和工具。人们掌握科学技术是为了将其用于人类的发展，而不是被科学技术主导，从而失去主动性，成为科学技术的奴隶。

2.运用科学技术为造福人类与促进社会发展服务

科学技术是强大的工具，如果合理利用，可为人类带来巨大福祉；如果滥用则可能给人类带来伤害。因此，那些掌握和运用科学技术的个体必须肩负起社会责任。在运用科学技术时，不能背离人类共同利益和社会发展的方向，应该确保科技的应用有益于人类福祉和社会进步。如果忽视了这一点，可能会引发社会危机。

3.追求真与善的完美结合

科学的追求在于揭示"真"，即深入理解真实的本质和相应的规律性。科学的核心在于寻求真理并遵循真理，这便是对真实的契合。

德育的关注点在于培养"善"，鼓励个体认识、发展和完善自我，这是现实生活中必然要求。道德教育的核心理念是鼓励人们朝着"善"的方向发展，"善良"即是与设定目标一致。

人类的所有实践活动都应该是目标性和规律性的有机统一，是真实和善良的完美结合。因此，在追求真实的同时，科学技术必须与德育的善良相结合。这两者相互促进、良性互动，成为推动人类进步和社会发展的"两个关键要素"。

要想实现这一目标，我们必须注重全面提升自身素质。在不断提高科学素养的同时，也应当加强人文素养的培养。根据科学精神的要求，培养具备追求真理、理性思考、实事求是、无私奉献、团结协作、民主平等、开拓创新等品质的学生。按照人文精神的需求，培养具备有崇高和完美的追求、公平与正义、尊重人的尊严、关怀人的精神信仰、关注人类的命运与前途、具备社会责任感、向上追求等品质的学生。

（三）生态德育

现代社会存在明显的矛盾现象。一方面，我们的生活质量显著提高，拥有便捷的交通、宽敞的住房、多样化的食品和时尚的服饰；另一方面，我们正面临棘手的生态环境的挑战，包括人口过剩、大气污染、水质下降、土地沙漠化，以及物种灭绝和减少。全球气候变化、臭氧层损耗和酸雨等问题已经成为全球性的环境问题，对地球和人类的生存和发展产生了严重影响。

近年来，保护生态环境的呼声日益高涨。生态德育强调在处理人与自然环境关系时应遵循的道德准则和思想观念。它鼓励人们认识到人类与自然的相互依存的关系，追求和谐共生和共同发展的生态理念，引导人们自觉培养热爱环境、保护环境和提高环境质量的品德和行为习惯，追求长远、整体和根本的人类利益。

1.自然是人类赖以生存与发展的家园

人类的存续和发展仰赖着自然环境，而自然环境对人类的诸多层面产生了深刻的影响。

首先，自然环境孕育了人类生命的诞生。大约35亿年前，在适宜的水温、气候和自然因素的协同作用下，生命在地球上萌芽。古代人类通过不断地适应环境和劳动，塑造了自身的生理结构和生活方式，演化成为能够直立行走、拥有语言意识和使用工具的人类，可以说人类是自然界的衍生物。

其次，自然环境滋养了人类的精神生活。壮丽的山脉、广袤的草原、四季的交替变迁给人们带来了丰富的情感体验。这些大自然景观无声地滋养着人类的情感和内心世界，为个体提供了情感寄托、美的愉悦和无限的想象空间，丰富了人类的精神领域。

最后，自然界提供了人类所需的资源，推动了人类的持续进步。人类在没有自然环境提供的生产和生活资源的情况下，无法存活和茁壮成长。人与自然的紧密关系决定了我们有义务维护自然环境并对其表示尊重。对自然环境的破坏最终会危及人类自身的福祉。因此，保护自然环境等同于保护人类自身。

人类的生存与自然环境密不可分，这种相互依存的关系强调了我们必须认识到保护和尊重自然的重要性。

2.人与自然应和谐相处

在现代工业发展中，人类过度开发自然资源，引发环境问题，迫使人们重新考虑自身行为，认识到人与自然环境紧密相连，需要追求和谐共存。在1962年，美国生物学家莱切尔·卡森发表《寂静的春天》，揭示了严重污染事实，警告人类在创造文明的同时毁灭自身。她警告环境问题不解决，将导致人类"生活在幸福的坟墓"。

1972年，联合国首次在斯德哥尔摩召开世界性环境会议，正式提出环境问题，并将其与人口、经济和社会发展联系起来，倡导健康协调的发展。1987年，联合国委托布伦特兰夫人领导的世界环境与发展委员会提交《我们共同的未来》报告，提出可持续发展理念，即满足当前需求，不损害后代满足需求的能力。这为处理人与环境关系提供了新思路。

1992年，约翰内斯堡联合国可持续发展首脑会议将可持续发展纳入各国战略，并开始实施。随后，国际社会发生积极变化：多项环境公约生效，全球、区域和双边环保协议纷纷出台，150国设立相应机构，2 000多个城市制定了《21世纪议程》。

1996年，我国政府正式将科教兴国和可持续发展列为国家基本战略，采取了积极措施，如生态环境建设推进、退耕还林、还草、还湖等行动，以及"绿化祖国"。

生态思想强调将爱的原则扩展至人与自然，追求人与自然的和谐共存和共同发展。在生态德育观指导下，我们应致力于实现这一目标。

（1）珍惜大自然

生态意识形态涵盖了人们对自然的热爱，对自然资源的保护，以及反对乱砍滥伐和随意捕杀动物等行为。生态道德教育旨在培养人们具备全局观、整体观、可持续发展观，将环境保护视为个人责任。我们需要着眼于后代的生存和发展，以长远、全局的视角来考虑。让我们一同致力于创造一个丰富、清洁、美丽且充满生机的生态环境。

（2）珍惜有限资源

资源指的是在特定时间和空间条件下具有经济价值的自然要素，其构成了人类生存和发展的基础。尽管自然界蕴藏着丰富的资源，但在特定时间和空间内，这些资源是有限的，很多宝贵资源经历漫长岁月才形成。过度开发和滥用资源将破坏人与自然的和谐关系，导致资源匮乏，给人类生存与发展带来严重影响。因此，生态道德教育的实施可以促使人们珍惜资源，节约利用资源，提倡节俭，反对奢侈的生产和消费。

（3）主动参与生态环境保护

人与自然的关系不仅包括对自然的开发与利用，也涵盖对自然的塑造和促进。在开发生态系统的同时，我们也应关注生态系统的建设和发展，以实现人与自然的和谐共生。在生态环境建设方面，我们有很多可行的举措，也是必要的措施。例如，恢复遭受破坏的生态环境，包括退耕还林和植树造林；采取保护野生动植物措施，建立生态环境监测和预警系统；加强大气和水质监测，加大城市绿化力度，严格监督工业区的环境质量；限制各种形式的污染，减少环境负荷，实现零排放。生态道德教育旨在鼓励人们积极参与自然环境保护，以促进人与环境的和谐发展。

第四章　新媒体时代德育教育现状

第一节　新媒体时代德育教育的意义

德育教育是用符合德育原则、符合社会客观规律的德育内容,以教育教学的方式方法来帮助青少年形成道德素养。德育教育不仅仅指学校德育教育,也包括家庭和社会在德育教育过程中对青少年思想品德产生的影响。随着互联网的蓬勃发展,新媒体成为影响青少年德育教育的重要方面,给学生德育教育带来了挑战与机遇,创新新媒体时代下学生的德育教育成为新时期的重要课题。德育教育创新是其应对新媒体环境挑战与机遇的必然选择,是新媒体环境下实现德育意识形态功能的必然要求,也是新媒体环境下促进学生全面发展和实现德育教育现代化发展的客观需求。

青少年是祖国的未来,是现代社会的支柱,他们的素质水平和价值观影响着今后社会的发展,所以新媒体时代创新德育教学理念、模式和内容具有重要意义。

一、新媒体时代德育教育是学校教育的重点

德育教育是学校教育的重点,学校又是德育教育的重要场所。我国无论是在政策扶持还是宣传实施等方面都对德育教育给予了极大的鼓励和支持,国家对德育教育的重视也取得了一些成果。当下德育教育的发展情况好的方面占绝大部分,但由于一些不良风气的影响,部分青少年在思想道德方面存在不同程度的问题。

目前,青少年在学习和成长过程中存在的比较突出的问题有:缺乏信念、

责任感不强，容易受到社会中存在的拜金主义、功利主义、个人主义和享乐主义等畸形思想的影响，一些青少年甚至做出了违法犯罪的行为。这些情况的出现说明我国当前德育教育在一定程度上偏离了德育教育的初衷。随着社会的不断发展，学校德育教育需要面对挑战。如何创新和完善我国的德育教育体系，提高青少年的道德素养，培养出利于社会和谐发展的人才，是关乎国家民族前途的事，也是需要长期紧抓、反复呼吁的事。

二、新媒体时代德育教育是社会和谐发展的基础

德育教育的首要目标在于引导青少年形成正确的世界观、人生观和价值观，培养适应社会需求的道德素养。道德素养被视为提高青少年综合素质水平的前提条件。这是因为缺乏坚实的道德基础和正确的价值观的青少年，在未来发展中可能偏离正常人生轨迹的方向。

当今社会对人才的综合素质要求越来越高，不仅要求个体拥有高水平的专业技能，还要具备较高的道德素养。德育教育对青少年性格塑造，树立正确的人生观和价值观至关重要。这不仅影响他们的个人成长，还将影响未来社会的发展方向。因此，在中学的日常教育中，教师需要将德育教育贯穿于学校生活的方方面面，同时将德育教育融入各学科，以提高青少年的思想和道德水平。青少年是未来社会的接班人，其思想道德水平和文化素养将直接影响社会的未来发展，也关系到我国社会主义现代化建设的进展。

青少年的思想和道德发展具有不断变化的特点，这一时期的个体塑造潜力巨大。当前社会正处于开放时代，不同文化相互交流和融合，形成了多元价值观的社会氛围，这为青少年提供了增长见识的机会，创造了良好的成长环境。

然而，学校只是社会的一部分，德育教育不仅仅发生在学校范围内，社会环境同样会对青少年的道德和思想产生影响。因此，青少年的思想和道德水平并不是由理论家或教育者主观设定，而是受社会现实情况的影响，因此，思想品德的培养需要根据社会的变化进行相应的调整。

为了培养青少年的思想品德、社会责任感和健全的个性，我们需要加强青少年德育教育，丰富其内容，提高其实效性，以培养青少年的思想品德和社会

责任感。青少年是国家的未来，只有具备良好道德素养和健全人格的青少年才能在社会中立足，积极参与国家的建设，为社会发展作出贡献。

三、新媒体时代德育教育是数字化时代的现实需要

新媒体是信息科技与传媒的紧密融合，随着 5G 时代的来临，互联网、手机、数字电视的广泛应用，博客、微博、手机报、手机短信及数字电视等新媒体已融入青少年的日常生活。新媒体所构建的虚拟空间已成为青少年生活的重要组成部分，与物理空间并重。在这个虚拟空间中，青少年所面对的世界不再是由物质构成的现实世界，而是由无形的信息比特（信息的最小单位）构建的信息世界。

当代青少年生活在现实社会和新媒体构建的虚拟社会中，这两个社会相互联系、相互依存，引发了大青少年生活方式的重大变革，对青少年的生活方式、思想观念和道德产生了深远影响。新媒体的快速发展对青少年的思想政治意识、价值观念和道德素质产生双重影响。一方面，它增强了青少年的民主和参与意识，另一方面，也对他们的道德自律和道德判断提出了挑战。

因此，只有采取科学的态度和务实的精神，研究数字时代下新媒体环境给德育教育带来的影响，才能指导和推动学校德育教育与时俱进，了解应用新媒体强化德育教育的规律，提高实施的可行性和实际效果。

四、德育教育是应对新媒体德育教育挑战与机遇的迫切需要

新媒体在给德育教育带来挑战的同时，也带来了机遇。挑战主要体现在以下方面：德育教学理念的主导性面临着新媒体信息内容多元化的挑战；传统教育无法解决新媒体虚拟空间中的教育问题；教学内容偏向思想理论，难以满足学生在新媒体时代的伦理和心理需求；教学方法以单向灌输为主，与学生在网络上的互动活动产生冲突；教育队伍的现代化素质相对较低，不能满足高科技

时代人才培养的需求；新媒体对我国传统伦理道德的挑战；新媒体对我国网络建设和管理的挑战。

新媒体带来的机遇包括：多样的新媒体模式和渠道；新媒体德育教育具有较强的时效性和快速传播速度；新媒体德育教育具有合作优势；新媒体德育教育工作的内容和形式仍在不断变化；新媒体对大学生的思想和道德产生积极影响；新媒体传播为传统道德的现代化转型创造了条件。

因此，正视新媒体给德育教育带来的挑战和机遇，促进德育教育理论和实践的创新和发展在现实中具有重要的意义和应用价值。

五、新媒体时代德育教育是丰富和深化德育教育研究的现实需要

随着博客、手机媒体、数字电视等新媒体的迅速发展，新媒体对青少年的思想和道德产生了双重影响，不仅对传统德育教育提出了挑战，还对新媒体环境下的德育教育研究提出了新要求。以往的研究主要关注德育教育和网络德育教育，而从新媒体角度审视德育教育的研究较为有限。

本研究以马克思主义理论为指导，运用传播学、伦理学、社会学等多学科知识，深入分析新媒体传播的特点及新媒体对德育教育的影响。研究旨在将现有的德育教育体系置于新媒体环境下，进行反思和重建，提出新媒体环境下的德育教育创新路径，构建适应新媒体环境的有效德育教育模式，从而丰富思想政治教育的理论研究，具有实际应用的理论价值和实践操作的可行性。

第二节　新媒体时代德育教育创新的重要性

一、德育教育创新是应对新媒体环境挑战与机遇的必然选择

德育教育的创新始终离不开时代的发展。新媒体的迅速发展不仅对整个社会产生了巨大的冲击，也极大地改变了学校德育教育的氛围。新媒体所营造的虚实交错并存、良莠不齐的传播信息及多元化的价值观给学校德育工作带来了考验和契机。在新媒体环境下，德育教育的创新成为一种必要的手段。

（一）新媒体环境下学生德育教育面临的挑战

新媒体给青少年德育教育带来的挑战，主要表现在以下几方面：

1.传统德育教育的理念受到新媒体传播的冲击

在新媒体的影响下，传统的"一元主导"和"教师主体"的思想观念面临着新媒体的挑战。

首先，在新媒体的多元文化背景下，传统的"一元主导"的思想观念受到了冲击。在数字化空间中，我们更容易跨越地域界限，促进不同地区文化的相互融合。在互联网时代，青少年不可避免地面临着东西方文化、民族文化与外国文化之间的冲突与碰撞，甚至西方强势文化和文化霸权的挑战。这使传统的"一元主导"的思想德育教育面临着巨大的挑战。

其次，在新媒体环境下，"教师主体"的思想观念也受到了冲击。在我国，传统的道德规范强调"教师主体"，将教师视为知识与技巧的主要传授者。然而，在互联网时代，教师的知识传授角色面临着挑战。由于新媒体提供了丰富的思想政治教育资源，使教师自身的信息资源相对匮乏，甚至处于"弱势"地位。特别是在新媒体的互动环境下，教师的主体性被重新定义，教师与学生在平等的环境中进行了对话。学校德育工作者需要积极适应新媒体环境，以更好

地满足学生的需求和社会的发展。

2.新媒体交互作用对传统德育教育教学的单向影响

传统的德育教育是一种单向的灌输式教育，也就是说，教育者对受教育者进行的是一种单向的教学过程，着重对学生进行道德知识的灌输和宣传，很少关注学生的情感和心理。缺少与学生的平等交流，以预防、纠正和惩罚学生的错误行为为主，因而忽略了学生的主体性，忽视了学生的需求和情感，导致学生对德育教育产生抵触情绪。新媒体为师生提供了一个互动的平台，将传统的单向德育教育转变为互动式的德育教育。

3.现有道德制约工具和新媒体隐蔽性之间的差距

传统德育教育倾向于站在政治的高度，只关注阶段性任务的完成，而忽略了不同阶段学生个体发展的需求，忽视了个体德育教育。这种过于强调"政治人物"型德育教育无法解决拥有多元价值观的学生的思想和道德问题。同时，现有的批评教育、舆论监督等道德约束方式也难以提升学生的道德素养。在新媒体传播的背景下，学生的行为往往是匿名的，他们受到好奇心、娱乐等心理驱动，可能会做出不负责任的、违背道德的行为，而现有的道德约束方法难以有效地约束他们。

4.影响了学生成长环境中学校德育教育优势的发挥

长期以来，由于受控制的媒体单向传播，学校德育教育在传播过程中占上风，也在学生的成长环境中拥有了绝对的优势。然而，信息化时代的到来使德育工作人员需要有目的有组织地开展思想政治教育，与新媒体广阔而复杂的环境相结合。新媒体提供丰富的信息资源，拓宽了学生的认知渠道，使学生难以接受传统的单向灌输，对教师的权威提出了质疑。在这个背景下，学校德育教育对学生的发展仍然起着重要的作用。

5.新媒体给学生的思想品德教育带来了新的挑战

首先，新媒体对学生的思想品德教育产生了巨大影响。在新媒体条件下，学生的思想、价值观和伦理道德具有个性化特点。新媒体的多元化和复杂性给德育教育的发展带来了前所未有的挑战。有一项针对在校大学生的调查表明，大多数大学生经常使用网络、手机等新媒体。

其次，新媒体的出现使当代青少年的价值观发生了变化。有学生表示，因为使用新媒体，他们受到了西方文化的影响。此外，新媒体还对当代青少年的道德认知、道德情感和道德意愿产生了影响，带来了一些伦理行为方面的挑战。新媒体创造了一种道德困境。伦理学是社会对个体动机和行为的一种标准。道德观念是在具体的交际过程中形成的，随着人们生产和生活模式的改变而不断发展。随着信息技术的发展，人类的时间、空间和空间结构都发生了巨大的变化。新媒体加速了全球化进程，不同文明之间的冲突变得越来越明显和尖锐，道德冲突也日益突出。

再次，在新媒体的背景下，情感缺失，人际交往间接，容易导致青少年道德情感的疏离。人际关系离不开人们之间的社交互动，但在新媒体环境下，人们的言行被转化为二元话语，而不是真正的面对面接触，人们之间的隔阂越来越大。

最后，新媒体使学生的伦理决断力和道德意志面临挑战。由于新媒体信息过滤得不严格，有用的信息与无用的信息同时被生产，一人一机的信息接收方式可以让用户建立自己的天地，使人在不自觉中丧失有效的道德判断力。主流的伦理观念已淹没于散沙式的个人追求中，自觉的道德追求已隐匿于信息的随意接收之中。个体伦理无法使个人的行为保持全方位的适当性，公共伦理无法使社会维持相互协调的人心秩序。信息时代青少年的伦理决断力面临着考验。

新媒体环境中大学生的道德行为存在一些问题。建立在现实社会中的道德规范由于不适应新媒体运行的新环境，形同虚设，而一时又没有形成新的道德规范，使一些新媒体传播中的行为既不受旧规范的制约，又无新法可依。一项针对大学生的调查发现，48.6%的大学生认为大学生的网络道德状况还可以，8.6%的大学生认为较差，1%的大学生认为非常差；关于目前大学生网络道德缺失现象的主要表现，32.8%的大学生认为是网络黑客，48.5%认为是网络剽窃，50.6%认为是网络诈骗，21.2%认为是其他；关于网络上的哪些行为对大学生的负面影响较大，38.4%的大学生认为是网络交友不当，34.5%认为是网恋，67%认为是上网成瘾，60.4%认为是网络游戏，11.8%认为是其他。

6.新媒体对德育教师提出了较高的现代素质要求

新媒体对德育队伍的要求日益提高。在信息社会中,教师不再是唯一的知识传授者,而是知识的合作伙伴,需要积极参与知识重组。然而,德育教师在新媒体时代面临着许多挑战,包括知识不足、知识结构单一、缺乏新媒体知识和技能,以及缺乏德育教育的主动意识。因此,建设高素质的德育队伍成为信息时代德育发展的紧迫任务。

7.新媒体对我国传统道德提出了挑战

新媒体改变了人类生存的环境,而人类的生存环境正是依赖新媒体的。中国的传统社会以小农经济为基础,以血缘亲情为纽带,以家族为纽带,以家庭为纽带。以"亲人伦理"和"熟人伦理"为特征的中国传统伦理,打破了地理屏障,实现了超越空间和时间的网络传播。它是一种不熟悉的群体间的交流,其社交方式从以"人—人"为主导向以"人—媒介—人"主导转变,新的传播方式打破了人们熟悉的、以"私德为首,公德不显"的传统道德观念。新媒体消解了传统的道德价值观,随着新媒体的出现,推动着社会财富、权力和地位向着代表着现代科学技术发展趋势的团体和个体流动,突破了传统的门第主义和类似于"门第"的体制和理念。新媒体推动了中国伦理相对论与伦理多样性的加强,它给中国的传统伦理学带来了巨大的冲击,这是一种以儒学为中心的社会伦理观。中国的传统伦理学,可以说是一种在漫长的时间里处于一种相对封闭、高度集中的一种德性文化。然而,新媒体的去中心化传播特性,以及广泛的全球参与,使中国的传统道德正面临着与具有开放性的、多元的道德文明共存的新的挑战。

8.新媒体给我国现有的媒体管理带来的挑战

在新媒体的背景下,只有 HTTP 协议、TCP/IP 协议等协议,并没有任何行政"中心"机制,各种虚拟社群和虚拟社区都是根据参与者的共同兴趣、爱好及互补的需求而建立的。在新媒体时代,人们依据不同的规范,对各种非正规机构进行经营。同时,在新媒体的开放、隐蔽、匿名等特征下,新媒体在传播过程中给受众带来了更多的便利。在新媒体的背景下,党和国家对传统媒介的强有力的管控和引导能力已经减弱,而真实世界中的公众舆情的他律功能也已经消失或被极大地削弱。目前，我国现存的网络管理文件和手机管理文件已经远远滞后于快速发展的新媒体技术。

（二）新媒体环境下大学生德育教育的机遇

新媒体对学校德育工作提出了新的要求，而由于新媒体的交互性和开放性，也为学校德育工作的创新提供了重要的契机。

1.新媒体为思想品德教育开辟了一条新途径

在德育教育体系中，媒介是不可或缺的一部分。德育的媒介是一种能够承载和传递德育教育元素、能够被德育教育主体所利用，并且可以通过这种方式与主体进行互动的德育教育活动。在新媒体环境下，德育理论课的信息媒介具有以下几个优点：第一，它使思想政治课的教学内容从平面变得立体，从静态变得动态，实现了时间和空间的跨越。第二，新媒体中的海量信息使教学内容更加丰富和多样化。第三，这种媒介具有更高的人文和技术含量，体现了政治属性，包括历史、文化和技术等方面。利用新媒体开展思想德育教育工作可以拓宽德育工作的范围和影响，让学生在获取广泛社会信息的同时也接收到思想德育教育的信息。在德育教育的熏陶下，道德品质得以提升，同时，这种教育方式与其他媒介的德育教育效果相辅相成，相互促进，最终形成了一种全方位的德育教育格局，从而提高了德育教育的效果。

2.新媒体为思想德育教育的认知和价值观传递提供了有利的环境

从传播学的角度看，德育是一种特殊的社会信息传播现象和活动，是以道德理念和道德准则为核心的德育教育信息在社会中传播的行为和过程。在这个过程中，教育者将信息传达给受教育者，这是德育的出发点。与以往的思想德育教育信息传播相比，新媒体信息传播在思想德育教育中具有显著的优势，发挥了重要作用。首先，它更具吸引力。新媒体融合了文字、图像和声音等多种信息，充分调动了学生的主动性和参与性。其次，它更具感染力，三维立体的新媒体动画和虚拟图片大大提高了德育工作的感染力。最后，它更加便捷，允许学员在任何终端上，随时随地获取所需的知识和资料。新媒体为大学生提供了广阔的学习和社会实践空间，促进了他们在社会化进程中的成长。

3.新媒体能促进德育教育的互动和主体性的发挥

在德育教育中，教育者与受教育者之间的互动行为是相互影响的。传统的德育教育采取了单向的灌输方式，忽视了学生的需求和接受能力，抑制了他们的积极性和创造力，将他们置于被动地位。然而，新媒体的兴起唤醒并增强了当代大学生的主体意识。在新媒体环境下，交际主体的社会角色通常呈现出"虚拟"和"无心理包袱"的特点，使参与者之间处于相对平等的状态，有助于建立良好的人际关系。角色在互动中可以交替，受教育者在选择和吸收德育信息的同时，也参与信息的制作和传播，将自己的想法传达给他人，从而变成了教育者。在这个新的媒介环境下，德育工作者和被教育者之间的关系更加和谐，可以更好地发挥各自的主体性。因此，在新媒体环境下，传播德育教育信息的主体不再局限于教育者，还包括受教育者，教育者和受教育者之间的关系是相互依赖和制约的。

4.新媒体有利于提高德育教育效果

衡量德育教育成效和作用大小的关键标准取决于目标及其实现情况。教育者将社会所需的道德理念和准则融入受教育者的感知和记忆系统中，增加了信息量并改变了信息内容，这影响了受教育者对德育教育的认知。通过对受教育者思想和价值观的影响，情感上的改变，社会主流价值观的内化和维持也得以实现。这种变革在受教育者的言行中表现出来，形成了人们的行为习惯。这三个层次被称为"内化"的过程，它们反映了影响的逐渐积累、深化和扩展，"认识—态度—行为"是效应的过程，内化是德育教育取得最佳效果的关键环节。

从新媒体的传播特征来看，新媒体为促进大学生内化提供了新的契机。在新媒体环境下，大量的共享信息成为德育教育的重要内容。新媒体以其快速的传播速度和隐蔽的交流特点，有助于教育者及时了解学生的心理、情感和关注点，从而提高了教育的针对性。新媒体主体的平等性和互动性帮助受教育者积极参与对话，将德育变为学生的自我教育，提高了教育的实效性。

5.新媒体对德育教育所起到的合力作用

教育的合力是指学校、家庭和社会之间的互动关系，它们相互协作、交流互通，形成了以学校教育为核心、以家庭教育为基础、以社会教育为支持的综合教育体系。只有三者有机结合，教育才能充分发挥作用。教育合力要确保各种教育资源在不同层面之间保持高度一致性，以实现最佳教学效果。青少年德育教育合力是指学生德育教育系统内各要素之间的互动关系及它们所形成的综合力量。新媒体具有超越时空限制的特点，能够通过网络德育网站、博客、QQ群等多种方式，促使学校、家庭和社会共同参与学生的学习。新媒体的广泛参与性使教师和管理人员能够通过博客和QQ等方式开展思想政治工作，与学生进行互动，从而扩展了德育的参与面。而新媒体参与者又具有匿名性、平等性、互动性等特点，这使德育教育具有广泛的参与范围、较高的参与度。因此，利用新媒体进行思想德育教育有助于形成学校、家庭和社会的合力，建立"四位一体"的育人机制，促进教育的协同合作。

6.新媒体对学生德育工作具有正面的作用

新媒体的兴起对推动学生树立新价值观具有重要意义。新媒体所包含的价值观是开放的，新媒体的虚实互通、平等互动和大众化特点有助于打破社会阶层概念，培养学生的平等和共享意识。新媒体的快捷和便捷操作有助于学生树立高效能理念。新媒体的包容性和多元性有助于拓宽学生的视野，增强他们的开放性、国际化和多样化意识。

新媒体对学生创新思维的培养具有重要意义。传统教育由于各种因素限制了学生创新思维模式的发展，而新媒体则为他们提供了广阔的思考空间，使他们能够接触到国际上前沿的思想理论和科学技术，从而创造了有利于培养先进思维和创新思维的环境。

由于新媒体的自主参与和高度自主性，新媒体的伦理规范主要依赖于参与者的自我约束，以及学生的道德自律。新媒体提供的丰富多样的信息和多元的价值观，为学生提供了一个道德认知和道德判断的环境，从而有助于培养和提高他们的道德判断力。在新媒体环境下，青少年的道德行为基于个人道德认知和道德判断，因此，良好的道德行为有助于促进学生实际的道德行为和素质的培养。

同时，新媒体的传播也推动了社会公民的成长，为传统道德的现代化转型提供了条件，以满足社会的发展。中国的传统伦理具有优秀的传统，在中国传统文化中占有举足轻重的地位，特别是"仁义礼智信"。其中，"智"与"信"

是中国人的德性培养的价值观，它对中国数千年来的发展产生了深远的影响。然而，中国的传统道德却面临着与社会发展相适应的现代化变革问题。新媒体的传播孕育出了以开放和民主为代表的现代道德精神。从伦理视角来看，"公民"是一个以"公民"为核心的社会，新媒体的传播使公众对公共事务的参与表现得更加活跃，市民社会趋势和市民伦理诉求成为现代中国最基本的生存状态。新媒体将中国公民社会的发展放在全球一体化的大环境下，由传统伦理走向近代中国的公民道德。新媒体赋予了受众"全球化"特性，中国在全球化进程中遭遇的机遇，为中国公民社会的精神气质和公民意识的产生，提供了一种可以参考和利用的精神文化资源。

二、德育教育创新是新媒体环境下实现德育意识形态功能的必然需求

马克思和恩格斯认为，"意识形态"是与经济形态相对应的一个重要概念，它是一种反映特定经济形式的思想体系，因此也反映了一定的阶级或群体的利益和需求。在近代，"思想"被定义为一种"非宗教"的方式，用于解释这个世界。总的来说，术语"意识形态"具有特定含义，它是与"科学意识"不同的概念。

意识形态是一种由各种社会关系，尤其是经济关系所决定的特定社会思想。伦理学是建立在特定社会经济基础上的一种思想体系。伦理学是一种社会和人的发展需求，它是一种特定、独特、广泛存在的现象。道德是一种社会意识，要发挥其作用，需要一定的实践基础，需要通过社会舆论、宣传教育和相关执行机构等手段来实现，并将其纳入社会上层建筑的内部。德育教育是实现思想政治作用的一种主要方式。在阶级社会中，德育教育不可能永远立足，它的价值和原则都是有意识形态的，其目的是将统治阶层所提倡的伦理规范和要求融入大众的道德需求中。它承担着宣传思想的主要功能。因此，德育教育最基本的功能之一是其思想功能，包括导向、保障和教化功能，而开拓和发展是实现思想意识功能的两种途径。

以马克思主义为核心的社会主义思想体系是我国主要思想的代表。社会认同是决定意识形态地位的关键要素，具有主导意识形态的社会认同感，有较高的社会包容性，并对其具有一定的统治地位。新媒体具有全球性、开放性和互动性，具有"个人化""反权威"和"多样化"的特点，打破了传统媒体时代的信息传递，削弱了政府对信息传播的控制。随着新媒体在日常生活中的广泛应用，它对传统思想产生了巨大影响。新媒体将全世界联系在一起，各种文化形式和观念在新媒体的空间内相互融合和碰撞。

因此，创新新媒体环境下的学生德育教育，只有坚持德育教育主导性，运用红色网站、德育网站、德育博客等形式，加大新媒体时代对以马克思主义为指导的社会主义意识形态的宣传，加大对社会主义核心价值体系的宣传，将社会主义意识形态所体现的内涵和价值诉求转化为学生的自觉追求，才能使社会主义意识形态的凝聚力得以增强，从而巩固提高社会主义意识形态的认同度。

三、德育教育创新是新媒体环境下促进大学生全面发展的必然选择

"每个人自由而全面地发展"是马克思所认为的未来社会的基本特征之一，也是我们奋斗的目标。新媒体为学生全面自由发展创造了有利条件。

（一）人的全面发展理论

马克思和恩格斯对"人的全面发展"进行了界定，"人的全面发展是人的客观存在""全体社会成员都是人的全面发展""人的基本发展是人的基本人权"。人与人之间的关系成为人与人之间关系的整体发展。当人成为一个整体时，其个性和潜能都得到了充分发展。其特定含义包括以下几个方面：

第一，人的全面发展体现在人类的实践中，即人类的实践活动在内容和方式上都得到了充实。第二，社会关系的充分发展是指个体与广泛意义上的其他个体的互动，具体体现在个体关系的普遍化和个体关系的全面发展，个体与其他个体在各个方面、各个领域、各个层面的社会连接，包括人们的经济、政治、

法律、伦理与文化等方面的关系，变得更加丰富、开放、全面、和谐。第三，人的人格发展体现在个体各个组成部分之间的平衡和谐发展，以及认知、情感、意志等心理要素的发展和提高。人的人格的发展首要涵盖了人的需求，人际关系的需求，精神生活的需求，以及个人的实现与发展、超越自由的需求等。人的人格发展的第二层面包括人的各种能力的综合发展，包括身体和智力的开发，自然和社交的能力的开发，以及将所有的天赋和精力都用在实践中。主体性的整体提升和个体的个性的增强和充实，主体性的表现形式包括能动性、创造性和自主性。人的主体性的全面发展不仅意味着人自身的特殊性得到了很好的发展，还意味着人要成为自然、社会和自身发展的主体。

上述三个层面之间的规范是逐步递增的，人的人格和自由发展都是人的整体发展的一个主要组成部分，也是最基本的特征。

（二）新媒体的发展给学生的全面发展带来机遇与挑战

新媒体的发展对学生的全面发展既是一种机遇，又是一种挑战。

首先，新媒体的出现为学生的全面发展提供了良好的环境。新媒体的兴起为大学生的全面成长提供了有利的物质基础。人的全面发展建立在社会生产力高度发展的基础上，而新媒体的产生正是社会生产力高度发展的结果。在新媒体的背景下，学生能够摆脱以往受到生产力限制的时空限制。新媒体环境扩展了人们的生活空间，带来了新的生产和生活方式，为人的全面发展创造了条件。

其次，新媒体的出现也为学生提供了丰富的文化环境。新媒体推动了社会文化的发展与繁荣，并促使人们形成了新的思维模式和行为模式，创造出富有时代性的新媒体文化，这必然会对国家的先进文化，包括道德水平的提升和科学教育的发展产生积极影响。全面发展的人首先要具备崇高的道德情操，能正确理解和处理自己与他人、个人与社会之间的关系，并树立正确的世界观、人生观和价值观。在新媒体环境下，学生需要不断解放思想、更新思维，提升自身能力。新媒体的出现还为大学生的社会关系的发展提供了可能性。新媒体的发展使个体能够在全球范围内与他人建立现实或虚拟的联系，从而实现了个体从狭小天地到广阔天地的转变。新媒体具有虚拟性、自主性、开放性、互动性和自治性等特点，使学生能够在新媒体环境中展现自己，满足社会关系和精神生活的需求，同时促进个人的实现与发展，满足超越自由的需求，为发展青少年的能力和主体性水平创造了条件。

再次，新媒体的出现给青少年的综合素质带来了严峻的考验。新媒体的虚拟性和超越时间性在一定程度上导致了青少年与人的关系出现虚拟错觉，使人与人的关系及人与人之间的虚拟关系的真实性感降低，对学生的全面发展产生了不利影响。由于新媒体的发展，在许多情况下，青少年与人的互动方式已经变为"人—机—人"的交流方式，这种借助数字符号的互动影响了情感的深度，并不利于建立全面的人际关系。新媒体环境下，丰富多样的信息对学生的价值观和伦理观提出了严峻挑战。新媒体具有开放和全球化传播特点，这使信息管理变得困难，新媒体空间中的信息变得更加复杂，东西方文化之间产生冲突。大学生的价值观多元化，对社会主流价值观产生了巨大冲击。

（三）新媒体环境下的德育教育创新是大学生全面发展的需要

在新媒体条件下，人的全面发展是学校德育教育的实际起点和终极目标。利用新媒体对青少年进行思想品德教育，关键在于激发其内在潜力，我们要充分发挥学生的主动性、积极性和创造性，使学生的自我和社会功能得到充分的发展。这有助于拓宽学生的视野、发展他们的思维、促进他们的社交互动，从而激发并培养他们的学习动机。此外，学生的主观能动性和创造性也可为社会的发展创造物质和精神环境。在新媒体条件下，学校学生德育教育的起点与最终目标是促进学生全面发展。

在新媒体条件下，以人的全面发展为出发点，以学生为中心进行德育教育。从人的全面发展角度看，新媒体环境下的学生思想德育教育应以满足学生需求为出发点，这是因为需求是学生行为的动力。因此，德育工作者应深入研究学生的需求。同时，新媒体的背景为学生提供了更多的机会，以更好地满足他们的日常需求，如安全、人际交往、尊重等。新媒体环境具有开放、平等和互动的特点，使人际关系得到了极大的充实和发展，这也是新媒体最显著的特点之一。然而，广泛传播的大量信息也可能导致大学生"失去自我"。在新媒体条件下，学校德育工作应侧重构建良好的人际关系，以促进学生的健康成长为目标。

新媒体德育教育必须以人的全面发展为基础，与实践德育教育紧密结合。人的全面发展不仅涵盖一项发展，而是要确保人的各个方面都得到充分的发展。人的本性既有现实的一面，又有虚拟的一面。在实施过程中存在一种认识上的误区，即将新媒体德育教育与实际德育教育分割开来，忽略了二者整合与协同的重要性。以人的全面发展为出发点，要正确把握虚拟与现实的辩证关系，使新媒体德育教育与实际德育教育有机融合，这是推动大学生全面发展的必由之路。

四、德育教育创新是新媒体环境下实现德育教育现代化发展的自身需求

德育教育发展的本质是德育教育现代化的问题，其动力来源于德育教育内在运行和时空境遇的合力，新媒体契合了德育教育现代化发展的内在需求。

（一）新媒体与德育教育现代化发展的契合

1.新媒体为德育的现代化发展创造了全球化的环境

全球化是一种扩展性的历史过程，表现为社会生活超越地域和国界的限制，实现了世界各地的相互连接。新媒体将整个世界联系在一起，推动了全球化的发展，使其逐渐从经济领域扩展到政治、文化等其他领域。因此，政治和文化交流也在全球范围内得以发展。这场全球化也成为一场关于意识形态和文化话语的较量。在这一背景下，德育教育面临着诸多挑战。在全球化的大背景下，世界各地的文化交流促进了不同文化之间的相互理解与交流，筛选和吸收了其他文化中的有益元素，同时也将自身的文化特色输出到其他国家和地区。这需要德育教育充分发挥其在精神生产和文化方面的作用，推动先进文化的发展，通过与各种文化的交流、融合、相互渗透，不断提高中国特色社会主义文化的民族性和世界性。然而，由于全球文化交流不平衡，不同文化之间的矛盾加剧，这需要德育工作占据主导地位，以社会主义思想引导新媒体的健康发展。

2.新媒体的发展为人们营造了"数字生活"的现代空间

新媒体的发展创造了一种"数字生活"的现代空间,这对德育教育的现代化提出了要求。科技的发展是人类改造客观世界的手段,同时也是更理性、更有意义的生存方式,是价值探索和追求的途径。互联网、移动电话和数字电视等新媒体技术的应用,构建了"数字生活"的现代空间,催生了网络虚拟空间和网络用户等新社会群体,呈现出与传统社会群体不同的思维和行为模式。因此,德育教育需要借助现代科技手段,加强自身建设,搭建德育教育运作的平台,以便融入新的社会关系。同时,德育教育也应主动融入新社会空间,融入新社会团体,并以社会主义思想为指导原则来进行德育教育。新媒体德育教育是对新媒体环境下德育的介入,它在新媒体环境中进行,将新媒体德育教育与传统德育教育进行了有机结合。

(二)新媒体环境下德育教育现代发展的内涵

德育教育的发展包括两个方面:一是从传统德育教育走向近代德育教育的历程,二是德育教育不断深入发展的历程。这两方面的发展均指向"现代性"的视域。现代化是一种随着工业的发展而不断变化的世界范围内的社会变化和文化变化。在这个过程中,"现代化"逐渐由经济和制度层面发展到文化层面,关注点集中在"文化"方面,表现在人们的思维方式、表达方式和生活方式等方面。它首先表现为人类自身的现代化。而"现代化"的核心特征是人类共同的心理境界、价值观念和生活方式等当代特征。

德育教育的发展旨在以现代德育教育为导向,综合传统德育教育的经验,实现德育教育理念、制度、内容和方法的现代化。第一,现代化体现在思想德育教育观念上,具体表现为开放、发展和多元的理念。第二,现代化体现在德育理论课教学内容上,教育者需要应对新媒体条件下的德育工作新形势,但仍以中国的马克思主义为指导。同时,应选取最贴近真实生活的内容,满足新媒体条件下学生的实际需求。第三,现代化体现在德育制度上,包括将德育由学校为中心逐步扩展至社会,动员社会各界力量参与德育工作,以构建完善的德育教育系统。第四,现代化体现在德育工作方式上,教育者要摒弃传统的单一、单向、经验主义的德育教育方式，引入新媒体技术，推动教学方式的革新，建立信息化、立体化、双向互动的教学方式，建立多维的互动德育教育模式。

第三节 新媒体时代德育教育存在的问题

面对新媒体的迅猛发展，德育教育不可否认地已经深受新媒体环境的影响。新媒体为青少年德育教育提供了机遇和挑战。目前，德育教育领域已开始探索和尝试在新媒体中实行德育教育创新，既取得了一些成果，也存在一些问题，如虚拟空间中的德育教育与现实德育教育脱节，虚拟空间中的德育教育内容和形式单一，以及运用新媒体进行德育教育的自觉性不足等。

这些问题的根本原因在于现有的德育教育理念、教学模式和方法不适应新媒体的发展。认真分析这些问题将有助于我们在新媒体环境下创新青少年德育教育的研究与实践。

一、德育教育模式较为单一

目前，我国的德育教育存在一种倾向，即将学校视为德育教育的主要责任方，而忽略了家庭、社会等其他因素在德育中的作用。这种观念导致学校承担了过多的德育教育任务。在具体的德育教育过程中，依然以知识灌输为主，也有一些教师对德育教育采取了较为放任的态度。

由于青少年的数量众多，发展水平各异，德育教育与知识教育有显著的差异，其复杂性使德育教育的难度和时间要求远远超出了知识教育。为了更好地实现德育教育的目标，德育工作者常常只注重结果，而忽视了德育教育的过程。这导致他们采用了最为便捷、快速的方式进行德育教育，却忽略了青少年的个性差异。

此外，我国的教育体制总体上还偏向应试教育，尽管考试和分数不是教育的唯一目标，但它们却是最显而易见、最直接的选拔方式。这种对教育成果的追求导致德育教育在应试教育中受到忽视，尽管社会各界始终在强调德育教育的重要性，但实际工作中却未给予德育工作足够的重视。虽然德育教育的方法和手段在理论上得到改进，但是难以解决德育工作者未能给予充分重视所引发的问题。从理论角度看，德育工作者的任务是指导受教育者，但实际操作中，由于德育教育的复杂性和连续性，德育工作者的热情和耐心可能会消耗，导致其采用硬性灌输或放任的德育方式。

二、德育教育目标不明确

简而言之，德育教育是指以构建和谐社会和培养个体的道德修养为根本目的的特定教育，它是德育教育目的的规范表达。德育工作的起点是明确的目标，围绕这一目标确定德育内容，选择德育方法，并以此为基础评估德育效果。可以说，所有的德育教育都必须围绕其目标展开。因此，明确德育教育的目标是开展德育教育的先决条件和基础。

在实际生活中，德育教育的目标是实现与他人和谐相处的伦理行为，与社会的和谐发展相契合。伦理是对社会价值的追求，伦理实践则是将人的思想观念转化为实际行动。德育教育期望通过道德行为的引导，最终实现理想的和谐社会，一个充满健全人格的、个体与社会和谐共处的理想世界。德育教育是有关人格和"善"的教育，它需要制定一套相对完整的准则，通过多种可适应和变化的条件和文化传承，培养个人的道德修养，使其内心向善发展，以这种方式为指导，通过长期的积累，推动个体形成相对完善的性格。德育教育是针对活生生的、具有人类本质的个体进行的教育，因此，必须将其具体化，使其变成逐步实施的过程。教育本就应该是充满耐心的、反复给予的过程，如果把对结果的重视放在第一位必然是本末倒置。德育教育的对象是存在于现实社会中的有血有肉有人性的人，如果把德育目标物化，把德育教育简化为一个又一个任务的完成，就会使德育目的在实践中表现出极强的功利性。

三、德育教育力度不足

目前，我国的德育教育主要针对青少年，而对成人及学校毕业后的人来说，其重视程度明显较低。然而，作为社会的主要成员，以及当前社会发展的支柱力量，他们的思想和道德素质对社会的和谐发展也产生了重要的影响。

德育教育是一个长期而重复的过程，因此，即使在学校毕业或成年后，德育教育仍然不应中断。德育教育不应仅限于青少年，也应适用于成年人。然而，目前我国学校德育工作中存在不同年龄段学生受到不公平待遇的问题。在初中时，那些课堂上认真听课、按时完成作业的学生常常受到教师的赞赏，他们被誉为"好青少年"，而表现不佳或者有不良行为的学生则被贴上"坏青少年"的标签。教师们通常倾向于认为"好青少年"具备较高的道德品质，不太可能会犯错，而"坏青少年"则被视为问题制造者。然而，仅凭学生的学习成绩和日常行为来判断其道德素质是主观的。青少年的学业水平受到多种因素的影响，包括智力水平、学习习惯和个性特点等，因此，教师不能仅以此作为判断学生道德素养高低的标准。

四、德育教育实效性不高

长期以来，国内在德育教育领域进行了大量的研究和投入，但在持续的研究和实践中，有一个明显的问题逐渐浮现出来，那就是尽管德育教育备受关注、资金充足，但其成效并不理想，甚至呈现停滞不前的趋势。尽管在每项教育计划中德育教育都排在首位，并在政府的倡导下，很多德育教育工作者为之辛勤努力，他们的研究成果也获得了广泛的认可，但实际生活中德育教育却存在各种问题。

每个人对事情都有自己的判断准则，关于德育教育有效性的评估也应如此。然而，实际上，当今的德育教育事业并不如人们期望的那般崇高，它常常只是一项任务、一种工具。目前，学校德育工作的功利化和效率至上现象仍然存在。虽然我们已经认识到德育教育实效性较低的问题，也认识到其存在的不合理性，但仍然急于提高德育教育的实效性。举例来说，要提升德育教育的实效性，必须设定明确的目标，即培养高尚的品德，并将这种品德付诸实践，否则德育教育的实效性不会提高。然而，对德育教育的实效性的追求似乎不是来自对德育教育本身真正价值的认识，而只是一种任务，却忽视了德育教育的真正目标。另一种情况是，只有为相关主体带来实际可见的好处，才能吸引关注。例如，奖励和荣誉可以激励德育教师，大学资助和相应的荣誉可以吸引年轻人。缺乏实际好处时，德育教育难以产生影响。这种急于寻求德育效果的做法，实际上是虚伪的、浮躁的，违背了德育的原则。

鉴于德育教育的困境与复杂性，以及问题的客观必然性与可理解性，在具体德育过程中应避免因其自身的缺陷而否认其作用。相反，需要正视和解决这一问题。通过剖析德育问题的原因、了解问题的现状，寻求解决问题的途径，从而使德育教育真正发挥应有的作用，这才是最有效和正确的思考方式。

五、虚拟空间德育教育脱离现实德育教育

在互联网的飞速发展下，新媒体对学生的冲击越来越大。如何应对新媒体环境下的德育教育成为当前德育工作面临的重要课题。目前，针对新媒体虚拟空间中的德育教育，相关部门或学校已经有所关注，并且开展了一系列的工作。比如，开设德育网站、德育博客对德育教育方式进行了研究与实践。然而，却忽略了将虚拟空间中的德育教育与实际德育相结合，使它们相辅相成，相互作用。结果二者被割裂开来，虚拟空间中的德育教育未能充分吸收和传承传统德育教育的优秀传统。这种网络德育教育与现实德育教育的脱节严重影响了德育教育的实效性和德育目标的实现。

六、网络环境下德育内容和方式较为单一

传统的德育教育有着悠久的历史，因其采用了灌输等方式，能够同时保证内容的先进性和方法的有效性。然而，在网络环境中，德育教育的内容和方式相对较为单一。德育教育需要注重主导性的教育内容，并在教学内容和方式上

进行创新，以更好地吸引青少年的参与。然而，当前网络上的德育教育往往较为简单，教育内容的丰富程度与娱乐观赏程度有待提高。许多德育教育网站仅仅是将传统德育教育内容搬到网络上，而学校多数只是通过工作网站建立自己的德育教育网站，侧重于工作宣传，而忽略了内容的丰富性和趣味性。这样的网站很少考虑青少年的接受程度，因此它们的效果不如传统的德育教育，并且也缺乏互动和交流。

目前，德育网站、博客、手机报等在新媒体领域的应用相对稀缺。社会组织和公司往往出于自身利益考虑，不愿开发面向德育的网站。大学和学校的德育网站和博客主要用于宣传工作，虽然也具备德育功能，但它们的内容和形式难以吸引青少年。新媒体是一个自由的空间，无法强制青少年阅读或观看特定内容。在这个广阔的新媒体空间中，充满了各种有趣的社交和游戏网站，成为青少年的首选。因此，目前网络环境下的新媒体德育教育在吸引青少年的程度和认同度方面都较低，其成效尚未达到理想状态。

在一项"关于网络对学校德育教育目标的影响"的调查中得知，仅有 21.3% 的受访者认为网络对学校德育有益，43.4% 的人认为没有影响，18% 的人认为不利，61.4% 的人则认为网络对学校德育目标的实现没有明显影响。从这一现象可以看出，网络环境下青少年对网络德育教育的参与程度相对较低，新媒体德育教育的成效仍有改进的空间。

七、利用新媒体开展德育教育的意识不强

在新媒体时代，新媒体已成为学校德育工作不可忽视的重要领域，但德育工作者和社会并未对其予以足够的关注，新媒体在德育教育中的应用不够积极。目前，学校专门的德育教育网站较少，主要由共青团等部门网站承担，其宣传功能远远超过了教育功能，对青少年的吸引力有限。此外，一些德育教师的信息技术应用水平较低，无法充分利用新媒体开展德育工作。学校中专门进行德育教育的博客等内容相对稀缺，虽然一些辅导员设立了博客和 QQ 群，但这些平台主要用于发布通知，教育功能发挥得不够。同时，以营利为导向的社会团体和企业网站更注重娱乐性，而轻视了教育的重要性。综上所述，无论是社会

还是相关的德育部门，甚至是德育工作者，对新媒体的应用意识仍相对薄弱。

八、新媒体环境下德育教育的合力作用未充分发挥

在教育领域，教育合力是指学校、家庭和社会三者之间的相互关系，相互配合，相互沟通，使其成为以学校教育为主、以家庭教育为根本、以社会教育为支持的综合教育体系。只有学校、家庭和社会教育能够有机结合，德育作用才能得以更好地发挥。《思想政治教育方法论》认为，"教育合力"是指在特定时期、特定环境下，对学生进行全面教育活动而形成的一种整体效应。其影响绝不仅是各因素的简单累加，它代表着一种新型的、更为重要的教育动力。

传统德育教育更加注重学校、家庭和社会在教育过程中的协同作用。这包括举办家长会、邀请著名社会企业家来学校举行讲座，以及让青少年参与社会实践等活动，以提高教育的实效性。然而，在新媒体的背景下，学校、家庭和社会三者在德育教育中尚未发挥出应有的合力。具体来说，包括以下原因：

首先，新媒体条件下，社会和家庭对青少年的影响尚未充分体现。尽管学校已经认识到新媒体对学生德育教育的影响，并且通过网站、博客等渠道开展了相关工作，但新媒体对学生德育教育的影响仍不够深远，网络上的大部分网站更偏向娱乐性质。有关主流思想的宣传相对较弱，一些红色站点因其内容和形式过于死板，不能吸引青少年的注意力，使其教育效果不佳。由于青少年的家庭情况各异，有些家长对新媒体了解和利用不多，无法理解青少年在新媒体上的行为，如网上社交和网络恋爱等。这使一些家长对孩子过度沉迷网络感到焦虑，但他们却无法为其提供有效的支持和帮助。

其次，学校未能充分利用新媒体的优势，使新媒体环境下社会和家庭参与德育教育的效果不佳。在新媒体的背景下，学校并未为学生提供足够良好的传播渠道和引导机制，使学生、家长等缺乏积极主动参与新媒体环境下的宣传活动。学校未能建立一个让社会和家长共同参与德育的平台，这成为限制社会和家长发挥作用的重要因素。

九、新媒体环境下青少年的道德选择能力、自律性差

新媒体具有高度自治、广泛参与和全球分享的特点。然而，虚拟的特性使新媒体空间充斥着复杂的信息、多元的价值观和宽松的监管，这既创造了更好的道德选择和自律发展环境，又对青少年的道德抉择和自我约束提出了更高的要求。目前，青少年在新媒体环境中的道德选择能力和自我约束力都相对较差。通过对 1 500 名学生进行问卷调查，结果显示：54.5%的年轻人不愿意在互联网上公开自己的真实性别和年龄，31.3%的人在互联网上观看过色情内容，15.4%的人认为在网络上同时拥有多个恋爱对象是一种道德行为，38.1%的年轻人曾收到过黄色手机短信或内容含糊的信息，19.7%的青少年曾转发过这类信息。网络道德缺失的主要表现包括 32.8%的人认为是网络黑客行为，48.5%的人认为是网上抄袭，50.6%的人认为是网络欺诈。上述数据显示，在没有外部舆论监督和绝对自由的新媒体环境下，以价值观评判为基础的道德选择和道德自律程度都需要提高。

十、新媒体自身的环境状况令人担忧

新媒体的快速发展，新媒体管理与伦理规范的制定相对滞后，再加上新媒体的开放、虚拟性和自主性等特点，新媒体的生存环境并不理想。

首先，在新媒体空间中，信息传播泛滥。在互联网上，追逐点击量导致不实信息的传播，受经济利益的驱动，导致网上黄色信息的泛滥。同时，由于人们对互联网管理的认识滞后，导致互联网上垃圾信息的泛滥。极端情感宣泄导致非理性情感泛滥，西方意识形态的渗透削弱了主流价值观，网络内容管制在一定程度上偏离了信息时代"自由传播"的特点，偏离了"自由"的产业经营理念，违背了"自由表达"和"隐私权"等个体权利。

其次，在新媒体环境下，沟通行为多变。新媒体时代为人类提供了一种不同于传统现实的"虚拟情景"，将社会情境和自然情境分隔开来。新媒体主体在新媒体空间中缺席，新媒体空间的沟通本质上是人与机器之间的对话。新媒

体传播场景中的主体是虚拟角色，只传达信息而没有实际的场景。因此，新媒体对新媒体传播语言产生了影响，如网络语言形态的改变等。在新媒体环境中，人们追求个人的名声，尝试多元化角色，缺乏网络道德，导致信息混杂。

第四节　新媒体时代德育教育问题的成因

分析造成当代德育教育现状的原因，对日后更好地开展德育教育工作具有指导性意义。总的来说，造成当代德育教育现状的原因主要包括以下几点：

一、外界环境对德育教育的影响

人受环境影响，没有人能够独立于环境之外存在。一切事物的发展都离不开环境的支持，德育教育也不例外。德育教育无法独立于外部环境开展，德育教育的质量与所处环境密切相关。个体的道德品质在不同环境下会发生改变，产生不同后果，有时甚至完全相反。如果道德是个性之魂，那么环境就是精神支柱。从思想道德素质提高的角度来看，社会和家庭环境对人们的影响不容忽视。

社会环境对青少年的思想品德产生了巨大影响，校园周围不良环境和市面上不良文化的泛滥给青少年的思想道德和身心健康带来了消极影响。

此外，家庭环境对未成年人的思想品德影响也很大，很多问题少年来自不幸的家庭。家长是孩子最好的老师，创造和谐温馨的家庭氛围有助于孩子的健康成长，也有助于其树立正确的人生观和价值观。

二、外界对德育教育的认知存在误区

（一）学校未能正确理解德育教育工作的目标

目前，最重要的是重新定位现代社会的道德价值观，并界定学校德育教育

的具体目标，这关系到人才培养的标准。过去的德育教育旨在培养社会主义事业的继承者，但今天的德育教育目标是将这些人培养成社会主义事业的建设者和接班人。应当培养怎样的品德？是不自私的，还是为了自身利益？这个问题至今没有明确的答案。以前的德育教育强调大公无私，但改革开放后新理念改变了人们原有的价值观念，对计划经济时代的道德价值观造成了巨大冲击。20世纪80年代，中国涌现出各种西方思想，但未能有效解决社会矛盾，直到20世纪90年代才兴起传统道德和文化的复兴。近年来，教育学家、伦理学家和文化学者一直在思考如何在中国国情和全球一体化背景下重新定位德育教育的价值。

（二）人们对学校、社会和家庭在德育教育中的角色缺乏足够了解

新媒体时代，我们必须重新认识社会、学校和家庭在青少年德育教育中的角色。过去，是以学校为主体的德育教育，如今更应强调"大德育"，即社会、学校和家庭，三者在德育教育中难以分清主次。德育教育是一个复杂的社会系统，需要社会、学校和家庭等多方的参与。

三、社会发展对德育教育的影响

物质基础决定上层建筑，因此，一国社会经济的发展必然会影响国民的思想道德水准。文化、政治、法律、公众舆论等因素对人们的思想和道德观念的形成及行为选择都起到了重要的作用。

（一）全球经济一体化对学生思想德育教育提出了新要求

经济全球化给中国尤其是发展中国家带来了跨越式发展的机遇，这对中国这个处于转型时期的国家来说至关重要。然而，一些西方学者认为，近年来，全球经济一体化主要由西方发达国家主导，特别是美国的经济体系。发达国家和发展中国家之间存在不平等的地位，导致资源分配不公和不合理，加剧了贫富差距。与此同时，在全球经济一体化不断深入的背景下，国际政治格局正在

发生深刻的变革。西方发达国家将经济全球化与"西方化""美国化"混为一谈,力图实现单一的政治体制,即"一体化"。西方的个人主义思想、价值观念和生活方式等正在扩张。青少年正处于一个思维可塑性强的发展阶段,国际环境中的这些因素可能对他们的思想和道德产生负面影响,这对新时期的德育工作提出了新的挑战。

(二)市场经济条件下德育教育工作面临的问题

随着市场经济的发展,社会、政治、经济、文化等各方面发生了一系列的变革。这在意识形态方面表现为各种意识形态之间的冲突、矛盾和斗争的复杂性,以及各阶层的意识形态取向的差异。在某些情况下,可能出现思想混乱和政治诉求的多样化,不同的意识形态和文化需求使人们特别是青少年,容易受到各种社会现象的影响。大学生中存在个人主义、享乐主义和拜金主义的倾向。在思想品德方面,当代大学生的生活价值观更趋向于实用主义,关注个人利益,但也存在对"利"的认知误区,这导致功利主义和个人主义的泛滥,导致一些人只关注眼前不顾长远,只考虑个人利益不考虑集体的利益。

弗洛姆分析,现代社会中人们将自己视为商品,将自身价值视为交换价值,建立了"人格市场",以出售个性为目的。个体将自身经验视为商品,即人类既是卖方也是"商品"的一部分。他们在乎的不是自身生活或幸福,而是自身的交易。在这种状态下,人所具有的人格便缺失了人性,增强了物性或商品性。因此,要使青少年形成良好的道德素质,就必须从社会现实,特别是从社会的经济活动中挖掘德育教育资源,使教育更具有现实性。

四、对新媒体给德育教育带来的问题缺乏足够的认识

就像全球化浪潮一样,新媒体的发展也是一把"双刃剑"。它为学生德育工作开辟了新的空间和机会,拓宽了德育教育工作的领域,为加强和改进学生思想品德教育提供了机遇。与此同时,新媒体的发展对学生的心理、意识形态等方面也产生了一定的影响,对德育教育方式和手段造成了一定的冲击。

首先，新媒体使青少年获得更多、更便捷的信息，信息的多样性和开放性增加。这种获取信息的方式让年轻人对学校和教师的权威和信任度降低。与此相反的是，德育工作者在信息获取方面有一定的局限性。

其次，由于互联网的迅猛发展，大量不良信息通过互联网得到广泛传播，使其成为不良信息的"温床"。一些不法分子通过互联网平台散布虚假和反动信息，对学校的德育教育产生了负面影响，也对缺乏社会经验的青少年群体造成了不利影响。

在新媒体时代，各大高校纷纷利用网络平台开展德育教育工作，并且建设了各自的德育教育网站。虽然这样的网站数量众多，但相较于其他网站，它们的影响力相对较小。在网站建设完成后，维护工作通常只注重视觉效果，而忽略了内容的实质建设，存在"华而不实"的问题。在网络环境中，网络德育教育工作似乎被"分解"，"网络德育教育"的内容与长期机制被忽视。构建德育网站不能仅仅靠建立网站或者在互联网上占据一片领土，更重要的是要吸引年轻人的注意，使其成为年轻人真正的心灵家园。

五、德育教育趋于片面化和形式化

（一）德育教育的片面化

忽视德育教育的全面性、整体性和延展性。这主要反映在德育教育的目标、内容、方法和形式等方面存在的问题。其本质是对德育教育的认知和实践、德育教育的阶段性和长期性等一系列矛盾。例如，忽略了青少年在思想德育教育中的主体地位和其实际功能，就会导致教育内容贫乏，难以与青少年的成长经验和兴趣相契合。这主要是因为教师与学生在教学过程中未能建立平等、双向的主体间关系。在德育教育和个体成长的过程中，教育者和受教育者都应成为教育的主体，相互之间应建立平等、相互影响、相互依存的关系。只有在这样的前提下，德育工作者才能深入了解青少年的内心。无论是谁，都不愿意被单纯灌输道德观念，只有通过相互交流、理解和认同，才能积极地接受他人的观点并将其内化为自己的信仰。然而，教师对学生的理解和关心相对有限，他们与学生之间的交流仅限于课堂内,没有形成平等的互动关系。对学生来说,纯粹的道德说教难以对他们产生实质性的影响,反而会使他们感到厌烦。这是因为德育教育理论课与学生的实际生活脱节,从而导致了知识观的单一性和形式主义,与德育教育理论课的宗旨即促进个体的全面发展相抵触。因此,教师需要以发展的辩证思维,反思当前思想德育教育中存在的片面和形式化问题,还原并重新体现长期以来被理性主义所忽视的思想道德和意识形态德育教育的真正内涵。

(二)德育教育的形式化

片面地强调德育,不可避免地会导致出现形式上的问题,即只关注思想道德理论的抽象概念,而忽视了思想道德实践的内容。具体表现为:教师常常将那些抽象、虚构、超验的道德理论和原则视作"科学真理"来灌输,而忽略了对学生实际生活的思考。如果我们不对德育教育的规划、观念和实施方式进行理性批判和验证,就很难建立起一种理性的德育教育模式,也很难从根本上解决德育教育中的一些理论和实践问题。尽管传统的德育教育在教学方法、内容和形式方面都有系统性,但这些只是为了教育,而不是为了青少年的发展。现代德育教育脱离了德育教育的目标,变成了"教而不育"而非"教育"。现代德育教育脱离了社会实际基础,忽视了人的完整性和发展性。德育教育只注重教师、教材和学科建设,而忽视了青少年的实际生活需求,没有给予青少年的道德培养足够的关注。用抽象的"知识传授"来替代"道德实践",将使青少年对"德育教育"感到陌生和失望。因此,思想德育教育将会走上一条与现实脱节的道路。

六、德育教育的功利性与工具化

随着我国改革开放的深化,市场经济的进一步发展,以社会为中心的价值取向和以个人为中心的价值取向的德育教育,在一定程度上忽略了对青少年个人道德建设的重要性,呈现出强烈的功利主义倾向。人类的生命是有意义的,生命的基础是意义和价值的追求，思想德育教育的最终关怀应该是对生命的意义和价值的持续启发，引导生命朝着有意义和有价值的方向发展，活出高尚的人生。

思想德育教育以"人"为中心，其核心应该是"人"存在的意义。然而，功利性和工具性的意识形态使德育教育缺乏对现实生活的意义和价值的应有重视。思想德育教育已经变成了一种意识形态的传播工具，是一种政治教育和意识形态控制的方式，功利化和工具化的意识形态德育教育否定了思想道德理论知识的传播效率，社会规范的遵守，以及意识形态德育教育的目的作用的趋同性，因此，制约了人的全面发展，并在某种程度上加速了人的全面异化。

因此，这种功利性和工具性的意识形态德育教育极易导致理想与现实、理论与实践的脱节。例如，对青少年的道德理想提出了很高的要求，但只关注思想道德理论知识的传授，忽视了思想道德生活的具体实践，存在严重的形式主义。这导致青少年德育教育的有效性降低，使青少年很难走出困境。

七、青少年心理发展不稳定，易受网络不良因素影响

当前，我国青少年的心理健康状况不容乐观，因此，有必要加强学生的心理健康教育。当代年轻人面临诸多的压力和困惑，如学业的压力、就业的竞争、情感的困扰、人际关系的交往及理想和现实的冲突等。虽然现阶段我国青少年心理健康状况从总体上看是健康积极的，但也存在很多值得重视的问题，如青少年中心理不健康者的比例较高，且呈现日益上升的趋势。在社会主义市场经济体制建立过程中，各种利益的重新调整与分配、社会价值评判标准的多元甚至混乱，以及学校教学、管理方式的变革等都会给青少年带来巨大的心理压力。困惑、迷茫、紧张、焦虑等情绪体验在青少年中有相当市场，青少年心理危机发生率呈现上升趋势。

八、虚拟世界中的道德失范，对青少年学习、生活和心理的影响

道德在个体的发展中起到了核心作用。在互联网时代，学生很容易受到网络的影响，因为东西方文化间存在巨大差异，这可能使他们沉迷于异域文化，失去自身的价值观。由于互联网的虚拟性，青少年在网络互动中往往过于自我满足，而在现实生活中表现得冷漠无情。众所周知，教育不仅在于向人们传授知识，还在于培养他们成为更好的人。激发个体的"人格心灵"至关重要。网络无法取代教学、交流和社会实践。因此，必须预防青少年对网络的过度依赖，避免其产生不良的情感问题和心理问题，因其会对他们的个性、认知冲突和思维能力等产生不利影响，从而阻碍他们多层次的反向思考和自由思维的发展。

互联网上的非理性互动环境由于缺乏有效的监管和引导，可能导致其形态异化，导致群体情感的不稳定，甚至引发群体性事件。与此同时，互联网所导致的意识形态的西化和分化仍然存在，一些年轻人在自由的网络环境中出现的理性缺失、道德失范、信息沉迷等问题也屡见不鲜，社交中的不健康现象仍然严重存在。因此，应积极开展青少年德育教育，培养和引导他们形成正确的生活人生观、世界观和价值观，从而培养高尚的道德理念。

九、新媒体经营管理机制尚待完善

新媒体经营一直都是一个备受争议的问题，充满了问题和争议。诸如诸多网红的频频出现，"网络水军"背后的"利益链条"等，都凸显了新媒体管理存在的问题。中国传统媒体以"记者"的身份出现，受到"执照"管理，这在维护意识形态安全和确保舆论稳定方面发挥了不可替代的作用。然而，新媒体不同，因为在某种意义上，它是"自媒体"，任何人都可以通过互联网表达自己的想法和情感，以文字和图像等形式将所见所闻分享给世界，无须任何机构或个人的"审查"。因此，新媒体的管理是一个相当大的挑战。目前，新媒体管理体制存在一些不完善的问题，包括制度、规定和权力等方面。管理强调信

息整合和保障，却忽视了行业的发展，导致新媒体的价值受到忽视。在新媒体背景下，新媒体环境中的德育教育创新发展受到了一定的制约。

十、缺乏完善的德育评价体系

目前，我国大部分德育工作都是通过教育行政部门对学校的道德评价来完成的。在新媒体环境下，当前的德育评估存在以下几个问题：

第一，德育评估通常仅作为教育行政机构对学校德育的一种评价手段，很少反映社会和家庭对德育评价的参与程度。对社会网站在文化建设、道德风尚引领等方面的工作也缺乏评价，因此，社会网站常常不顾及公共利益，仅考虑经济效益。由于家庭未参与德育教育评估，这导致很多学校将德育教育与家庭教育分离，将青少年的教育责任完全推给学校，这使学校的德育教育负担沉重，难以达到理想的效果。

第二，教育行政机关对学校德育的评估通常只注重实际德育工作，而忽略了新媒体环境下的德育教育，或仅将新媒体视为一种德育教育的媒介和方式，而未将现实德育教育和虚拟空间德育教育视为有机整体来考虑。因此，网络德育教育常被视为次要和可选择的内容，这也是学校在网络德育教育中缺乏正确认知的原因。

第三，学校的德育教育工作评估主要基于实际德育实施，重视青少年的成绩、宿舍卫生等表现明显的方面，但对难以量化的、难以体现绩效的虚拟空间的德育工作，学校评估往往不充分。这使从事基层青少年工作的辅导员不愿在建立德育网站和博客等方面投入大量精力，从而削弱了他们利用新媒体进行德育教育的积极性。

第四，新媒体视野下，德育教育评估体系的尺度和方式需要改进。尽管新媒体已经展现出自身的优势，但是对德育教育的评价标准和方法还比较滞后，教育评价指标体系的设计缺乏坚实的科学依据，操作性较差，而且体系过于庞杂，在方法上也相对单一，对新媒体的关注和利用很片面，这些都影响了德育评价的信誉度和有效性。

十一、德育教育的队伍建设不力

在新媒体时代，德育教育团队应由教育部门、宣传部门等政府机构、新媒体企业、事业单位及学校的相关人员组成。然而，目前情况表明，这三类团队的信息化水平、综合素质，以及在新媒体上进行德育教育的意识还不能满足新媒体发展的需求。

第一，尽管当前社交媒体的信息素养和能力较强，但缺乏德育教育的理念，商业利益常常凌驾于一切之上。有时，为了自身利益，他们可能采取一些不道德的行为，从而对主流思想意识的宣传意识相对较弱，这会对青少年产生不良影响。

第二，尽管教育、宣传管理部门，以及学校的德育工作人员在政治素养方面表现出较高水平，但在信息化方面尚未达到很高的水平，无法有效利用新媒体进行德育，甚至对这种新事物存在抵触情感。同时，教育行政管理部门和学校未能为德育教育工作者提供足够的信息技术培训，这导致他们的信息素养提升速度缓慢，无法适应新媒体环境下的德育教育工作。因此，目前的总体状况是，高科技素养的人在德育理论方面存在一定欠缺，而具有德育经验的人的信息技术能力相对较弱，这是新媒体环境下德育教育发展的实际问题。

第三，新媒体舆论引导队伍的建设得不到足够的重视。由于新媒体的传播特性和传统"守门人"的角色被削弱，新媒体传播的信息必然具有优缺点，新媒体舆论的多样性可能导致社会舆论分散，因此必须确保新媒体舆论朝着正确的方向发展。因此，亟须一支新媒体舆论引导的专业人才队伍。然而，目前，新媒体舆论引导队伍的建设尚未得到足够的重视。当前，大部分新媒体舆论引导主要是自发的，缺乏自觉性和常态性，更多的是在新闻和舆论事件发生后才会介入，这对优化新媒体生态环境的发展是不利的。

十二、指导理念与新媒体的发展不适应

传统德育教育的一元主导理念和教师的主体观念在传统的德育教育实践

中相对容易实现，并取得了良好的教育效果。然而，在新媒体环境下，出现了一些不适应的现象。

首先，传统德育教育的指导思想，通过灌输等手段在传统的德育教育中能够取得一定成效。然而，新媒体环境更加自由和开放，最显著的特点是价值多元化。在这种价值多元的环境中，如果只一味强调一元主导思想，而不吸收其他文化中的有益元素，将导致德育教育虚伪、大而空的情况，不仅无法吸引青少年，还会引起他们的逆反心理，从而导致德育教育与社会生活和青少年实际脱节，大幅降低德育教育的实效性。

其次，新媒体是一个多维互动的空间，最显著的特点是用户具有高度的自主性和互动性。在传统德育教育中，教师拥有丰富的教育资源，因而在教学中的主体地位更加突出。然而，在新媒体环境下，学生和教师都可以自由参与互动活动，教师失去了教育资源的明显优势。在教学方法上，强调双向或多向匿名交流，教师和学生变成平等的交流对象，仅关注教师的观念是无法开展新媒体空间下的教学的。

最后，德育教育的改革滞后于现代社会道德的发展。新媒体的传播逐渐将社会伦理演变为当代公民社会伦理，但我们并没有足够重视新媒体环境下的公民伦理德育教育，仍然采用传统的德育教育内容和方式，这导致德育教育与我国社会伦理发展存在一定程度的脱节，从而影响了德育教育的效果。

十三、德育模式不适应新媒体环境

目前，我国现行的德育教育模式存在一些问题，如学校德育教育与社会、现实与虚拟、学校、社会、家庭教育及青少年的自我教育相分离，没有形成一个完整的系统。在新媒体环境下，这一脱离问题变得更加显著，对德育教育的成效产生了一定的影响。这一问题的根本原因在于没有建立起一个以新媒体为基础的社会、家庭和学校之间的青少年互动德育教育模式。新媒体在理论上突破了传统意义上的地理和时间的局限，实现了信息在任意时间、任意地点、任何新媒体用户之间的广泛传播，这为德育信息的传播和德育主体的广泛参与创造了前所未有的条件。然而，当前的德育教育模式与新媒体的发展之间仍存在很大的差距。

第一，学校德育教育与社会脱节，新媒体的发展推动了文化交流，使社会价值观和道德观呈现出多样化的趋势。学校德育的目标、内容和形式与社会生活存在脱节的情况，教育目标并没有根据青少年的特点进行分层设置，这导致了青少年对德育教育标准的高期望，失去了其亲近性和吸引力。由于德育教育的内容和形式单一，青少年对其存在抗拒心理，从而影响了教育效果。

第二，现实德育教育与网络德育教育之间存在脱节，主要体现在德育教育内容和形式的多样性上。现实德育教育和网络德育教育各自独行，只注重现实空间的教育而忽略了虚拟空间的教育，限制了德育教育的实效性。

第三，新媒体环境下，学校、社会、家庭和青少年之间的分割，使学校德育教育在许多情况下各自为战，无法充分发挥社会、家庭及青少年自身在德育教育中的作用。

十四、德育教育内容、方式、途径与新媒体传播规律不契合

在新媒体环境下，德育的内容、方法和途径必须与社会主义核心价值观相契合，同时针对不同的交往环境进行适当的调整，以取得更好的教育效果。然而，目前学校德育工作的内容、方法和途径与新媒体的传播规律不够契合。

第一，新媒体网络环境下的伦理问题需要教育者进行更为理性的思考，以建立正确的教育思想。新媒体伦理道德是一种客观存在，是不受个体意愿转移的规范，是新媒体环境下的现实道德的扩展。然而，在实践中，人们通常将虚拟世界中的道德与现实中的道德割裂开来。

第二，对新媒体条件下德育理论课的特点的理解不够明确。新媒体伦理是一种自律的伦理规范。在新的网络环境下，直接进行道德批判较为困难，因此个体的道德自律变得愈发重要。

新媒体道德呈现多元开放的特征，最显著的是自由开放性。不同文化、道德理念、道德意识与道德行为都可以相互交汇、冲突、融合，因此新媒体德育

教育具有多样性、开放性和丰富性的特点。德育应关注对青少年的深层次道德价值和选择的引导，而不仅仅关注其外在行为，以确保德育教育具有更深刻的内涵，达到更好的效果。

第三，在新媒体环境下，德育教育的内容需要进一步扩展。新媒体的出现改变了德育教育的途径。除了传统的德育理论课、道德规范和身心健康等内容，新媒体文明教育和信息素养教育也是高校德育工作的重要组成部分。根据广东各大院校的调查，思想政治理论课仍然在德育教育中占主导地位，但新媒体文明教育和新媒体道德素养等因素也产生了不可忽视的影响。因此，新媒体环境下的德育教育内容应该具备全方位性。

第四，虽然新媒体环境下的德育教育传播渠道多元化，但师生之间的互动却相对不足。新媒体的传播方式多种多样，但目前德育工作者主要采用网络课程和专题学习网站等主要用于信息发布的传播途径，与学生之间的互动较少。应鼓励更多的师生互动，以提高德育教育的互动性。

第五章 新媒体时代德育教育的目标

第一节 教育目的与教育目标的区别和关系

目的通常指的是行动者根据自身需求，在意识和观念的调节下，预先构思好的行动目标和结果。"目的"是一种思想形式，它反映了人与客体之间的现实联系。人类实践以目标为基础，目标贯穿整个实践过程，是人期望达到的最终结果，是全面、抽象且完整的。目标是一个人、一个部门或一个整体要实现的结果，它具体反映了一个特定目标和任务，也是特定阶段要实现的最终结果。任务是目标的具体体现。"任务"是特定的现实需求，回答了在特定时代和阶段应该如何行动的问题。

从马克思的人类学角度来看，德育教育的最初目标是推动人在社会中的发展，而德育教育的最终目标是促进人的自由发展，同时这也是我国德育教育实践的目标，即推动和谐社会的主体产生。

德育教育的目标是对受教育者进行德育教育，以确保他们在思想和行为上达到预期的效果。德育教育的目标在一定的主客观条件下，涉及对受教育者思想道德素质的期望和规范。德育教育目标是实施各种德育教育活动的基础和推动力。德育教育目标的实现是一项长期、复杂和艰巨的任务。

德育教育的目的是指通过德育教育活动，使德育教育主体在思想、道德、政治和行为方面达到一种状态或期望的效果。德育教育的目的并不是凭空想象，而是根植于社会的土壤。这是由社会发展条件和需求决定的，是以人的全面发展和自我完善为基础的。

综上所述,德育教育的目标是一个过程,是教育主体实现目标的过程。

德育教育的目标和德育教育的目的之间的关系可总结为:德育教育的目标是实现德育教育目的的特定方式,而德育教育的目的是通过实现德育教育的目标来达成的。德育教育的目标,是指学校根据社会发展的需要和青少年成才的要求,通过德育教育使青少年政治、思想、道德、心理、审美、法纪等素质在一定时期内达到预期效果。它是学校德育教育的出发点和归宿,是德育教育的首要核心问题,影响着德育教育的整个过程。

准确的目标定位不仅为有效开展德育教育提供了方向和评价的基础,也为大多数青少年的成长提供了可行的指导,从而在树立和贯彻科学发展观方面起到了积极的作用。在社会主义和谐社会全面建设的大背景下,界定大学思想政治工作的目标,对培养合格的社会主义事业建设者和接班人,推动两个文明建设,以及中国特色社会主义建设都具有十分重要的意义。

第二节　新媒体视野下德育教育目标应坚持的原则

一、高校德育教育目标应遵循社会进步和个人发展辩证统一的原则

社会发展是人的物质和精神发展的基础,对个体发展具有至关重要的作用。社会的发展是个体发展的基础,同时也是个体发展的动力源。个体发展作为社会发展的重要组成部分,不仅是社会进步的内在度量标准,还是社会不断前进的内在推动力。二者之间存在相互协调和统一的动态关系。因此,社会的发展和个体的发展应当是协调一致的。基于这个理解,高校道德教育的目标必须平衡考虑社会发展和个体发展,实现社会和个性的统一。不论是社会还是个体,

都需要谋求发展。人的发展与社会的发展应该是相辅相成的。社会的发展并不仅仅追求经济的增长，它的根本目标应当是实现人和社会的全面发展。人的全面发展既是理想的、现实的，又是具有革命性变革的统一，它是人类社会发展的指导灯塔，为人类的发展指明了方向。这是一个现实的发展过程，需要经历诸多艰难险阻和革命性的变革，才能逐渐实现理想。必须把握时机，为个体素质和创造条件自觉创造机会。在现实中，个体发展与社会发展具有辩证统一的特征。因此，在确立德育教育目标时，既要尊重个体需求，也要尊重社会需求，只有这样，才能促进个人和社会的发展，实现个人和社会发展的良性互动。否则，过于偏重个体发展或者过于偏重社会发展都是不切实际的。

为了确保高校德育教育工作的指导方针是科学且正确的，符合社会发展和前进需求的，我们必须确保德育教育工作的目标适应并服从于社会主义物质文明和精神文明发展的要求。要达到科学和正确的目标，必须"内化"和"外化"两个方面来把握。大学生道德品质的"内化"和"外化"是两个相互交织、相互转换的时期。其中，"内化"发挥了关键作用。对大学生进行道德教育，增强他们的道德意识，使他们能够把外部的思想观念、道德规范和政治理念内化为自己的行动规范和道德准则，以此来引导他们的行动，并建立一种良好的自律机制，最终实现个人综合素养的提高。

无论是"内化"还是"外化"，都必须根据学生的性格特点、成长规律和心理状态来进行。只有这样，才能实现社会发展需求与个体发展需求之间的辩证统一。只有这样，才能确保德育教育工作的科学性，提高德育教育工作的实效性。

二、德育教育目标应遵循继承与借鉴有机结合的原则

一方面，要在传承和借鉴的基础上，充分发挥高校在过去几年里培养出来的优良学习传统、马克思主义的学风及行之有效的学习系统。这对理解学习型组织的通用特征是非常有帮助的。同时，也要吸收和借鉴近年来各高校在德育教育实践中所积累的成功经验和良好做法。

另一方面，应坚持解放思想、实事求是、与时俱进的工作理念。根据高校

学生在新时期和新环境下的学习目标、学习内容和组织方式的发展和变革，不断有所发现、有所创新、有所突破。横向借鉴，纵向继承。新媒体下高校德育教育工作表现出隐蔽性强的特点，基于这种认识，我们应该积极横向的借鉴不同高校甚至国外高校进行德育教育工作的经验，并以此为依据丰富我国德育教育的工作思路，在继承中发展，在借鉴中提升。

三、德育教育目标应遵循教育与管理相一致的原则

教育和管理是指德育教育与制度管理在道德教育中的重要程度相等。德育教育是通过说服教育，激发人的自觉认识，对受教育者进行有组织、有计划、有目的的思想政治影响的一种实践行为。管理则是对组织的经济管理和纪律的应用，并通过法律和其他手段来调节人的行为，从而维持社会的正常秩序。其基本特征是以标准的形式进行约束，具有一定的强制力。管理与道德教育在本质上存在差异，但二者又存在紧密的联系。只有将二者有机结合起来，才能发挥其作用，为各项工作的顺利开展提供保障。

新媒体时代，随着互联网技术的飞速发展，各种新问题、新情况和新矛盾逐渐显现，这不仅要求我们以强大的思想教育作为引导，也要求我们采用科学、高效的管理措施来保障，尤其在高校德育工作中，这一点更加突出。因此，在确定大学道德教育目标时，必须充分把握教育和管理的统一性。具体而言，高校应将德育工作融入学校的各种规章制度和各种教育教学活动中。此外，应在各类错误思想萌芽初期进行思想教育。同时，要将思想教育贯穿于严格管理之中。只有这样，才能为学校的德育工作提供强大的精神力量和智力支持，确保学校各项工作的顺利开展。

四、德育教育目标应遵循针对性与实效性有机结合的原则

在新媒体条件下，高校应提高德育工作的针对性，避免教条化、僵化、形

式化，提高实效性、针对性。在教学中要把握针对性和实效性的统一。为了满足新媒体条件下大学生德育教育的需要，大学德育教育要以提升大学生的思想政治能力为中心，着力提升大学生思想道德素养，这是德育教育的出发点和落脚点。在制订大学德育工作方案时，应将其放在学校整体建设的全局中考虑，做到对上负责与对下负责相结合，领会上级的意图；摸清下情，办出办学特色。

针对性主要表现在：高校德育政策的针对性、内容的针对性、形式的针对性和总体有效性的针对性。在新媒体环境中，在互联网的帮助下，大学生德育工作呈现出庞杂、混乱的特点，这就对德育教育的方法、方式提出了几乎苛刻的要求。照本宣科，不注重理论与实践相结合的教学方式，很难收到实效。在此基础上，大学德育教育工作应根据新媒体环境下大学生自主、主体意识的增强，借助多种形式、多种载体，多角度、全方位、立体式进行，使大学生的思想道德素养得到有效提升。

五、德育教育目标应遵循德育教育与专业知识教育相结合的原则

赫尔巴特提出了"教育性教学"的基本原理，即把道德教育的全过程贯穿于学校教育的全过程。在新媒体条件下，高校德育要注意二者的结合。一是要重视道德教育与职业教育的有机结合，充分发挥其育人功能。二是要注意学科与思想品德的交叉传授。对大学生来说，德育教育课是一种重要的方式，实际上，大学生的道德教育有很多可以利用的平台，而专业知识的教学就是一个有潜力的平台。在大学德育课程以外的其他专业课程中，发掘专科课程的道德内涵，将道德教育的内容融入其中，已成为世界上许多国家德育教育的惯例。

美国著名的教育学家博耶认为，在专业课程中，要达到价值教育的目的，必须对三个问题作出解答：一是它所涉及的社会和经济问题是什么；二是这个领域的传统和历史是什么；三是要面对哪些伦理和道德问题。这种专业教育，更有利于高校德育教育目标的实现。

有关这三个问题的解答，能够直接或间接地引发学生对与本专业相关的社

会理论问题的关注与思考,并在这样的积极探究中,主动地接纳社会的价值观。英国大学教授阿什比指出,要想解决上述三个问题,就必须在课程中渗透道德教育。

六、高校德育教育目标应遵循发展性原则

发展是事物从出生就开始的一个进步变化的过程,是事物的不断更新,是指一种连续不断的变化过程。发展既有量的变化,又有质的变化;既有正向的变化,也有负向的变化。发展性原则是主张学生在动态学习环境下,形成动态思维结构,达到情感能力的协调发展。这种发展是在开放思维条件下,全时空发展的学习方式。制定高校德育教育目标时,要充分考虑发展性。这种发展性表现在两个方面:一方面要求教育目标应具有长期性;另一方面要求教育目标的制定站在青少年发展的角度,考虑青少年的发展性。著名的教育专家斯塔佛尔姆的"发展性"倡导"四多四少",即"多一点赏识,少一点苛求;多一点表扬,少一点批评;多一点肯定,少一点否定;多一点信任,少一点怀疑"。

第三节　德育教育目标定位中存在的问题

高校德育教育的目标,是指高校根据社会发展的需要和大学生成长成才的要求,德育教育者通过德育教育活动,期望德育教育对象的思想品德、政治素养、心理素质和行为习惯等方面所能达到的境界或预期结果。"以人为本"是大学德育教育的起点与归宿,贯穿于全过程。然而,在具体实施中,却出现了一些错位的现象,集中表现在以下几个方面:

一、目标定位泛政治化

　　泛政治化，即过度政治化。政治教育是德育教育的一个重要方面，它是一项非常有意义的工作。毋庸置疑，高校德育教育必须始终坚持正确的政治方向，高校德育教育的终极目标应该是：服务于党的建设，服务于社会主义现代化，服务于高校的建设，服务于广大青年的成长。因此，在思想道德教育中融入思想政治教育是十分必要的。然而，高校德育也不能只注重政治教育，它的目的并不只是政治，还应当包含思想教育、道德教育、生活教育等诸多方面，多视角、多渠道、多层次地反映了各方面的需求，形成了一种全方位、立体化的德育目的。因此，在对高校道德教育的目标进行定位时，应该将除了政治教育以外的其他素质教育都纳入其中。单纯强调政治教育的要求，而忽视了其他方面的要求，就会造成大学生对德育教育的反感，导致他们产生"厌学"情绪，进而影响其心理健康，对整个社会的发展也会起到一定的消极作用。

　　高校作为我国最具创造力的人才基地，肩负着为国家输送人才、实现社会价值、促进经济与社会发展的重大使命。一方面，高校的德育教育目标要与社会主义现代化建设相适应；另一方面，在强调政治教育的需求的前提下，还应该考虑其他方面的教育，提高道德、思想、科学等素质，探讨对大学生智能因素的开发与运用，加强其自我教育、自我发展。

二、目标定位过分抽象化

　　抽象化是指以缩减一个概念或是一个现象的资讯含量来将其广义化的过程，主要是为了只保存与一特定目的有关的资讯。当前我国高校德育教育目标制定得过于抽象化和概括化的问题。道德教育自身不是静态的，也不是具体的，它的目标应该是动态的。比如"社会主义事业的建设者和接班人"，这是一个抽象的概念，但在实践中却没有对此进行准确的研究，因此在讲授的时候，就把它当成了一句口号，失去了原有的丰富内涵和实效性。因此，这种过分抽象化、概括化的目标定位，在一定程度上限制了高校德育教育的发展。高校德育教育现阶段的目标定位应该要充分考虑大学生的思想状况和心理特点,结合我国具体国情,定位要有相对客观的内容,不仅要在理论上体现现实性和前瞻性,更要能付诸实践,进行实际操作。具体化、动态化的德育教育的目标,不仅为有效实施德育教育明确了方向和评估的依据,也为大学生成才明确了可行性的导向。

三、目标的缺位

由于把高校育人目标等同于大学生德育教育的工作目标,从而导致大学生德育教育工作目标缺位。目标缺位在大学生德育教育工作实践中的主要表现是:重过程轻结果,工作缺乏针对性,较少考虑工作成效;重实轻虚,抓具体工作、完成明确任务坚强有力,但缺乏工作的整体设计和理性思考;重当前轻长远,满足于解决当前的问题,工作缺乏长效性和前瞻性;重整体轻个体,整体性工作轰轰烈烈、有声有色,但对大学生个体的工作缺乏深入了解。德育教育工作和其他任何工作一样,在目标缺位的情况下,主观见之客观陷入盲目,想要取得良好成效是不可能的。

第四节　新媒体时代德育内容体系构建的目标

改革开放以来,我国的社会主义现代化事业取得了巨大的进步,取得了举世瞩目的成绩。然而,我们也应该注意到,由于我国的社会经济结构已经并且正在经历着一场深刻的变革,尤其是在新媒体时代到来之后,这就导致了新的情况、新的问题,以及更加复杂的社会利益关系。我国正处于一个重要而关键的转型时期。

在社会主义现代化建设过程中,各级各类高等院校为实现这一目标而培养了一批高质量的专门人才。随着新媒体时代的到来，高等教育进入了大众化阶段，越来越多的学生进入了高校，但如何把他们培养成为构建和谐社会的骨干力量，是一个非常关键的问题，因此，必须适时调整高校德育教育的目标。明确的目标定位一方面为德育教育提供了可靠的方向依据，另一方面也为大学生的成才提供了可行性的导向。在新媒体时代背景下，进一步把握和明确高校德育教育的目标定位，有利于我国的社会主义现代化建设，有利于培养合格的社会主义事业建设者和接班人。

一、德育教育目标制定应该贴近实际、贴近生活、贴近青少年

党的十八大提出要把重点放在提高教学质量上。贴近实际、贴近生活、贴近青少年，是提高教学质量的内在诉求和重要突破口。要从整体性、科学性和指导性原则出发，在教学观念、教学模式、教学方法、学习方法与评估上全面落实"三贴近"，有效提升高校德育工作的整体水平。

贴近实际、贴近生活、贴近群众，既是我们党在思想政治工作方面长期实践的经验总结，也是我们党的"传家宝"。高校是培养人才的"摇篮"，要切实解决"培养什么人、怎样培养人"的基本问题，要坚定不移地把党的教育政策落实到实处，以三贴近的理念来提升大学生的道德修养，提高德育教育的针对性。提高大学生德育教育的实效性，重点在于让大学生德育教育工作与现实生活紧密结合，与大学生生活紧密结合。

在高校德育实践中，要以大学生的责任感和责任意识为切入点，坚持以人为本，实现对大学生德育教育的指导；要与现实、生活、大学生紧密联系，着力增强德育教育的针对性、实效性、吸引力和感染力，为社会主义事业培养出一批德才兼备的人才和可靠的接班人"三贴近"具有管长远、管方向的作用，因此，要从大学生的心灵出发，根据各年龄段学生的心理性格特征，因材施教。要注重科学引导，德育教师在教学过程中，要注重传播积极的力量，通过与大学生的平等交流、对话，来对大学生进行一种无形的指导和约束。高等学校的

道德建设必须以经常性的德育工作为前提，牢牢掌握"三贴近"的要求，以解决大学生的实际思想问题为出发点和落脚点。

二、细化德育教育目标

政治教育规模与青少年思想发展有着直接关系，规模越大、集中程度越大、力度越大，烙印就越深。

一是教育的每个环节都要抓住。比如课堂教育，应展开思想调查，引导思想政治理论课教师把青少年思想摸透摸准，防止闭门造车；备课要备出质量，要广泛查阅资料，精心准备，必要时进行试讲；讨论要认真组织，把课堂内容消化好，不能只是简单议论，还要防止离题千里；补课要真正补起来，不能简单地补补笔记了事等。每个环节还都有具体的做法和要求。只有把这些基本环节抓好了，课堂教育才会取得良好的效果。

二是注意培养德育教育的小骨干队伍。把这些小队伍抓好了，就能在教育中起到很好的补充、桥梁、引路、放大、消化作用。

三是做好条块和一人一事的工作。现在的大学生，不同层次的人有着不同的特点，不同条块的人也有着不同的想法，所以教育者既要注意层次性，也要注意条块性，把不同类型人员的工作都做好。共性的问题解决了，个性的问题也不能放过。一人一事的问题往往具有典型性，影响比较大，所以教育者要始终抓住谈心、一帮一等行之有效的方法，使解决问题成为覆盖全体青少年的共同目标。

三、德育教育目标定位应该以培养青少年能力为先

高校德育教育的目标之一是培养大学生成为社会主义事业的建设者和接班人，其中包含对大学生各个方面的能力要求。在学校德育工作中，将学生的能力培养视为一个重要目标，这不仅关乎学生的个性发展，也关系到整个社会的和谐发展。大学生的能力主要包括道德素质、思想素质、生活能力、人际交往能力、应变能力等。对大学生进行实践能力的培养不仅是专科教育的目标和

任务，更是德育教育的重要职能，这一点应反映在大学的道德教育目标中。

培养大学生的实践能力可以从多方面入手。第一，必须创新道德教育的内容和方式，使其与现实社会相结合，并采用多样化道德教育方式，使大学生能够真正接受和内化道德教育，获取认同感，养成良好的能力和习惯。第二，德育内容必须与实践相结合。在教学中，可以进行理论交流，也可以以理论话题为中心，开展一系列主题教育实践活动，培养学生的学习习惯，使他们在实践中体验道德教育的乐趣，引导和培养他们的道德行为和责任感。

高校德育教育过程中要培养解决的是知识和能力的转化问题。能力和知识的作用是相互的。高校在进行德育教育的过程中，一定要注意德育教育的知识性与能力性的相互交流、沟通及转化。学校培养就是要把大学生学到的知识转化为能力，特别是转化为大学生适应社会生存与发展的职业化技能。高校课堂是大学生学习知识的殿堂，但知识不等于素质，素质不等于能力。知识的建构有助于能力的形成，反之，以能力作为基础知识的学习也将更加有利。因此基于以知识为基础，善于将知识进行积极转化的德育教育在高校教育中应该发挥重要作用。

四、德育教育目标的设定应提高教育内容的吸引力和针对性

道德教育的过程旨在教育者改变人的思维方式，同时也是教育内容产生效果的过程。因此，在制定大学道德教育目标时，应注意提高教育内容的吸引力，提高教育内容的针对性。大学道德教育与人生相融，旨在使人更多地认识到人生的价值，对人生有更多感悟，还原思维的活力，从而让每个人在对待事物和人生的态度上，主动展现自己的世界观、价值观和政治立场。为了提高大学生德育教育的吸引力，高校可以利用重大活动、节日庆典等活动，加强思想道德教育。核心理念是"以人为本"，将"科学管理"与"人本管理"相结合，以促进大学生素质的提高，学生的全面发展，形成"人人成才"的良好局面。

所谓针对性就是必须有的放矢地开展德育教育，就是要充分了解学生的思

想道德素质状况，包括他们的思想意识、心理特征、行为习惯，以及影响他们思想道德品质形成的因素，包括经济、政治和文化环境等。大学生的心理状态和思想认识在新的历史条件下发生了重大变化。因此，高校德育目标的制定必须更有针对性，以引导大学生坚持正确的政治方向和价值取向。首先，因材施教。为了有效进行道德教育，必须识别学生之间的差异，并根据他们的不同思想特征选择相应的教育内容。其次，重视顺序性。不论是在小学、中学还是大学阶段，学生在各个年龄段具有不同的道德发展水平、人格特征和心理特点。因此，在进行教育时，必须根据不同年级的生理、心理等特点，设计具有差异性、重点性和连续性的思想品德教育内容，有针对性地实施适应不同年龄段的教育内容。

第六章　新媒体时代德育教育的原则和方法

第一节　德育教育的原则

学生的品德培养原则是在实践中逐步形成的，贯穿于整个过程，是进行品德培养活动时必须遵循的具体指导思想和基本要求。在新时代，只有在实践中坚持这些原则，才能不断提高品德培养的针对性和实效性。

一、学生德育的基本原则

（一）方向性原则

方向性原则是指在对学生进行德育教育时必须与社会发展的要求保持一致，坚持正确的政治方向。当前，方向性原则主要表现在对学生的德育教育要坚持社会主义和共产主义方向，始终坚持党的基本路线，与中国共产党的纲领和宗旨保持一致。坚持这一原则对学生的德育教育具有极为重要的意义。

首先，只有坚持方向性原则，才能保持无产阶级德育的本质特色。其次，只有坚持方向性原则，才能统一人们的思想和行动，充分发挥德育的作用。再次，坚持方向性原则是实现德育价值的根本要求。最后，方向性原则的贯彻程度是衡量德育价值的实现程度的标准。

在学生的德育教育过程中坚持社会主义方向，一是要必须坚持以马克思列宁主义、毛泽东思想和中国特色社会主义理论体系为德育的指导思想。二是要提高贯彻德育教育方向性原则的自觉性。作为学生的德育教育工作者,我们应牢记自己的任务是培养"四有"新人,必须认识到坚持德育的共产主义方向是有效开展德育教育的基础,并要在工作中积极贯彻这一原则,将其贯穿于具体的德育教学活动中。同时,我们还要让学生明白,坚持正确的政治方向有益于个人的全面发展、政治与业务的统一、红与专的统一及德与才的统一,从而引领他们朝着共产主义方向发展。三是贯彻方向性原则需要具备科学性。为了有效贯彻这一原则,必须让德育自然融入学生社会生活的各个方面,在潜移默化中对他们产生影响。要努力找到方向性原则与具体德育目标之间的契合点,并以方向性原则来统领各种具体目标,使共产主义方向成为学生德育教育的核心。

(二)实事求是原则

实事求是原则在学生德育中反映了一种科学的工作态度。德育旨在实实在在地改变人的思想,因此,任何虚华和不切实际的做法都难以取得良好的效果。学生德育教育的一个关键特点是要有针对性,为实现这一目标,教育者必须遵循实事求是的原则。在开展德育教育的过程中,教育者必须从社会发展的现实和受教育者的思想认知水平出发,运用马克思主义的基本理论来解释和分析社会问题及受教育者的思想问题,从中找出解决问题的基本方法。实事求是原则要求对学生的德育教育始终秉持"理论联系实际,一切从实际出发,实事求是"的思想路线和原则。

1.理论联系实际

所谓理论联系实际,主要包含以下两层含义:

(1)必须熟练掌握学生德育的相关理论:学生德育理论在学生德育工作中起到了至关重要的指导作用,为相关工作提供了有效的方法。因此,我们必须全面、系统、准确地掌握学生德育理论。

(2)必须始终以实际为出发点,实事求是:理论只有在面向实践、指导实践、接受实践检验并随着实践的发展而不断充实,才能具备强大的生命力和战斗力。

2.一切从实际出发

求实原则的贯彻实施要做到以下几点:

(1) 自觉学习马克思主义理论:马克思列宁主义、毛泽东思想、中国特色社会主义理论是党的有力思想武器,有助于学生树立科学的世界观、人生观和价值观,抵制错误思想潮流。因此,学生必须积极学习马克思主义理论。

(2) 一切从实际出发:这意味着要坚持主观与客观、主体与客体的统一,根据实际情况制订不同的工作目标计划,并选择合适的方法。

(3) 按照正确解决问题的步骤来办事:为了遵循实事求是原则,我们必须按照及时发现问题、深入了解问题、正确解决问题的三个步骤来开展工作。

首先,要及时发现问题。要准确观察和分析问题,勇于面对矛盾,不回避问题。及时发现学生思想和实际生活中存在的问题的对教育者掌握思想教育的主动权至关重要。

其次,要深入了解问题。这意味着在发现实际问题后,必须善于分析、研究和核实,抓住问题的核心,不被表面现象所迷惑。

最后,要正确解决问题。这意味着要在深入了解实际问题后,及时与相关人员联系,应用相关理论,实事求是地解决问题。

(三) 民主原则

民主原则在学生德育教育中体现在要尊重学生的主体地位,尊重他们的人格和民主权利,创造条件使学生能够充分表达自己的意见,并受到正确的引导。民主的核心是平等。在学生德育中,民主意味着教育者和受教育者在相互尊重的基础上,创造条件以使双方能够充分表达各自的想法和意见,并以此为基础共同处理相关问题,完成学生德育教育的任务。学生德育教育并不直接影响学生的行为,而是先通过复杂的心理品质作用于意识,再影响学生的行为。学生通常是青年,作为教育对象,他们的自我意识已经逐渐成熟,较少盲目从众,具有明显的主体意识。因此,学生德育的有效性在很大程度上取决于教育对象对德育内容的兴趣、思考和理解的积极性和主动性是否被激发及被激发的程度。因此,学生德育必须坚持民主原则,突出学生的主体地位,使教育者和受教育者在平等的基础上互相交流思想，互相尊重，创造民主、平等、和谐和生动的德育教育环境。

民主原则的贯彻实施要做到以下两点：

1.尊重人、关心人和理解人

（1）尊重人：学生德育必须尊重高校学生，承认他们的主体地位，尊重他们的人格和依法赋予的各种民主权利。这可以有效调动、引导和提高学生参与社会主义物质文明和精神文明建设的积极性和创造性。

（2）关心人：学生德育者应多关心、爱护、帮助学生，包括关心他们的成长、关心他们的进步，关心他们的困难，以使学生感受到关爱和温暖。

（3）理解人：理解学生的个性，承认学生在性格、兴趣等方面的差异，"以心换心"进行教育。

2.民主原则要与严格要求相结合

（1）不能侵犯学生的人格尊严，忽视学生的情感，忽略学生的实际需求。必须将严格要求与尊重人、关心人、理解人有机结合，以确保学生处于积极活跃的状态，激发学生投身中国特色社会主义建设的热情。

（2）尊重人、关心人、理解人应与严格管理相结合，它们不等同于放弃原则、松弛管理、取消批评，也不等同于迁就不合理的要求或容忍违反纪律的行为，也不是倡导"好人主义"。

贯彻民主原则要求平衡尊重人、关心人、理解人与严格要求之间的关系，以实现学生德育的目标，促使学生在积极、健康、全面的环境中成长和发展。

总之，尊重人、关心人、理解人是相互联系、相互渗透的统一体，是党的德育的优良传统，也是德育民主原则的要求。这要求学生德育教育者必须真诚对待、真情打动、用理性说服、用情感感染，只有这样才能激发学生的热情，提高学生德育的凝聚力和吸引力。

（四）教书与育人相结合原则

教书与育人相结合原则是学生德育工作的基本原则之一。这一原则强调教师在教学过程中，应通过各种教学活动和不同的教学环节，全面提高学生的素质和能力。贯彻实施这一原则需要注意以下两点：

1. 教学与育人相结合

在教学过程中，教育工作者应将思想教育有机地融入各类教学活动和不同的教学环节。这需要教师在传授知识时，注重挖掘教材的思想内涵、知识性和趣味性，与社会实际和学生思维相结合，以激发学生的学习积极性。这有助于学生更好地平衡德育和学习，让德育渗透到他们的学习活动中，促使他们对学习产生浓厚兴趣，提高专业水平，达到预期的目标。

2. 正确处理德育和学习活动的辩证关系

教育与学术知识相辅相成，二者相互影响。不论是自然科学还是社会科学的教育者，都应根据教材特点，加强对学生的全面教育和培养，自觉践行教书育人的理念，让德育引导学生的学习方向和并激发学生的内在动力。然而，我们不应过分强调德育工作，刻意增加德育时间，应避免减少正常的学习活动，以免出现过度政治化的倾向，影响学生的全面发展。因此，教书与育人之间的平衡需要根据学生需要，正确处理德育与学生之间的关系，以促进德育工作的顺利开展和学生的全面成长。

（五）政治理论教育与社会实践相结合原则

政治理论教育与社会实践相结合原则是党对学生德育工作的长期实践经验总结，具有现实性和针对性。

在学生德育教育过程中，我们既要强调政治理论教育，又要注重实践教育，强调将理论与实践相结合，促使学生的思想与行为统一起来。政治理论教育是德育工作的基础，为了提高理论教育的效果，需要改进教学方式和工具。德育教育应该生动有趣，讲究实效，注重通过事实来教育学生，通过生动的图片和视频等形式宣传思想理论，提高学生的马克思主义基本理论水平。理论知识来源于实践，又要用于指导实践，只有在实践中才能真正展现其价值和吸引力。组织学生参与社会实践活动，可以进一步加深他们对理论的理解，巩固和强化德育理论教育的成果，真正提高学生的思想觉悟和认知能力。

（六）灵活变通原则

在高校德育过程中坚持灵活变通的原则，本质上要求将德育的规定性目标和内容与德育过程和方法的灵活性巧妙结合。学生德育是一种沟通思想和交流情感的过程，通过正确的思想和真诚的情感来影响和感化受教育者，而受教育者的思想和情感具有丰富和复杂的特点。因此，在开展德育工作时，我们必须避免僵化、刻板、单一、"一刀切"的方法，需要根据受教育者的思想状况和个性特点，有针对性地、灵活地调整教学情境和教学方法。灵活变通的原则还要求我们根据时代的变化、德育任务的演变，以及学生对创新的追求，不断解放思想，与时俱进，跟随时代的步伐，积极摸索高校德育的新规律，创新德育的教学方法。

（七）教育与自我教育相结合原则

教育是一种社会实践过程，由两个相互交织的并行过程组成：一方面是教师的教书育人过程（传道、授业、解惑），另一方面是学生的学习成才过程。在教学过程中，教师需要发挥主观能动性，而在学习过程中，学生需要发挥学习的主观能动性，二者缺一不可。因此，教育并不是单一的社会实践过程，而是由这两个子过程相互交织而成的复合过程。学生德育教育也应遵循这一原则。

要正确贯彻教育与自我教育相结合的原则，一方面要加强教育，发挥教育的功能，另一方面要强化自我教育，发挥学生在自我教育和自我提高中的积极作用，通过思想的矛盾运动来实现思想的改变和觉悟的提高。

1.建立平等互助的新型师生关系

在学生德育过程中，应该建立教师与学生之间的平等互动、相互尊重、互相学习的关系。有效的交流和积极的互动，可以激发教师和学生在教育实践中的积极性，达到理想的效果。

2.重视学生的自我教育

学生需要具备自我教育的能力。教育者在实践中应主动帮助学生发展主体能力。学生实现自我教育需要充分发挥主体能力，主要表现在以下几个方面：

（1）德育者应重视唤醒学生的自我教育意识，引导他们通过自主学习、主动参与及反思、自我改进等途径，不断提升自己的思想道德水平。

（2）需要建立坚实的理论基础。理论学习在学生德育中是不可或缺的环节。理论教育是最主要、最基本的教学方法，也是帮助学生打牢理论基础的有效途径。只有学生具备坚实的理论基础，才能以正确的理论为导向来约束自己的行为，才能在现实生活中明辨是非，找到正确的发展方向。在当代社会的复杂多变背景下，人们需要科学的思想和理论来引导自己作出明智的选择和决策。

（3）需要创造有利于学生进行自我教育的条件，并积极引导他们参与自我教育活动。可以通过不同的途径和方式来支持、引导和协助学生的自我教育，鼓励他们参与各种健康、有益、多彩的活动，使他们在这些活动中进行自我教育并相互影响。同时，要引导学生进行批评和自我批评，通过严格的自我批评和互相批评的过程来教育自己和他人，相互学习，共同提高。

此外，还应鼓励学生参与学校的民主管理，组织他们参加社会实践活动，在民主生活和社会实践中获得经验，增长知识和才干，培养主人翁精神和社会责任感。教育者需要有计划地组织民主讨论，促使学生在民主氛围中畅所欲言、交流思想，坚持真理、修正错误，充分发挥集思广益的作用，相互促进，共同提高。

（4）树立成功的楷模是一种教育方法，通过具有典型、楷模意义的人或事的示范引导作用，教育学生提高思想认知、规范自身行为。这种方法具有形象、生动的特点，是理论与实践的有效结合。学生受到榜样的激励，树立成功的楷模，为自己确定努力的目标，这具有很强的感染力和说服力，可以使其的自我教育取得显著的成果。通过了解典型的事例，学生能够看到榜样的成功之处，明确自己的努力方向，从而在改变现实世界的同时全面提升自身的思想道德素质。学生必须实事求是地选择对自己有影响力的楷模，否则难以真正将思想转化为行动，也难以发挥楷模的引导作用。

（八）尊重爱护原则

在高校德育过程中贯彻尊重与关爱的原则，要求高校德育工作者必须尊重教育对象的主体地位，关心和爱护他们，激发他们的主观能动性，引导启发他们积极进行认知和交流,提高他们的思想认知水平。德育活动是主体之间的相互作用,为了有效地开展德育教育,教育者首先必须在思想上确立以尊重和关爱教育对象为前提的指导思想。德育的目标是帮助教育对象在政治态度、人生道德、人生价值等方面培养与社会意识相一致的个人意识。尊重教育对象的含义在于:教育者必须承认教育对象是拥有独特个性和独立人格的主体;要能够理解教育对象的情感和情绪;教育者和教育对象之间应该建立同志式、朋友式的关系,促进双方相互尊重、交流互动、相互学习、共同提高。只有真正尊重和关爱教育对象,用平等的态度对待他们,才能取得更好的德育效果。

(九)差异性原则

学生德育的动机源自教育对象现实的思想状态与社会期望目标之间的差异,以及教育对象之间的思想差异。正是因为存在这种差异,社会才提出对个体进行教育的要求。学生的思想状态与社会主义发展要求之间既有总体一致性,也有具体要求上的差异。这种差异是客观存在的,是大学进行德育的出发点,而产生差异的根源和影响因素是多方面的。在高校德育过程中,承认教育对象思想认识的差异性是德育的起点。教育者需要以学生的思想实际为出发点,与学生的思想实际密切结合,开展德育教育。一方面,教育者需要深入了解学生,不断研究学生的思想状态,有针对性地开展德育教育;另一方面,教育者需要考虑学生的不同思想层次,采用不同的教学方法。在整体思想状态的基础上,教育者还应该分析不同个体的层次和类型,对不同的个体和层次采取不同的教学方法,提高教育的针对性,实现教育的预期目标。

二、学生德育原则的特点

(一)辩证性

学生德育的原则体系以辩证唯物主义和历史唯物主义为理论基础,用于帮助我们理解德育中的客观规律。学生德育是一个不断演进的过程,面对新事物、新情境和新问题,每个人的认知水平和能力不同。因此,人们对学生德育规律和原则的理解都是相对的。这些原则之间既有差异又有关联，我们应该充分了解它们，考虑它们之间的协调性、相互联系和衔接性。学生德育原则是从德育系统内在关系中提炼出的抽象原则，只有深刻理解德育过程中的各种关系，才能制定出更符合实际的原则。

（二）整体性

学生德育原则是基于学生德育规律的客观依据构建的，各个原则之间存在紧密的内在逻辑联系，它们相互作用、相辅相成，形成了一个有机整体。

学生德育原则体系拥有综合效应，即使由多个具体原则组成，但这些原则之间相互联系紧密，无法分割。在应用这些原则时，我们需要综合考虑，而不是孤立看待，这种综合运用能够产生比单一应用更强大的效果。

（三）层次性

学生德育原则体系是按照由整体到局部、由一般到个别的有序排列而成的，每个层次的原则在特定范围和条件下都有其独特的功能和意义。

（四）动态性

学生德育原则是一个多层次的动态体系，而不是僵化不变的体系。随着社会实践的不断发展，学生德育将积累新的经验并发现新的规律，从而衍生出新的原则。即使是相同的原则，其内涵也会随着实践而逐渐丰富或演变。因此，在不同的时间、地点和条件下，学生德育原则的应用也可能会有所不同。

第二节　德育教育的方法

一、学生德育的过程方法

（一）过程方法的内涵

在日常生活中，几乎所有活动都可以看作一个过程。对组织来说，要确保有效的运作，需要明确定义和管理各种相互关联的过程。通常情况下，过程是连续的，一个过程的输出会直接成为下一个过程的输入，由此形成了一个过程链。通过运用过程管理方法，组织可以有效地提升其竞争力。

过程管理的基础思想是"所有工作都是通过过程来完成的"。每个过程都有其输入和输出，而输出即为该过程的结果。组织的存在是为了实现各种效益，包括经济和社会效益，而这些效益通常是通过一系列相互关联的过程网络来实现的。

在过程管理方法中，首先需要确定各个过程的主要性，然后确定过程之间的接口和相互关系。任何组织都有主要矛盾和次要矛盾。过程方法要求我们首先明确主要过程，然后了解过程之间的依赖关系，明确特定过程的运作方式。最后通过测量和评价来不断改进体系的符合性和有效性。也就是说，要按照过程方法来建立和实施组织的质量管理体系，以达到预期效果。

（二）过程方法的应用

1.制定学校管理战略

学校管理战略的制定必须综合考虑以下三个要素：

（1）国家法规框架，包括宪法、教育基本法、学校教育法、教学大纲，以及各级政府对教育的方针和法规等。

（2）社会需求，即社会对教育的期望和要求。科技和信息化的高速发展、社会变革和经济进步、人际关系和生活方式的变化，以及家庭环境的变迁等，都给学校带来了许多新课题。

（3）学校的实际情况包括以下四个方面：第一，涵盖教师队伍的教育观、教学观、教师观、学生观及对教育改革的态度等；第二，考虑学校的学习环境、人财物的条件、信息环境，以及教风、学风和学校文化；第三，包含学生的学习态度、作风、学习要求，校外生活状况，以及学生个性和特长的实际情况；第四，考虑地区社会的特性及学校与地区社会的联系情况。这些方面共同构成了学校的实际情况。

上述四种特殊情况并非独立存在，而是相互交织、相互关联的。在制定教育目标时，应以教育法规框架为背景，并根据各个学校的实际情况来满足社会、政府和家长等各方提出的各种要求。制定管理战略时，应采取认真研究问题和勇于创新的基本态度，摒弃保守和维持现状的消极态度。学校的自主性和特色应当在积极提出问题、研究问题、解决问题及创新办学方式等方面得到体现。

教师的参与在制定学校教育目标和制订教育计划方面发挥着重要作用，也对实施过程的成功与否产生了决定性的影响。教师的参与通常会出现以下两种情况：一是可能会出现会议过多，导致教师没有足够时间来评价学生的作业；二是可能出现意见分歧和冲突。

因此，我们需要在教师的参与方面找到适度的平衡。鼓励教师积极参与决策是发展民主的必要和积极举措。此外，意见分歧和冲突也是学校积极发展的动力之一。

2.实施管理战略

教育管理过程，或者教育工作过程，通常可以简化为目标设定、计划制订、实施执行和评价反馈这一过程。在战略目标（即教育目标）的实现过程中，也遵循类似的模式。为了提高学校教育目标的共识度，我们需要确保这些目标为广大教职工和学生所了解，成为他们共同的行动方向。同时，还要将学校教育目标具体化，使其成为可以具体操作的实践指标，并将其纳入每位教师的实际工作目标。教师可以结合自己的工作实际将学校教育目标细化为个人工作目标，这一过程必不可少，对实现目标至关重要。

3.加强对学校教学目标完成的评估

对学校教学目标的评估强化主要包括两个步骤：首先，在计划和执行过程中跟踪评估计划的进展和质量，然后在计划完成后对整体执行情况进行评估，分析并纠正不足之处以进行改进。学校的教育目标不应该是僵化的，而是需要经过策划、计划、执行、评估、修正等一系列循环程序来不断完善。高校管理过程本身是一个封闭系统，需要通过上述环节的不断循环运动，不断提高工作效率。这一循环过程不是简单地从一个环节直接进入下一个环节，而是包含反馈回路，以提高工作效率。通过不断循环提升，学校可以实现更高级别的目标，发展并完善新的标准以满足社会对学校的要求。

（三）运用过程方法的要求

1.确定组织实现所期望结果所需的关键过程

过程方法要求我们不仅要识别所有的过程，还要确定其中关键过程或主要过程。由于组织的过程网络相当复杂，因此应集中精力控制关键过程，解决主要矛盾。

2.确定主要过程之间的顺序

在识别并确定组织实现所期望结果所需的关键过程后，还需要明确这些过程之间的先后顺序。过程之间的先后顺序有时也反映在过程的层次结构中。只有明确了过程之间的顺序，才能明确过程之间的接口，从而为管理关键过程规定明确的职责提供依据。

3.识别组织实现所期望结果所需的所有过程

即要确定组织实现所期望结果所需的所有过程。这些过程中，有些对所期望结果的影响较大，有些则影响较小；有的是简单过程，有的是复杂过程。可以采用各种方法来识别这些众多的相关过程，包括识别这些过程所需的输入、输出，以及需要进行的活动和资源的投入。如果遗漏了某一过程，将会对实现"组织所期望的结果"这一目标产生负面影响。识别过程包括两层含义：一是将组织的一个大过程分解为若干个子过程；二是对现有过程进行定义和界定。

4.确定过程之间的接口和相互关系

通常情况下,一个过程的输出将直接用作下一个过程的输入。为了有效控制这些过程,除了识别过程外,还要确定过程之间的接口和相互关系。合理安排过程的程序能够有助于更容易实现过程计划的结果。

5.测量和控制各个过程

一旦建立并运行了过程,就需要对其进行控制,以防出现异常情况。在控制时,需要密切关注过程中的信息,一旦出现异常趋势,应立即采取措施对其进行纠正。操作人员必须按照规定的步骤操作,而不是养成操作习惯,以实现产出的增值,并满足用户的需求。更重要的是,应该经常对过程进行改进。通过测量和分析过程,我们可以发现其中存在的不足或缺陷,及时改进,这有助于提高效率和效益。为了判断这些过程是否有效运作,组织必须能够获取必要的信息。对过程信息的测量和分析结果,以及根据分析结果对过程进行必要的调整,可以实现过程计划的最终目标和持续改进过程。

同时,还应通过识别众多相关过程,明确这些过程之间的次序和相互关系,规定确保过程有效运行的方法和准则,测量和分析过程的信息,根据分析结果采取必要的调整措施,包括纠正和预防,以实现过程的持续改进,最终实现过程计划的目标。

6.为管理关键过程(活动)规定明确的职责

一旦确定关键流程,必须明确规定责任人员和授权。流程方法倡导各司其职,即每个组织成员应专注于其职责。为确保道德教育得以有效实施,队伍建设至关重要。学生道德教育团队包括学校领导、团队成员、政治理论教师、哲学社会科学教师、辅导员和班主任。哲学社会科学教师在学生思想教育中扮演关键角色。这几支队伍主要负责学生道德培养工作。所有大学工作人员都有道德培养责任,尤其是教师作为青年学生的重要影响者和启发者,在思想传播方面具有重要作用。因此,明确他们的责任至关重要。队伍建设的关键是明确个人的责任,这是成功工作的前提。

7.保证实施各过程所需的资源

为了确保过程能够达到既定目标,必须对输入、输出、活动和资源进行详细规定，制定过程控制的指南和方法。学生德育体系由一系列相互关联的过程网络构成。为提高高等教育中道德教育的质量和效果，我们必须明确定义这些过程，确定它们之间的顺序和相互关系，还要制定使这些过程有效运行和监控的准则和方法，以确保获得必要的资源和信息以支持这些过程的有效执行。通过度量、监测和分析这些过程，以及采取必要的措施，可以实现学生道德教育计划的目标，并持续改进学生道德教育工作。学生道德教育必须依靠严格的管理体系来监督整个过程，以约束不规范行为，确保整个学校的教学质量，培养全面发展的社会主义接班人和建设者。然而，值得强调的是，将过程方法引入学生道德教育中时，必须遵循一些科学步骤：

（1）开始确定系统工程的最终目标，同时明确每个特定阶段的中间目标。

（2）确定各个局部任务，研究它们之间的关联，以及它们与总体目标的影响，综合考察具体措施和发展趋势。

（3）分析和比较可供选择的方案，以实现总目标和相关的局部任务，选择最佳方案。

（4）组织实施，综合考察和追踪实施情况，根据追踪结果进行不断的调整、协调和控制。

（5）测量、分析和改进，实施循环过程，以持续改进、逐渐接近最终目标。

二、学生德育的系统方法

（一）系统方法概述

1.系统方法的基本内涵

系统是一个有机整体，由相互联系、相互依赖、相互作用的多个组成部分组成，具有一定的结构和功能。系统的特点包括整体性、结构性、状态性、行为性及功能性。系统理论认为，世界上的事物都可以看作系统。系统具有三个基本特征：

（1）由多个元素组成。

（2）这些元素相互作用并相互依赖。

（3）元素之间的相互作用使系统具有特定功能。

系统方法基于系统观点，从整体出发，综合考虑整体与部分、结构与功能、系统与环境、功能与目标之间的关系，寻找既能使整体最优化又不损害部分的方案，以实现整体的最佳状态。系统方法要求将对象和过程看作相互关联和相互作用的整体，并尽量以科学的方式形式化进行处理。系统方法的应用对象通常涉及多种相互关联的元素和关系，因此，在使用系统方法时，我们应尽量将这些元素和关系组织成科学抽象，以更具体地反映和了解世界。

2.系统方法的基本特点

系统方法相对于传统方法具有显著特点，这些特点在研究和处理学生德育时应被视为原则。

（1）整体性：整体性是系统方法的核心概念。根据系统论观点，系统是由多个组成部分或要素构成的有机整体。系统的整体性质和规律只存在于这些要素之间的相互联系和相互作用中，而不仅仅等同于各组成部分或要素独立的性质和规律的总和。因此，研究系统时必须从整体出发，利用整体分析部分及其之间的关系，以深刻了解整体。

（2）动态性：实际上的系统通常是动态的，也就是"活系统"。尽管在科学研究中经常采用理想化的"孤立系统"或"闭合系统"的抽象模型，但实际系统存在物质、能量和信息的交换与流动。因此，从原则上讲，实际系统都是具有动态性的。

（3）最优化：最优化意味着通过科学计算和预测，针对系统的要素、结构和与环境的关系，提出多种可行的方案，然后从中选择最适合的控制和最优化的管理方法。需要强调的是，最优化是一个相对的概念，因为系统目标通常具有多样性，甚至可能存在直接对立的目标。在处理对立的系统目标时，找到整体系统的总目标是有挑战性的。

（4）综合性：综合性是将任何整体视为由多个特定要素组成，目的是研究对象的各个方面，包括成分、结构、功能、相互联系方式和历史发展等。这是系统方法的一个显著特点，它突破了传统方法的限制，其方法在于综合，然后以综合为指导进行分析，并再次回到综合。综合性的表现在于：它观察和处理事务时，综合考察了事务的各个部分、各个方面、各个因素、各种联系和相互作用。同时，它不仅考察了事务的成分和结构，还考察了事务的功能、历史发展、运动和变化。这使事务可以从不同侧面、不同层次和不同状态进行综合研究。系统方法的综合性原则还要求不仅仅依赖某一方法或某一领域的科学知识来认识和处理问题，而是要综合运用各种方法和知识来处理问题，包括社会科学、自然科学和工程技术等多方面的知识和技术。这使得系统方法具有多种功能，可以用于认识事务和解决问题，进行定性和定量研究，研究历史和现状，以及预测未来。

（5）模型化：使用系统方法时，必须将真实系统建立模型化。这意味着将真实系统抽象成模型，可以是物理模型（如缩小或放大的实物模型）、理论概念模型、数学模型、符号系统模型或其他形式化模型。在模型化过程中，需要遵循一般模型方法的原则，并确保模型的形式和规模符合人的需求。然而，大多数模型与人的自然尺度不太相关。一个例外是人的骨骼模型，它是由206块骨头组成，与人的自然尺度最接近。

对其他不符合人的尺度和认知需求的事物，如果要建模型，就需要进行某种程度的"人格化"，以适应人的需求。在处理复杂系统时，通常需要基于系统分析采用模糊方法，经过适度的简化和理想化，才能建立系统模型。一旦建立了系统模型，就可以进行模拟实验，使用电子计算机进行系统仿真。模型化原则通常是采用系统方法时实现最优结果的关键。

综上所述，整体性、动态性、最优化、综合性和模型化是系统方法的核心特点，也是在运用系统方法时必须遵循的基本原则。系统方法的广泛应用推动了自然科学、社会科学、应用技术、管理科学等领域的进步，同时也引领着思维方式的革新。

（二）系统方法的价值

1.有效地认识、调控、改造和创造复杂的系统

系统方法的兴起背离了传统科学的简单性原则。在20世纪30年代之前，人们在研究复杂事物和复杂过程中，主要采用实体还原的分析组合方法，试图

找到物质实体（如原子）作为共同基础，忽视了这些实体之间的复杂关系，通常采用线性因果关系来处理问题。这种方法不合适，这是因为实际上，世界上的事物和过程都是复杂的，由多种因素或子系统相互作用构成，因此需要进行系统性思考。

2.提供制订最佳方案的手段

系统方法为人们提供了制订最佳系统方案以实现组合和管理优化的工具。在认知和改造自然界、社会等过程中，系统方法有助于人们制订最佳方案，进行优化组合和管理，从而实现最大的效益，用最少的资源获得最大的利益。

应用系统方法来识别、理解和管理相互关联的过程，有助于提高高校实现目标的有效性和效率。学生的道德培养过程是相互关联和相互作用的，每个过程都对学生的道德素养产生不同程度的影响。为确保实现学生道德培养的预定目标，需要建立学生道德培养质量的系统管理体系，运用系统管理方法来对各个过程进行有效控制，从而有效提高了学生道德培养的效果和效率。

3.提供新思维

系统方法突破了传统的机械分析方法的限制，鼓励人们进行整体性思维，探索科学技术发展的新途径。它促进了跨学科的合作，建立了综合学科、交叉学科和边缘学科，促进了自然科学和社会科学的融合，也鼓励科学家和哲学家之间的协作。系统方法有助于消除两种不同科学和文化之间的隔阂，构建统一的世界观和文化观。建立系统的自然观、科学观、方法论和人类社会观，有助于避免思维的狭隘和偏见。因此，对当代学生德育来说，系统方法尤为重要。

（三）系统方法在学生德育中的应用

通过以上分析，我们可以清楚地看出，系统方法适用于要求高度综合性和动态性的学生德育工作。此外，系统方法的基本原则与学生德育的特点在许多方面相契合。学生德育工作需要坚守多个原则，特别是在学生德育方法方面，以下是主要原则的几个方面：

1.有序性原则

系统内的各种联系都是井然有序、按照等级和层次进行的。这种秩序性是系统结构的保障，因此只要理解了系统的秩序性，也就理解了系统的结构。学生德育工作虽然复杂，但绝不是无序混乱的，而是有秩序和规律的。遵循这一原则，可以揭示各要素之间的相互关系，以正确应用德育工作的规律和方法，实现其目标。

2.整体性原则

整体性原则是系统方法的核心要素。系统的整体功能远超出其各个组成部分功能的总和，它在孤立状态下具有独特的整体特性。整体性原则的核心内容是从整体的目标出发，研究各组成部分之间的相互关系和相互制约规律，以实现整体的最优化。在学生德育系统中，涉及的元素众多，覆盖面广，相互关系复杂，互动纷繁。因此，坚持整体性原则在开展和研究德育工作方面具有重要意义。教育者需要综合考虑与学生思想相关的各种因素，包括个体因素、家庭因素、社会因素等，以深入探讨问题的本质，思考采取的措施，以增强对开展德育工作的深刻洞察。这种方法既具备科学性又融合了艺术性，有助于有效开展德育工作。

在坚持整体性原则的基础上，当前的关键问题之一是要实现思想教育和组织管理的统一。思想教育和组织管理是学校的两个子系统。如果这两个子系统的绩效存在冲突，将导致内耗，甚至会对整体产生负面效应。目前，思想教育效果较低的主要原因之一是，思想教育的效果未能在组织管理中得到充分强化。在某些情况下，思想教育的效力与某些现行制度和政策所产生的效力相矛盾。道德教育要求与基于主观印象和个人喜好的晋升和升迁的经验管理方法相冲突。这些管理手段抵消了思想教育的效力，降低了思想教育的成效。

因此，要想提高思想教育的整体效应，就必须将思想教育融入完善的、科学的制度和政策中，使思想教育的要求与管理制度和政策中目标的强化相统一。管理也是一种教育，实际上，管理是更为重要的教育。从某种意义上说，制度和政策对激发人们的行动力比言传身教更为强大，德育不一定要依赖说教或剥夺他人权利，实际上，情感力量、有效的组织管理及提供奖励等方式同样能够实现同样甚至更好的目标。

3.动态性原则

任何实际系统通常都存在于动态的"活系统"中。系统经常处于运动状态，系统内的有序关系是在不断发展中维护的，一个要素的变化常常引发其他要素，甚至整个系统的变化。学生德育就是一个动态的"活系统"。学生德育工作的对象是活生生的人，人是不断成长和变化的。学生和高校本身都是开放系统，与社会生活之间的关系几乎没有时间和空间上的距离。从表面看，这些关系可能是混乱和无序的；从发展和变化的角度来看，它们确实可能处于无序状态，但随着人们对德育规律的认识不断提高，对学生产生的影响会越来越趋向有序。因此，对学生德育工作规律的认识需要不断地在实践中探索和发展，并及时进行动态调整，使德育工作与客观规律相协调。因此，必须以动态的视角来看待德育工作。因此，运用动态原则可以帮助人们适时协调处于不断发展和变化状态的各种要素的结构关系，防止各要素的畸形组合，实现德育的最佳动态平衡。

在应用系统方法进行学生德育工作时，需要遵循以下科学步骤。

（1）明确定义系统的最终目标，明确每个特定阶段的中间目标。

（2）明确每个局部任务，研究它们之间的相互关系，以及它们与总体目标之间的相互影响，综合考察各项具体措施和发展趋势。

（3）探索可供选择的方案，分析、比较，并选择最佳方案，以实现总目标和与之相关的各个局部任务。

（4）组织实施，并对实施情况进行全面评估，随着方案的执行情况，不断进行调整、协调和控制。

第七章　新媒体时代德育教育的理念创新

第一节　树立"全环境育人"理念

新媒体对青少年德育教育产生了巨大的影响,新时期必须根据新媒体带来的变化,结合新媒体的传播特点和规律创新青少年德育教育,而德育教育指导理念的创新是创新德育教育的根本,欲创新新媒体环境下的德育教育,必须首先创新其指导理念。新媒体环境下的德育教育创新应坚持以下指导理念:全环境育人理念、一元主导与包容多样的理念、德育教育价值取向与社会道德整体发展趋向相一致的理念、德育教育内容、方式、方法、途径与新媒体传播规律相一致的理念。

一、"全环境育人"理念的内涵与突破

"全环境育人"即在教育场域呈现开放性、虚拟性、共享性、平等性等特征的条件下,德育教育应强调网络虚拟环境的教育功能,统筹线上/线下领域;凸显主体性的教育地位,协调自育/他育途径,追求信息有效传播、观念有效传递、价值有效传承、行为有效塑造的教育理念。

（一）传统的"环境育人"理念剖析

与整体环境育人相比,环境育人的观念更为常见,也更为广泛传播。20世纪80年代末,高校对"环境"这一概念的理解更多地侧重于物质方面,强调校园的净化、绿化和美化。到了20世纪90年代,环境育人的内涵扩展到了精

神层面，不仅包括学术风气、校园文化等方面，还延伸至整个社会的大环境。当时，由于中国互联网刚刚兴起，环境育人概念虽然包罗万象，但仍然主要限于实体教育领域。

这表明环境能够在不经意间对学生的情感产生深远影响，对他们的人格塑造具有重要作用。教育环境作为学校教育的基本组成部分，是展现学校物质文明和精神文明建设的重要窗口。教育环境对青少年的思想、行为规范和生活方式具有直接影响，一个高雅、有教养的学校氛围可以促使青少年的心理和生理发展更加完善，令他们情绪愉悦，受到启发，帮助他们在一定时期内获得进步。在课堂教学中，教师应当充分利用学生的主体性，开展创新性的学习，以达到"桃李不言，下自成蹊"的教学效果。学校的育人环境不是一种强制性的要求，而是一种开放和潜移默化的教育形式。由于青少年的接受能力各不相同，应该尊重他们的个体差异。这样可以达到灌输式教育无法达到的效果。

（二）"教育场域"的概念与"全环境"的内涵

"教育场域"这一术语在我国众多的教育机构中得到了广泛的应用。它指的是教育者、受教育者和其他参与者之间的知识生产和传承，以互动与信息交流为基础，旨在促进个体的发展、自我认知和知识获取的关系网络。在当今的网络时代，互联网为人们提供了更多获取、理解和掌握知识的途径。比如，校园网上论坛、在线教学平台及线上兴趣小组，甚至是个人的社交媒体账户，新的关系网络已经形成。

在人才需求从职业化向复合型发展的大背景下，学生对知识的需求不断增强。在人类社会工具理性和全球化资本扩张的影响下，在线的、自主的网络社会正在逐渐具体化，并在网络上塑造了一个全新的教育领域。与传统的实际教育领域不同，互联网使教育主体多元化，教学方法多元化。互联网对实际教育领域的渗透与影响日益显现。有学者认为，互联网的发展正在逐渐淡化现实教育领域的多重边界，消除了教育和非教育的界限，如教育"等级结构"的界限、教育主体之间的界限、教育时间和教育空间的界限等。互联网突破了实际教育领域的壁垒和隔离，逐渐聚集并构建了许多独立的、拥有自主意识的虚拟教育领域。在这一情境下,"全环境"包含了初始层面的两个要素。

1."真实情境",即根植于实际生活中的教育场域

在众多的教育单位中,家庭、社区和学校是最具代表性的,是与受教育者有直接联系的教育领域。家庭作为社会的基本单元,是学生最早接触的教育领域,家庭成员的言行举止会直接影响受教育者的行为习惯和性格特征,塑造他们对真善美和是非对错的价值观。社区是受教育者从家庭走向社会的关键步骤,直接影响受教育者对他人和人际关系的认识。学校则是系统性教育的组织,通过知识传授提高受教育者的知识储备和文化素养,促进他们对世界、社会和他人的理解,塑造他们的世界观、人生观和价值观。

2.以隐性在线社交为基础的"虚拟情境"

在已经建立并持续发展的互联网社会中,互联网打破了时间和空间的束缚,无缝地融入人们的日常生活,极大地改变了人们的学习、工作、消费模式和社交方式。成为教育事业必须面对的基本环境之一。随着网络硬件技术的不断进步,网络软件应用的日益丰富,移动互联网的普及,网络在人们生活中的作用越来越明显,青少年的初次触网的年龄越来越小、触网频率越来越高,网络已经成为人们不可或缺的基本生活资料,网络社会中的规则机制和网络世界中的海量信息,都会在潜移默化中影响青年青少年的思维方式、价值观念、行为习惯。

(三)全环境育人理念的内在逻辑

之所以将"现实环境"和"虚拟环境"合并成"全环境",有两个原因。一方面,因为"现实环境"和"虚拟环境"在教育功能上具有一致性,它们可以有机结合,互相弥补。不论是在现实生活中的家庭、社区、学校等领域,还是在虚拟世界中的各类网络领域,影响个体的过程都必须遵循"信息—理念—价值观—行为"的逻辑链。在任何教育背景下,知识的生成与传递都是基础工作,学习与教育的过程建立在此基础之上。只有这样,才能对人们的思想产生影响,推动价值观的形成,并最终内化为受教育者的行为模式,这一逻辑链称为"教育本质链"。这就是说,德育工作需要构建以信息化为基础的环境,注

重各种情境之间的协同合作。这两个环节是确保学校德育工作成功的关键,也是探索新的大学德育工作路径的关键。

另一方面,这也是为了纠正过去对现实情境的过分强调。前面已经提到,教育活动依赖于"场"的建立。鉴于对教育环境重要性的认识,以及对时代背景下教育主体转变的认可,提出了"全环境育人",实际上将真实生活和网络生活中的个人与个人、个人与团体之间的文化传递纳入一个"元场域",它的边界无限扩展,但性质相对独立。从方法论的角度为实践创新和理论探讨提供了新的思路,即要全面统筹现实和虚拟两个教育领域,充分发挥它们各自的优势,通过信息、情感和理念,创造一种激发青少年思维、引发深刻情感共鸣、广泛获得认同的"大环境"。同时,要促进"行"之间的相互转化,使青少年的思想、行为与教育目标更好地契合。现实与虚拟的密切结合,相较于仅考虑其中之一,扩大了其领域范围,促进了教育主体和客体之间的更多互动,并趋向多元化、日常化和生活化,促使人们形成更为实际、富有思辨性和健康的文化心理认同,从而促进教育效果的显著提升,这在当前信息泛滥的社会中显得尤为重要。

因此,我们强调,"全环境育人"实际上是在教育场域呈开放性、虚拟性、共享性、平等性等特征条件下,德育教育应强调网络虚拟环境的教育功能,统筹线上/线下领域,凸显主体性的教育地位,协调自育/他育途径,追求信息有效传播、观念有效传递、价值有效传承、行为有效塑造的教育理念。

二、"全环境育人"理念的实践路径

(一)实现虚拟空间与现实空间德育教育的有机结合

当今,新媒体对人类生活的最根本影响就是对物质空间观念的彻底改变,由此产生了"虚拟空间"。传统以直觉为基础的现实世界与虚拟世界有显著区别。现实的物质空间可以通过三维度进行测量,在物质世界进行道德教育必须遵循客观实在性的原则。教育者、受教育者、环境和媒体都存在于现实世界中。在现实空间内,教育者能够更有针对性和精确地了解受教育者的思维,从而达到更好的教育效果。

新媒体为人类提供了一个与实体空间完全不同的虚拟空间。科学家试图通过人工操纵的方式使虚拟空间更接近实体现实空间,从而真正解决了过去只能在实体空间中解决的问题,包括我们关心的道德教育。然而,这是不可能的。一方面,当前的新媒体技术尚未达到这种水平,更重要的是,人们对其价值的认知难以达成一致。物质空间是真实和唯一的,一样东西只能在某个时间和空间中显现,不会有第二个相同的空间。虚拟空间则是多样的,可以在多个虚拟世界中进行模拟。即使虚拟空间完全复制了实体现实中的真实空间,但当人进入其中时,就必须作出判断,即虚拟空间是在模拟一个人的主观感受,还是在模拟一个科学的客观世界。考虑到虚拟空间与实体现实空间的差异,无论如何包容,虚拟空间都不能取代实体空间,实体空间中的道德教育也无法完全在网络上实现。伦理问题通常复杂多样,仅凭表面上的交流很难看出问题的症结。而且,在很多时候,人们很难分辨道德问题的真假,甚至学生自己也难以识别问题的所在。在这种环境下,即使在虚拟空间中进行道德教育,也不能确保教育者能够及时、准确地发现问题的真相。另外,虚拟世界也不能完全反映人的情感,网络和电脑也存在人性的缺陷。

另一方面,人们认识到虚拟空间不能取代实体空间,实体空间内的道德教育工作难以在虚拟空间中实现。后来,人们也逐渐认识到虚拟空间可以弥补实体空间的不足。由于虚拟空间也具备"教育者—交流与沟通—受教育者—信息反馈—教育者"的基本功能,因此在新媒体的虚拟空间中进行道德教育是有效的。如果能够将实体空间内的道德教育与虚拟道德教育相结合,将会取得实体道德教育和虚拟道德教育无法单独实现的最佳效果。

(二)实现学校、家庭、社会教育与虚拟空间德育教育的结合

近几年来,我国高校德育工作存在一些问题,包括道德教育的封闭性和新媒体的迅猛发展。如前文所述,充分利用道德教育的协同作用不仅能够增强单个学校道德教育的力量,还能够形成类似几何效应的新力量。在新媒体环境下,将学校教育从传统的单一教育方式转变为学校、家庭、社区及新媒体虚拟空间

的整合是非常必要的。

当今，随新媒体迅速发展，"思想道德教育呈现出社会化、本真化、深度化和多维化"的发展趋势。道德教育已经跨越学校边界，不再受限于特定时代。这种超越时空的道德教育具有终身、全员参与的特性，推崇理性思考。在主题方面，个体之间的关系已经超越国界，不同文化和意识形态之间的相互融合变得普遍。

传统的封闭道德教育系统与新媒体开放的信息社会形成鲜明对比。新媒体的开放性不可避免地给传统封闭的道德教育方式带来了挑战。教育不再局限于学校，而是涉及整个社会。

然而，我国的学校道德教育和社会道德教育长期以来形成了相对封闭的系统。因此，当新媒体兴起时，传统的道德教育系统显得力不从心。在新媒体环境下，将单一的学校道德教育扩展到家庭、社区、社会，甚至是新媒体本身，共同肩负道德教育责任，完善学校、社会和家庭的网络评估制度是必要的。我们需要努力消除道德教育和新媒体之间的结构差异，减轻信息公开和道德教育封闭之间的矛盾。新媒体对学校、家庭、社会和年轻人都有重大影响，长期来看，道德教育在新媒体环境中的萎缩将对伦理问题产生严重的影响。

目前，我国一些青少年的越轨行为与信息化初期的混乱状况及传统道德教育功能的失效有关。这就要求我们的德育教育体系必须跟上时代步伐，否则，它将面临生存和发展的问题。因此，在新媒体环境下，德育教育需要将学校德育教育与学校、家庭、社区和新媒体虚拟空间教育相结合。

第二节　树立一元主导与包容多样的理念

人类进入21世纪，德育面临着市场体制的推进和全球化等变化，新媒体的迅猛发展，更使文化多元化、社会信息化、社会多样化和个体特色发展等日益明显。在这些新背景下，德育要正确处理新媒体环境下的多元文化激荡、社会多样化发展、青少年个性化发展与社会主义核心价值体系主导之间，多元道德冲突与中国传统道德的继承、对西方道德观念的借鉴与扬弃之间多方面的辩证关系，就必须坚持德育一元主导与包容多样的理念，既坚持以社会主义核心价值体系为主导又继承中国传统道德的优秀传统，同时借鉴和吸取西方道德文化的积极因素。坚持一元主导前提下包容多样的指导理念，是当今新媒体时代背景下德育的必然选择。

一、坚持以社会主义核心价值观体系为主导

当今世界，全球化和信息化是主要趋势，新媒体的快速发展推动了信息传播的全球化，而在新媒体中，各种多元文化和多元价值观相互交织。西方意识形态对我们的主流思想产生了不可忽视的渗透和影响。在新媒体时代，个体在自由和无监督的状态下作出自由选择，这使人们更容易接受多元的价值观，但也引发了道德抉择的困扰与混淆。在新媒体的背景下，加强对社会主义核心价值观的引领作用至关重要。

《中共中央 关于构建社会主义和谐社会若干重大问题的决定》明确指出："建设社会主义核心价值体系，形成全民族奋发向上的精神力量和团结和睦的精神纽带。马克思主义指导思想，中国特色社会主义共同理想，以爱国主义为核心的民族精神和以改革创新为核心的时代精神，社会主义荣辱观，构成社会主义核心价值体系的基本内容。"这是我国社会主义建设的重要组成部分。在新媒体传播的背景下，东西方文化思潮交汇、碰撞更为直接，新媒体传播生态呈现出多元文化和多元思想的复杂情境。由于传播主体广泛且积极主动，传统媒体的有效控制方式，如对信息源的控制、传播渠道的管制及信息流的过滤，难以适应新媒体的价值观引导。因此，引导新媒体文化以体现社会主义核心价值观，不仅是对新媒体传播环境提出的最高要求，也满足了在新媒体背景下进行德育教育的实际需求。

二、继承弘扬中国优秀的传统伦理道德及其德育价值

在新媒体环境下，中国的传统伦理观受到了巨大的冲击。新媒体构建了一种超越时间和空间的网络传播方式，严重挑战了中国传统道德观念，其中，"私德为尊，公德不显"的传统价值尤为受到冲击。中国传统的"熟人伦理"是建立在"熟人社会"基础上的，其传播范围有限，主要涉及熟人间的互动，因此传统道德观在此背景下能够维持。然而，新媒体的传播主体是"陌生人"，这使得传统伦理观在新媒体的构建下显得滞后和不适应。新媒体改变了传统社会资源分配模式，将社会财富、权利和地位向代表现代技术发展的团体和个体流动，打破了传统的等级差序结构和封闭的组织模式，也瓦解了与之相关的"门第意识"等制度和思想。新媒体带来的开放和平等的网络文化精神也不断冲击传统伦理文化中的保守精神和价值观。新媒体的非中心化传播特征，以及全球范围的广泛参与，使中国传统道德在面对开放和多元道德文化的同时，也面临新挑战。

中国优良的伦理价值观与道德教育的价值观是相互关联的。新媒体的传播在推动经济全球化和多元文化发展的过程中，促使中国传统美德中的卓越成分逐渐被国际社会所认可。如何理解、传承中国的传统道德，继承中国的优良传统美德，是目前面临的重要问题。

从人类德育教育活动的历史来看，德育教育主要有三种类型：一是传承发展型，即在维护国家道德体系的完整性前提下，进行创造性的德育教育；二是"移植"和"模仿"，即用外国的伦理观念来替代本国的；三是对民族伦理传统进行解构与重构，以新的价值观为导向，构建新的伦理制度与道德价值观。在结果方面，第一类道德教育的优点在于保留了原有的道德传统和已经获得的道德成果，但不足之处在于局限于民族自豪感而拒绝外来先进价值观念。第二类道德教育的优势在于吸取他国、各国的优良品德，不足之处则在于可能失去本国的道德传统。第三种方法的优点在于完全消除了已存在的道德弊端，但不足之处在于有否定人的道德成就的风险，从而使人陷入道德迷茫的境地，与人们的道德实践和需求背道而驰。科学的德育教育方法应在保留自己民族的道德

传统的同时，吸收外来的优良道德价值观，既保证了本国道德体系的完整性和传承性，又使其具有开放和与时俱进的特点。可以说，在新媒体的背景下，高校德育教育应在传承和弘扬中国传统优秀道德文化的同时，吸取西方先进思想文化中的有益元素，结合时代发展的特点和新媒体的传播规律，推动新媒体环境下的道德文化和道德教育的创新与发展。

在新媒体的背景下，中国传统道德文化作为道德教育的精神支柱，是一种坚不可摧的"根基"。基于对中国传统德育文化的回顾、剖析和弘扬，需要传承并不断创新中国传统德育文化。中国传统道德，以儒学为核心，以道家、佛教为辅助，随着时代的演进而不断发展。学界通过对这些价值观的深入探讨，已发现了支撑中国人两千多年的道德价值观，为当代道德建设提供了理论依据。中国传统伦理的核心价值观主要包括仁、义、礼、智等。与西方伦理思想最大的区别在于，中国传统强调个体的自由与人人平等，并将个体的成功与幸福视为道德价值选择的首要动机。然而，在中国传统文化中，道德精神的核心不仅仅是个体，更多地强调个人品德培养作为参与社会生活、促进社会发展与进步的方式。中国传统伦理思想的重要方面之一是关注个体在不同伦理关系下如何作出正确的道德选择，中国特有的道德作风和道德精神是在一次次道德价值冲突与个人道德选择中逐渐形成的。礼、义、廉、耻的四个维度，知行合一，荣辱自负，最终导向修身、齐家、治国、平天下。现代中国的德育只有在传承与创新的前提下才可能实现道德的进步。中国传统的"私德为主，私德不显"及"三纲五常"等观念，如君臣、父子的不平等，都需要在现代化进程中得到进一步完善。在新媒体背景下，中国传统道德教育的传承和创新应该从以下三个方面展开：

首先，新媒体条件下，传统道德是进行思想政治教育改革的基础。道德价值观念的先进与发展是评估道德进步水平的重要标志。在反思与批判的基础上，需要创新与重建这些价值观念，以促进道德的发展。

尽管新媒体构建了一个不同于以往的"虚拟"与"真实"共存的环境，在这个虚拟开放的环境中，西方价值观的深刻冲击是显而易见的，同时也显现出与新媒体环境相协调的某些特点。然而，从理论逻辑和历史经验的角度来看，不能将其视为抛弃国家传统的根基。抛弃了千百年来的伦理传统，投身西方，或者毁坏这一传统，将道义的未来交给一个不符合现实和无法预测的价值观体系，结果将是不可取的。在新媒体时代，中国的德育教育工作必须始于中国传统美德，汲取其中的滋养与支持，为建设新媒体时代的社会主义核心价值观奠定坚实的理论基础。

其次，在新媒体时代，要实现新媒体时代的"高层次"目标，必须保持传统伦理观念。道德教育的终点是特定的道德目标，而道德目标又构成了一个高低层次的目标系统，从基本的生活规范到高级的理想信仰和生活追求。在新媒体条件下，这两个方面都是德育工作的关注对象，而在这个新媒体条件下，依然需要或者更好地加以实施。最高层次的道德教育主要涵盖树立崇高的人生理想、爱国主义和民族精神，以"为民"为主要内涵的个人品德教育目标。

在道德教育资源方面，中国的传统道德价值体系强调"君子"以诚待人，不图私利，明道不计功利，视天下为公之责，尽管如今的道德教育目标不能把每个人都以"君子"的标准来衡量，但中国的发展确实要求我们将个人的小我置于次要位置，奉献自己的生命为祖国和民族的未来努力。根据民族精神和爱国主义道德的特点，上述道德目标都带有明显的民族特征，而对祖国的情感和对民族的追求都必须基于对传统道德的传承。在新媒体时代，这些伦理目标必须得到有效实施。

在新媒体语境下，地方伦理价值观是国家文化身份的核心。在新媒体时代，不同的民族文化正在发生激烈的碰撞。在这种情况下，德育教育工作需要正确对待传统道德与道德创新之间的关系，以及对本土道德价值观与吸纳外国道德理念之间的关系。我们要以对传统美德的继承为前提，对道德进行革新，推进道德价值观的现代化。

最后，新媒体的发展对中国的现代化起到了巨大的促进作用。中国的现代化包括生产方式的现代化，也包括公平、平等、自由的意识形态的现代化。尊重个体权利等是现代社会不可或缺的价值观。然而，中国传统道德所带来的历史与时代的限制，并不能给出一个现成的答案。因此，我们必须在道德理念上持续进行革新，寻求适应新媒体环境、符合中国现代化进程、更为合理的伦理价值观。以此为基础，通过道德教育手段将其推广到社会大众之中，以解决各类伦理问题。

西方发达国家是"先发"国家的现代化国家，他们在这一进程中创造了大量的德育成就，并在促进人的发展和社会进步方面发挥了重要作用。坚守本土的道德价值观，借鉴西方先进的道德价值观、道德教育理念和方法，既能推动中国传统道德与道德教育的革新，又能将中国的传统道德通过新媒体等途径广泛传播到全人类，从而让中华民族的优良品德传播到全世界。

三、学习借鉴西方道德及其德育文化的积极因素

西方的德育文化是以狭义的文化视角进行的，它以思想为核心的道德教育的基本精神、原则、理念和基本模式等为基础。核心是以自由、民主、平等为核心的人本价值观，以理性为哲学依据，旨在培养现代自由公民，强调权利与义务的平等，契约精神等。在德育教育中，公正的道德价值观具有理论挖掘与实践创新并举，现实性与理想性并举等优势，但应注意不过分强调个人中心主义、西方文明中心主义及意识形态霸权。

西方德育教育的内涵既包含深层的思想观念，又有内在的联系，既具有与东方不同的特色，又在许多方面呈现出与新媒介环境、现代性相符合的特征。其中，自由、民主和平等是最典型的价值观。即从个人的视角出发，旨在使人格健全发展，培养爱国精神，维护国家政权和道德秩序。它强调个人主体意识，权利义务的平等，公民道德的道德价值观，如契约。此外，它强调回归生命世界的现实取向，强调从道德教育的生命实践维度回归到道德教育的现实维度。

西方道德教育的上述特征，如自由、民主、平等的人道价值观念，现代意义上的自由公民的理性地位，重视个人主体精神，权利义务对等，契约的公民伦理价值观，回归生活世界的实践取向，都与新媒体开放、多元、自主的大环境相吻合，再加上新媒体自身就是西方科技与文化发展的结果，所以，西方的道德与道德教育文化本身就更适合于它，这些都是值得我们去吸收和吸收的有用的东西。而西方道德教育理论挖掘与实践创新并进，理想与实效并重的教育途径也值得我们借鉴。

第三节　树立德育价值取向与社会道德整体发展趋向相一致的理念

德育教育在培养理想人格、内在道德品质，调节社会行为，和塑造社会舆论及社会风气方面发挥着关键作用。社会对一种道德的接受程度不仅与其反映社会道德关系本质和社会发展必然性的程度相关，还与德育教育的传播程度和执行质量密切相关。因此，德育教育不是一种抽象孤立的活动，而是与社会的政治经济制度直接相关，这会影响其性质和具体内容。社会道德整体发展趋向决定了德育教育的价值取向。新媒体的传播作用推动了我国社会伦理朝着现代公民社会伦理的发展，因此，在新媒体环境下，德育教育创新应该与社会道德整体发展趋向相一致，促进大青少年的公民伦理德育。这是一个充满挑战和机遇的领域。

一、社会道德整体发展趋向决定了德育教育的价值取向

在过去一个世纪，很少有什么能像"现代化"一样，更能反映中国与西方社会发展及世界秩序变迁的复杂关系。新媒体是中国式现代化建设的重要力量，也是现代社会的重要组成部分。现代化是一场广泛的社会转型，通常以物质层面的变化为起点，然后引发体制和文化等多方面的全面变化。

在现代化进程中，人的精神层面的改变是最深刻和内在的变革。现代化和现代性的理解不仅限于社会、政治和经济结构，还必须通过个体的经验和体验来理解和定义。人的精神现代化的核心是美德和价值观，这不仅是社会现代化的必然趋势，也是实现整个社会现代化的关键。在现代化过程中，传统的道德观念和道德模式经历了改变，同时也铸造了与现代社会相互作用的时代精神和个性模式。现代化及其所创造的现代性价值体系主要体现在社会价值观念和权重的根本性转变上。

伦理道德是一种观念，它在社会的物质和制度层面上发生变化。自然变化

指的是由于生存环境的变化，道德的价值生态发生了变化，这是一个不受个体意愿控制的趋势。而"自我推动"是指在不断变化的社会生活和利益关系基础上，主动推动伦理和道德的价值和规范，建立新的伦理观念，形成道德的人格。现代性的道德变革是实然和自觉两种力量相互交织和互动的过程和结果。

20世纪80年代以后，以新媒体为主要特征的信息驱动的全球化发展趋势对中国传统的社会结构和人类生活方式产生了巨大的冲击。这使得在一个封闭、自给自足的文化空间结构中的中国传统道德文化及其价值观范式面临着生存境况的转变。虽然它仍然保留着"精神—文化"的历史惯性特性，但中国现代化过程中新的社会情境和人类生活方式出现，导致传统的人伦秩序发生变化，出现了新的伦理模式。从社会主体自觉建设道德行为的角度来看，在现代化进程中，精神文化的推动力是人们自觉行动的结果。

文化难以自动完成历史性的演进，以获得现代性的特征。文化代表了人类的精神价值体现，同时也构建了人类的生活方式。从一开始，文化就是由社会主体的有意识意愿来规划、引导和引领的。社会主体，代表了社会意志，通过构建道德文化和进行道德教育，以道德为引导，伦理道德为指导，以社会生活中的人伦秩序为基准。在现代化进程中，人的精神气质经历了变化，这是现实和应有的过程。社会的变革从物质到制度，再到思想观念和精神文化的全面演变。在这个过程中，社会主体的自觉建构和教育，其中，道德教育是社会主体自觉行为的一部分，推动了这种全面转变，使其朝着符合社会主体意愿的必然方向迈进。因此，道德教育的价值观必须受整个社会道德发展趋势的约束，以确保它与整体社会道德发展趋势一致，同时也具备社会主体的主观能动性。只有这样，社会道德的演变才能朝着合理的方向前进，真正反映人们的意愿。

二、新媒体传播促进了我国公民社会的发展

从伦理学的角度来看，公民社会是以"公民"为主体的社会形态。它的当代意义主要体现在与"臣民"的对比中。在君主专制体制下，社会中缺乏个体主体性、自由和平等，人们形成了一种依附型人格，而在公民社会中，个体具备了独立人格、自由平等的特征，同时形成了权利与义务的对等关系。

关于中国是否存在公民社会，一直是一个争论的焦点。不同历史背景、文化传统和国家环境都导致了不同国家和地区的公民社会呈现出多样性。由于中国的历史和现实情境与西方国家不同，中国的公民社会不可能完全照搬西方模式。中国的公民社会正处于发展的初期阶段，它的特点和精神特质逐渐显现。中国的市场经济发展为公民社会的兴起提供了社会基础，而网络化和全球化的影响使中国社会的价值观发生了深刻变革。新媒体通过构建公共领域，推动了中国公民社会的形成，并培育了现代开放的价值观和精神特质。

新媒介的传播助推了中国公民社会的崛起，并促进了现代道德精神的兴起，具体来说，新媒介为构建公共领域提供了关键条件：

第一，新媒介的传播鼓励了中国独立和理性的公民。新媒介提供了发布内容的平台，鼓励个人积极参与信息创新，帮助个体自我发现和完善。这些新媒介平台使传播者能够清晰地表达自己，并促使交流行为更理性，培养了独立和自主理性的大众。

第二，新媒介为中国民众提供了一个强大的表达观点的声音。相较于以前由精英阶层控制的传统大众媒体，新媒体将受众转变为更广泛的大众媒体，使中国的大众传媒逐渐形成了"大众传媒"，增强了民众的信息表达能力和参与度。当前，社会各阶层几乎都在网络上建立了信息交流平台，允许公民了解信息、公开表达和监督，信息权得以实现。

第三，新媒体鼓励中国民众就公共利益问题进行自由讨论，并构建公共意见。新媒体将事件公之于众，公开内容不仅限于传统公共空间，还包括政治、文化等领域，扩展到社会生活的各个方面。个人可以在网上发布事件，无须经过审查，自由讨论和推动解决问题，从而实现更多公众监督和评判。新媒体通过构建公共领域，促进了公民社会的崛起，培养了开放、平等和民主的现代道德精神。这些传播方式推动了中国传统道德向公民社会道德的转型。中国的现代化进程为"公民社会"的生成创造了条件，强调精神文化、体制和制度的有机结合。公民社会的现代价值通过公民伦理的转型而得以凸显，这是对民族传统进行创造性变革的必要选择和过程。

中国传统伦理分为三个层次，包括心性伦理、制度伦理和日常伦理。这对应了中国传统的两种人格形态：理想人格和现实人格。心性伦理追求着高尚的

"圣贤人格"，制度伦理滋养着社会的真实个性，而中国传统的现实人格则表现为"臣民人格"，呈现出依附、无自我、非自由的特点。理想人格则以服务于政治纽带和统治需求为最终目标，这两种人格在"臣民身份"中相互融合。

新媒体的传播使公众更积极参与公共事务，公民社会趋势和公民伦理需求成为现代中国社会的核心要素。这标志着从传统的"依附"到现代的"公民"的转变，是社会道德和公民伦理的必然演化。公民人格的核心价值包括个体自主和尊重他人权利。这一价值观强调了个体的独立性、主体性和社会责任，同时也强调了对他人的尊重。在新媒体环境中，个体的自主性和主观能动性得到提升，而在线社群的形成也促使个体更尊重和认同他人的权利。

网络生存在两方面进行了重要的改变。首先，在新媒介环境中，个人能够摆脱传统整体主义的束缚，自主选择自己的价值观念。这意味着个体能够在网络空间中摆脱社会关系的约束，依照自己的意愿作出价值选择，强调了自由意志和主体性。此外，在没有本质利益冲突的情况下，人们更愿意表现宽容和尊重，这有助于推动公民道德精神的发展，实现主体性和共性的统一。其次，新媒体环境加强了契约精神和美德的价值观念。契约精神强调了平等主体之间基于尊重彼此主体身份和权利，而美德则代表对高尚品德的崇尚和内心深处的道德价值信仰。公民人格强调以道德为核心的价值信仰，与新媒体所体现的网络文化精神和科技理性、契约精神相契合。然而，新媒体环境下的网络生活增强了不同群体的独立性和个人权利要求，同时削弱了现实社会中的自律机制，导致了不同群体之间的冲突凸显。因此，需要完善法律制度和合约形式，以推动网络虚拟空间的理性化和标准化。同时，新媒体空间中，个体的道德标准主要依赖于其个人道德水平和信仰，而现实世界的道德准则并不具备强制力。因此，新媒体催生了一种现代道德精神，将契约和美德相结合。

三、新媒体环境下应注重青少年的公民德育教育创新

在新媒体环境下，现代中国伦理道德的现代化被视为合理期望和选择，公民德育教育的形式也被看作是对传统伦理进行创造性改革的必然选择。因此，高校德育工作应结合中国社会伦理向现代公民伦理的演变，注重创新大学生道

德教育。

首先，需要分析传统道德教育的现实问题和限制。传统道德教育在新媒体时代面临一些挑战。它通常忽视了个体的独立性和主观性，与传统的道德观念一致。它着重强调"道德义务"和"责任"，而较少考虑个体的道德权利。此外，传统道德教育缺乏对个体根本的理性和规范的关注，同时在教学方式上强调外部的灌输。

其次，在中国新媒体环境下，需要创新关于大学生的道德教育。新媒体背景下，中国公民社会和公民德育教育的发展趋势对当代道德教育提出了更高期望。传统道德文化在现代生活模式下面临衰退和困境，这需要符合网络和全球化背景下的公民社会和公民德育教育发展的路径。现代道德教育已经经历了历史性的变革，具有现代价值。现代道德教育观念强调公民伦理和公民人格，包括主体性精神、契约精神及权利和义务的平等。因此，在新媒体背景下，大学生的道德教育应成为重点，必须在坚持社会主义核心价值体系的基础上，培养年轻一代的主体性、契约性和权利与义务平等的精神，将这些精神融入道德教育的目标、内容和方法之中。

第四节　树立德育教育与新媒体传播特征相一致的理念

评估德育的有效性和程度取决于其实现既定目标和意图的程度。从新媒体的传播特点和规律来看，新媒体提供了创新和促进大青少年内化德育的新机会。将德育教育内容、方式、方法、途径与新媒体传播规律协调一致的理念，将有助于提高德育教育的效果。

一、新媒体的传播特征为提升德育效果提供了契机

德育的效果在三个不同层面上显现：

一是教育者将社会所需的思想政治观念和道德规范传递给受教育者，引发其认知层面的改变，即信息的感知和记忆系统发生变化。

二是这些观念和规范作用于受教育者的观念和价值观，引发情感和态度的调整，属于心理和态度层面的效果。

三是这些变化在受教育者的行为中显现，即在行动层面产生效果。前两个层面称为"内化"，指的是受教育者接受并融入自身意识的过程，而第三个层面称为"外化"，指的是将内在认知转化为实际行动和结果的过程。这三个层面构成了效果形成的多个阶段，形成一个逐渐积累、深化和扩展的过程，而内化是其中关键的一环。

新媒体具有交互性、即时性、自主性、参与性、共享性、社群化、个性化、信息多元、多媒体和超文本等传播特征，这些特点丰富了德育的传播媒介，促进了德育知识和价值观的传播，并迎合了德育中互动的需求。新媒体的多媒体和形象化特点吸引着青少年，容易引发认知层面的改变。新媒体提供的虚拟环境让教师和青少年能够自由表达自己的想法，这有助于影响青少年的心理和态度。而在新媒体虚拟空间中形成的习惯也可能转化为现实生活中的行为。因此，新媒体的传播特征为提升德育效果提供了机会。

二、新媒体与德育创新，个性化教育方式的突破和发展

根据新媒体的传播特征创新德育教育，需根据相关的传播理论创新德育的内容与方式方法。

首先，根据新媒介的传播特点，利用把关人和议程设置等理论来创新高校思想政治工作内容，并数字化处理以提高效果。"把关人"理论强调信息在传播过程中会经过特定的"门区"，由看门人控制信息流的"关口"。这个过程中，根据规则和价值观，决定信息是否被允许通过或在通道中继续传播。在新

媒介环境中，每个人都可以成为传播媒介，拥有自己的兴趣和关注点，因此把关标准变得多元化。没有统一的标准，每个人可以根据自己的需求来决定传播内容。这使得"把关人"的作用减弱，导致新媒介中信息的质量参差不齐。新媒体在传播内容上具有复杂性和议程设置功能，需要以社会主义核心价值体系为导向，发挥"把关人"的作用，做好议程设置，体现社会主义核心价值观，并数字化教育内容。通过多媒体和声音的方式提供德育内容，使德育更具吸引力和感染力，从平面进化为立体。

其次，在新媒体环境下创新德育教育方法是实现德育教育目标的必要条件。新媒体德育教育方法是指德育教育者在新媒体平台上，借鉴传统德育教育理论，采用各种手段和程序，引导新媒体德育教育对象形成正确的思想道德素质和观念。这是对传统德育教育方法的一种全新扩展和延伸，融合了新媒体特点，并继承了传统德育的特点。

注重针对性。新媒体是一种双向交流的传媒技术，综合了各种媒体的优势，已成为广大青少年获取知识和信息的最便捷有效途径，对年轻人的思想道德观念产生了深刻影响。在新媒体环境下，德育教育方法需要根据具体情况采取有针对性的策略，根据问题的性质和类型选择不同的方法，根据思想问题的根本原因选择相应的方式，并考虑受教育者的个性特点。

突出隐蔽性。与直接将道德教育内容植入新媒体不同，教育者可以巧妙地将有强制性要求的目标隐含在受教育者日常新媒体活动中，这被称为隐性教育。这种方法有助于淡化受教育者对道德教育的自觉性，同时更好地满足他们的内在需求，从而更有效地实现新媒体德育的目标。

彰显个性化。新媒体是多样内容形式的平台，提供了进行德育教育的机会，新媒体德育方法应该全面发展。强调个性化是德育改革和创新的核心价值观。传统德育常显得过于严肃，教育者通常只满足大多数受教育者的需求，个体的独立存在和尊严未能充分获得尊重和满足。新媒体德育方法注重强调个体的独立存在和尊严，使受教育者能够迅速、准确地了解其实际思想状况和关注的热点问题，有助于个体的个性展示和成长。

第八章　新媒体视野下德育教育方法创新

第一节　德育教育方法创新的基本依据

一、创新精神与德育教育

在当今社会，教育的本质不仅仅是传授知识，更是培养学生的综合素养和价值观念。德育教育作为教育的一个重要组成部分，旨在培养学生的道德品质、社会责任感和个人素养。随着社会的不断发展和变化，传统的德育教育方法已经无法满足现代社会的需求，亟须创新精神与德育教育的融合。

（一）创新精神的重要性

创新精神是现代社会所高度重视的素质之一。随着科技的迅速发展和社会的快速变化，创新成为推动社会进步和经济发展的关键因素。创新精神包括对问题的新思考、新方法的探索和新想法的实施，这些能力对学生未来的成功至关重要。因此，培养学生的创新精神已经成为教育的一项紧迫任务。

（二）创新精神与德育教育的融合

创新精神与德育教育并不是独立的领域，它们可以互相融合，相辅相成。德育教育强调的道德品质、社会责任感和个人素养与创新精神具有内在联系。例如，一个具备道德良好的学生更有可能将创新精神运用于造福社会，而一个懂得社会责任的学生更容易找到解决现实问题的途径。

在教育实践中，可以采取多种方式来实现创新精神与德育教育的融合。学校可以开设以德育为基础的创新课程,教授学生如何将道德原则应用到创新活动中。同时,教育者可以通过案例分析、小组讨论和社会实践等教育方法,引导学生思考道德伦理与创新之间的关系,培养他们的创新意识。

总之,创新精神与德育教育的融合为学生提供了更丰富的教育体验。这不仅有助于学生在知识领域取得成功,还能够培养他们的社会责任感和道德品质,使他们成为未来社会的有益成员。因此,创新精神与德育教育的融合是德育教育方法创新的重要基本依据之一。

二、德育教育的目标定位

德育教育的目标定位在教育体系中具有关键性的地位,因为它决定了学校教育的方向和效果。这一定位需要在理论和实践中充分考虑学生的需求、社会的期望及教育的使命,以便能够有效地培养有道德、有责任感、有社会意识的新一代公民。

(一)培养良好的道德品质

德育教育的首要目标是培养学生的道德品质。这包括诚实、守信、尊重他人、善良、公正等道德价值。学校应该通过道德教育的课程和活动,培养学生的良好道德品质,使他们能够在日常生活中坚持正确的道德准则,并在面对伦理挑战时作出明智的决策。

(二)培养社会责任感

德育教育应该帮助学生认识到他们作为社会成员的责任和义务。学校需要教育学生,使他们明白自己的行为和选择对社会和他人产生的影响。通过社会参与、志愿活动和社会实践,学生可以更好地解决社会问题,并主动承担社会责任。

（三）促进个人成长

德育教育不仅涉及道德层面，还包括个人素养的培养。学校应该鼓励学生发展自我意识、自信心、解决问题的能力和创造力等，以帮助他们成为全面发展的个体。这有助于学生更好地应对生活中的各种挑战和机遇。

（四）培养多元文化意识

随着全球化的加深，培养学生的多元文化意识变得越来越重要。德育教育应该帮助学生尊重不同文化、价值观念，培养跨文化交流的能力。这有助于减少种族歧视、促进文化多样性，以及增进国际合作和了解。

（五）预防不良行为

德育教育也有预防不良行为的任务。学校应该通过教育和预防措施帮助学生避免不良行为，如欺凌、吸毒、犯罪等。通过提供信息、辅导、支持和建立健康的校园文化，学校可以预防和减少不良行为的发生。

（六）促进个体幸福感

最终，德育教育的目标之一是帮助学生在道德发展的过程中获得幸福感。这包括情感健康、人际关系的良好、自我实现等方面。学校可以通过心理健康教育、情感管理培训和人际关系教育来支持学生的幸福感。

德育教育的目标定位应根据不同年龄段和教育阶段的学生特点进行调整。同时，这些目标的实现需要全校师生、家庭和社会的共同努力，以创新的方法和适当的资源来支持学生的德育成长。通过坚定地追求这些目标，学校可以培养出有品德、有社会责任感、有创新精神的新一代公民，为社会的持续发展作出贡献。

第二节 德育教育方法创新的基本要求

中学生正处于人生观和价值观初步形成的关键时期。在当前的中国，家庭德育教育有所疏漏，学校的德育教育因此被赋予了新的重要功能。虽然学校侧重文化知识的教育，但也必须注重对学生的道德教育。在道德教育方面，我国已经投入了相当多的精力，取得了不小的成绩。然而，近年来，随着经济快速发展，社会上的功利主义愈发凸显，这对学生的人生观产生了很大的影响，导致学生的心理问题日益增多。教师们常常抱怨现在的学生难以管理，遇到的问题也越来越复杂。在面对这些问题时，我们应该反思：当前的道德教育模式究竟产生了多大的积极影响？尽管在理念上大家都认为道德教育至关重要，但在实际落实时，德育教育常常被置于科学和文化教育之后。尽管如此，我国中学的德育教育依然取得了一定的成绩。

一、要有助于学生健全人格的培养

中学生的年龄大多在 12 到 19 岁，这一阶段是个体价值观和人生观形成的关键时期，学生的内心变得敏感和脆弱。同时，他们也大量接触新事物，感知世界，了解社会。正确的引导有助于学生树立正确的人生观和价值观。在这个时期，积极的经历和愉快的经历会给学生留下美好的回忆，有助于培养他们的完善人格。早期的课堂德育教育对学生的情感和品格会产生深远的影响。在这些课堂教育模式中，回顾旧课程不仅加强了学生对知识的掌握，还有助于培养性格和反思精神。

我国的德育教育模式中，回顾旧课程非常重要，就像一个人每天晚上都会安静地反思自己的言行失误一样，需要耐心和细心。在德育教育中，这一点有以下两个方面的体现：

首先，教师可以采用课外辅导的方式来帮助学生。在课堂上，学生可能会遇到一些难以理解的知识点，或者一些学生由于个人天赋较差，思维和知识消化能力较弱。在课外时间，教师可以有针对性地为个别学生提供单独辅导，解释他们难以理解的问题，从而大大提高他们的学习效率。通过课外辅导，教师还能及时发现学生学习中的不足，并提供帮助。学生的问题可能集中在某个学科或某一章节，这表明他们在这个领域的学习效果不佳，通过课外辅导，教师可以帮助学生重新整理这部分内容，以防问题积累影响他们的学习兴趣和自信心。此外，这些积极的学习习惯也有助于学生更好地与他人交流和互相影响，保持积极的情感状态，使他们能够更高效地应对困难。

其次，学生自行制订复习计划有助于培养学生的反思意识。人类的记忆分为短期记忆和长期记忆。当我们接触新知识时，初期的记忆较为深刻。但经过一段时间，如果这些知识没有再次出现并刺激记忆，就会逐渐淡忘。学生的复习过程实际上是知识再现的过程。学生学习新知识后，通过教师的讲解和完成课后作业，基本上可以达到教学目标的要求。为防止已掌握的知识流失，复习显得十分必要。当学生掌握了更多知识后，回顾旧课有助于他们更好地整合整个学科的知识体系，巩固记忆。此外，这种自我反思和反省是塑造一个人性格的关键因素之一。通过深刻地反思自己，养成这种良好习惯，将影响学生的性格和素质。

二、增强学生服务社会的意识

课堂教育还有一个重要作用，即通过集体形式帮助学生了解和遵守社会公共道德规范，这是中学生必须具备的素质。道德规范有助于维护人际关系和社会和谐，可以正确处理社会各方面的利益关系。要想在社会中取得成功，个人必须认同并遵守社会公共道德规范，这是基本的行为准则。只有这样，个人才能为社会服务，实现自身的价值。然而，培养这种素质不能仅仅依赖学生自己去领悟。如今，社会信息复杂，中学生很难准确判断事物的好坏。如果忽视道德教育，让学生自行发展，容易导致他们误入歧途。因此，课堂教育的作用显得至关重要，通过集体活动，学生能更好地感受到服务社会的价值观念，这是一种更有效的方法。在课堂教育中，通过传授知识等方式，可以培养学生的健全人格和服务社会的理念。树立学生正确的人生观和价值观是道德教育的一个重要方面，也是其主要功能之一。

比如，在测试这一环节，就有着极其重要的意义。在课堂教学中，对学生的学业表现进行评价和测试，其功能不仅在于对知识的掌握，还在于培养学生的做事习惯和志向。分阶段、分阶段考查学生的掌握程度，有利于学生的学习，也有益于教师的教学工作。

首先，有助于老师更好地把握和理解学生在特定的学习阶段的学习效果和学习效率，还能够发现平日里不易察觉的问题。举个例子，一个平常学习能力较好的同学，如果他的成绩有了显著的下滑，那么老师就需要与他进行交流，帮助他找出成绩下滑的原因，然后对其进行指导。对取得显著进步的同学，也应给予鼓励，以进一步激发他们的学习兴趣。

其次，考试既能检验学生的学业成绩，又能检验老师的教学质量，从而使学生和老师发现问题并进行改进。此外，考试还可以培养学生的心理素质，使其养成良好的做题方式和学习习惯，还可以让父母更好地了解学生的学习情况。在这一过程中，要注重教师与学生的有效互动和交流。因此，各种道德教育目标的培养都可以融入课堂教学的每一个环节。

现在的中学生，大多数时间都在校园里度过，能够进入正式教育机构的人，大多都接受过良好的教育。德育教师可以直接进行道德伦理和行为规范的教学，同时也可以通过开展一系列有意义的活动，向学生传授社会的道德要求和行为规范，使学生接受和遵守这些道德准则，只有准确学习、掌握、运用这些道德准则，才能形成健康的人格。这也正是在课堂教学过程中进行德育实践和理论教育对学生的重要性所在。

第三节　对中国德育教育方法的继承与创新

一、对中国德育教育方法的继承

对中学道德教育方式的传承可以分为两个层面。第一个层面是思想上的传承。在道德教育方面，三大纪律、八项注意、为人民服务等原则构成了宝贵的财富。思想上的传承可以有序地将我们的道德理念传承下去，着重从道德的角度加强中学生的道德教育，培养正确的价值观。思想的传承必须与时俱进，理解其实质。第二个层面是方式上的传承，即在传统教学方式的传承中，必须与时俱进，充分发挥科学技术的优势，应用现代化的思想观念。我们可以借鉴国外先进的教学理念，并将其与传统教学方式有机地结合起来。这样，我们的国内道德教育理念和方法将更加完善，使中学道德教育更容易为广大中学生所接受。

二、对中国德育教育方法的创新

中国的道德教育方式在近十年的实践中，发挥了不可忽视的作用，为继承和发展道德教育提供了一个良好的平台。随着我国经济的快速发展及外来思潮的涌入，我国高校思想政治工作出现了许多新问题和挑战。当前，我国高校思想政治工作面临新的形势和要求。

首先，在教学方式方面，需要与社会接轨。思想政治工作涉及众多社会问题，因此，关键在于如何抓住当前的热点问题，从思想和道德的角度进行解释和分析，使之与社会相互结合，为学生提供有价值的教育。从道德教育改革的角度出发是首要任务。

其次，我们需要借鉴国外先进的教育理念，进行德育方式的改革。通过吸收国外先进的教育理念和心理学观点，我们能更准确、更有效地进行中学道德教育。

最后，应该将思想道德教育的方式与科学技术的发展有机结合起来。现今世界正处于飞速发展的时期，科技对社会产生了巨大的变革，对我们的生产和生活产生了深远影响。将科技引入高校思想政治理论课程可以使思想政治教育更加贴近现实，激发学生的参与热情，提高思想政治教育的实效性。

从这三个角度出发，中国道德教育方式的改革必将使我国的道德教育更容易为广大中学生所接受，提高其实际效果。

第四节 对国外现代教育方法的吸纳与借鉴

我国的德育教育模式改革需要在借鉴国外经验的基础上，改革德育内容，将社会理想、责任、义务等因素融入其中，使德育内容更加具体、具有针对性和可操作性。其中，强化个人的创造性和创新性是最重要的原则之一。这些内容更深入地反映了我国的发展需求，同时也反映了社会发展的一般规律和中学生的一般德育状况，具有一般机制特点和普遍性价值参考意义。

根据我国的实际情况，可以因地制宜地进行课程安排，根据学生的具体情况选择内容。与此不同，美国对教育内容进行了较大的调整。受到代表自由教育模式的权威影响，美国在相当长一段时间内没有开设独立的道德教育学科，而是通过各门其他学科的渗透及各类社会实践性教育活动来培养学生的道德。这与美国青少年犯罪率居高不下有直接关系。美国提出责任公民的教育理念，旨在培养具有社会责任感、公民责任感和爱国主义精神的高度道德要求的公民。因此，各中学开始增设公民课程和道德课程。例如，加利福尼亚州开设了社会学习课，主要内容包括道德、公民责任及民主社会规则。纽约州也开设了"参与行政管理课"，其内容与此类似。法国的理念是将学生培养成为自由人，具有社会道德属性的公民和劳动者，强调培养学生的自律精神。

借鉴国外的运作方式和经验，进行有效操作模式的探索，同时增加对德育方面的投资。德育教育和智育一样，具有多样性的特点，无论是课内还是课外，无论是德育课还是其他形式的德育，都需要进行设备、技术、人员及资料等方面的投资。缺乏投资资金，德育将是虚无的，缺乏实际意义。对德育进行投资是最高效的方式之一。采用多种渠道方式进行这方面的资金投资具有广泛的意义。由于德育属于精神方面的教育，一直以来，在硬件投资方面被忽视。但随着教育观念的进步和科技发展水平的提高，各国开始重视对道德教育的投资。此外，在我国当前的教育模式下，有必要对许多内容进行改进和信息更新，需要制定针对违反道德行为的防范措施。制定这些措施的目的不是惩罚学生，而是为了保护他们的成长，以确保他们不受伤害。因此，制定和系统化防范措施成为一个需要努力实现的目标。

第五节 建构以学生发展为本的教育方法体系

许多国家对青少年的思想道德教育给予了广泛关注。然而，由于社会体制、传统文化、教育发展水平和社会问题等多种原因，不同国家都面临着不同的思想品德问题。从许多国家和地区进行的教育模式改革和探索来看，要确定新的中学德育方向，就必须对传统的中学德育理念进行更新，并在教学过程中适当调整中学德育的内容和具体方法。在新形势下，需要探讨建立科学的学校德育管理模式，强化校内和校外德育力量的总体功能，对特定的学生实施具体的德育，以预防不良行为的出现。

除了加强传统道德教育模式的作用外，还需要以创造性教育为基础，不断强化个性教育和人文教育在道德教育中的角色。通过多种途径构建"主体间性"教育模式，使人际交往不断加强。总体而言，需要以整体性的方式建构道德教育的内涵和知识架构，充分发挥社区教育的渗透作用。通过整合校园内外的德育和引导机制的研究，可以促进个体德育教育的更好发展。目前，我国正处于一个新的历史时期。因此，需要优化现有的教育模式和体制的教育职能。

要实现多样化的道德教育目标，必须对道德教育主体进行多元的定位。在传统的德育教育模式下，教师通常以班级为中心，这容易导致学生在思想教育方面失去了个性,因为思想品德教育通常在教室内进行,方式过于僵化和单调。这使学生失去了自己的选择权。

在同一间教室里,每一堂课都会有一群不同性格的学生,即使年龄相仿,个人的道德水准可能不同。使用一种固定的道德教育方式来教育这些多样的学生,其结果可以想象是不尽如人意的。

在传统的教学方式下,道德教育仍然停留在书本上,需要进一步具体化。道德教育的内容通常是空洞的口号,过于抽象,难以让学生理解。在教学过程中,老师通常只会传授一些抽象的理论,而忽略了如何将这些理论付诸实践。道德教育的目标之所以难以实现,部分原因在于对目标的设定太高,而学生的思想和实际行为未能跟上。学生可能知道应该遵循行为规范,但真正做到的人却寥寥无几。因此,如果将目标设得过高,将为实践带来很大的难度,对培养学生的品德素质不利。

第九章 新媒体时代教师德育素养的培养

第一节 新媒体时代教师德育素养的塑造与提升

一、通过道德人格塑造来提升德育素养

道德人格不仅是一种重要的非权力影响力，也是教师不可或缺的职业品格。教师的人格魅力是一种有效的德育资源，蕴含着育人的价值观，具有强烈的感染力和示范性，能够创造出轻松愉快的教育氛围。优秀的教师应该宽严适中，既要有纪律性，也要有分寸；不仅能够发现学生的缺点，更能够看到学生的优点。可以说，一个出色的教师本身就是一所"道德学校"。

（一）教师道德人格及育人价值

"人格"一词源于拉丁语 persona，意为面具，可以理解为一种人类对自身的认知和定位，是一个人具有的独特的性格、行为、态度和价值观等方面的综合。道德人格是一个人在道德层面上的一种规范，它是一个人在特定的社会历史环境中，根据特定的生理和心理特征，在社会实践中培养并发展出的一种相对稳定的行为取向和人生态度。它是由价值目标（动机与导向）、价值原则（规范要素）和道德责任感组成的一个统一体。"独立""平等"和"尊重"是其最根本的衡量标准。

道德人格的完善指的是主体在道德实践中自愿作出的道德决策，而不受任

何干扰的影响。教师的道德人格指的是在他们的专业活动中所呈现的特殊道德品格和特点。在中国传统的教育理念中，教师的道德人格是指君子品格，即安贫乐道、清廉守节、无私奉献的品格。然而，当代教师的道德人格更多地体现在他们的专业水平、情感品质和道德情操方面，包括意志品格、职业认同、人生态度、责任感、生活经验等。教师的道德人格魅力体现在审美、情感和感染力方面，是一种受学生欢迎的、持久的、对学生的道德心理建设具有整合作用的品格。

道德教育从本质上来说是一种渗透到学生灵魂的教育，也可以被视为人格、生命和整体生活质量的教育。青少年学生正处于道德感受性最敏感的时期，是社会性依恋和归属情感的奠基时期。重视人格在学生道德教育中的地位和价值，并以道德人格来表征个体道德发展，是一种非常具有感染力的德育方式。一方面，道德人格是教师职业道德素养的一部分，是教师核心价值观的标志。例如，《法言·学行》提到"师者，人之模范也"，这体现了对教师职业道德和精神的期望。另一方面，教师人格是教育活动的媒介或工具，具有工具价值，是德育的一种手段。通常来说，优秀的教师具有温和、善解人意、友好、负责、有秩序、富于创造力和亲切热情等人格特质。教师的人格魅力对青少年学生的道德情感发展和美好心灵的形成具有不可忽视的作用。有感染力的教师不仅有助于学生更好地接受知识，还会潜移默化地影响学生的人格。杰出的教师之所以被人们铭记，是因为他们的美德和人格魅力，而不仅仅是因为他们的教学能力。

从实践的角度来看，优秀的教师都能以其人格之光照亮学生的心灵，影响着学生的人格。无论是苏格拉底、苏霍姆林斯基、乌申斯基，还是孔子、陶行知、鲁迅，他们的人格魅力都深刻地影响着学生，产生着巨大的教育力量。这种人格魅力来自高尚品格和广博知识，正如植物有趋光性和趋水性一样，学生也具有"向师性"的特征。孔子曾说："其身正，不令而行；其身不正，虽令不从。"韩愈曾说："以身立教。"乌申斯基也强调：在教育中，一切都建立在教师的人格之上，因为教育力量只能从活生生的人格中产生，只有人格才能影响人格的塑造和发展，只有性格才能形成性格。

教师在教书、育人、做科研等活动中都扮演着表率的角色，成为学生效仿和学习的榜样。苏霍姆林斯基曾指出："在教育中，一切都基于教师的个性，因为教育力量仅仅来自个性这个活的源泉,任何规章制度和纲领,任何人设置的机构,不管它设想多么巧妙,都不能取代教育事业的个性,没有教育者个人对受教育者的直接影响,就不可能有深入人性的真正教育。"

还有我国著名教育家张伯苓,他在1919年以后,先后创办了南开大学、南开女中、南开中学和南开小学,这些都是近代中国教育的重要组成部分。他非常注重对学生的文明礼貌教育,以身作则。一次,他看到一位同学的手指染成了黄色,就严厉地告诫这个同学:抽烟有害健康,要戒烟。谁知道这位同学有些不高兴,打趣道:那您吸烟就对身体没有害处吗?张伯苓面对学生的指责,歉意地笑了笑,唤工友把他所有的香烟都拿出来,当着众人的面毁掉,还把他用了很多年的烟袋杆给掰断了,真诚地表示:从今往后,我将和同学们一起戒烟。由此可以看出,教师的个性具有培育、引导、感染和促进学生个性发展的功能。

人格之所以有很大的教育影响,在于其直接的示范作用,也就是教师通过自身的人格品质和行为举止,向学生做出表率。教师无小节,处处是楷模。有句话说得好:"学生的心灵,就如长长的胶卷,教师的一言一行、一举一动,都会在上面'感光',留下永久的印迹。"这些都是透过学生的双眼,在其心灵的底片上烙下印记,这种潜移默化的影响,就会慢慢地变成一种"基因",让学生在教师的个性中找到一种可以参照的标准。教师应该向学生展现出真正的人格,如实事求是,表里如一,从而让学生感受到真正的亲和力,从而让学生得到启发,提高道德教育的可信性、吸引力和有效性。因此,加强教师的榜样示范作用,应该是我们追求的理想道德人格的基本方向。

教师的个人魅力渗透到受教育者的心灵深处,久久不散,对受教育者的思想、行为,乃至人生幸福的抉择产生深远的影响。它就像一颗种子,播撒在学生的心中,终有一天,它会在他们的心灵中盛开,绽放出美丽的花朵。一位优秀的老师,既能带来教育和教学的成效,又能教育学生遵守纪律,树立良好的自我形象。在高校思想政治工作中,要充分利用这种影响力,加强学生的思想政治教育工作。一位老师若具备出色的品行和杰出的师德,他就能确立高尚的师风,就将成为同学们崇拜和效仿的楷模。有品德的教师心地善良、公正、正直,对学生抱有很高的期望。学生乐于与有品德的教师亲近。

从这一点可以看出，在教学活动中，人际关系对学生的影响是很大的，教师对学生的尊重和爱护是很容易产生效果的。学生在与教师的互动中，自觉或不自觉地受到榜样的感染和熏陶；一个健全的、高尚的个性所具备的魅力展现出了很强的感染力，能让学生对他崇拜和效仿，并按照他的期望而做出相应的变化，这就是罗杰斯曾经说过的"教师是一本会说话的教科书"。书本上学到的东西往往会被遗忘，而教师的个人魅力却会对学生产生终身的影响。

（二）提升教师道德人格魅力的方法

教师的人格并非天生具有，而是在长期的专业生涯中，经过不断地学习、思索、积累起来的道德体验，经过社会各方面的教育与塑造，以及自身的道德实践，逐步地形成了一种人格。提高教师的人格魅力，除了内在的性格和丰富的情感外，还包括外在的行为举止和外在形象。这一过程不仅依赖于主体的主动作用（自身塑造），还依赖于客观条件（外部塑造）。

1.加强学习，提高自我修养

教师要不断进行终身学习，其中包含教师的专业发展和道德的精神追求。最终的目标是提高自身的素质，树立外在的形象，努力成为一个有品位、有文化的人。在对自身有足够认识的前提下，教师要确立自我发展的目标，并与学校、教师团体合作共荣；扬长避短，发挥自己的长处，积累才干，陶冶情操，不断提高师德水平。很多时候，教师素养的高低就决定了学生的发展水平。只有师生和谐发展，才能促进学生的和谐发展。道德人格的自我塑造，是一种具有较高自觉性的道德建设活动，它要求知行合一，勤于实践，善于自省与反省。教师要通过拓展阅读，参与教改和反思性研究，扩展人际交往，把教师的道德准则内化成自己的教育哲学与德行培养，力求在实现人格工具价值的过程中不断完善自己。教师的个性魅力主要体现在其广博的知识水平和教学水平上。只有用高尚的道德情感来关心和爱护学生，才能激发出他们学习的积极性和动力，得到他们的尊重和喜爱。只有这样，才能让学生对教师有感情上的寄托，从而"亲其师，信其道"。

提升教师的人格修养水平，首先要坚守自己的职业道德底线，如遵守法律、恪守社会公德等；决不干损害教师形象和名誉的事情。目前，在加强对教师的专业学习和能力提升的同时，也要加强对教师的道德教育，让他们感受到教师的职业使命感和责任感，例如在备课时的师德行为、课堂上的师德行为及学业评价中的师德行为。在教师与学生之间的互动中，教师的师德行为也发挥着重要作用。

其次，要站在更高的高度，严格要求自己。教师必须在道德品质和情操上高于一般人，才有资格任教，只有人格高尚才能赢得学生的尊敬。教师要通过自己的终身学习、专业化发展来引导学生的发展，从而实现与学生一起成长的目标。我们不仅要视教学为一种职业，更应视之为一份使命，以之为业。《中庸》提出了"尊德求道"的思想，它涉及个人与学问之间的关系。尊重美德，向内反省，挖掘人的内心本性，从而实现对外界的认识。求学问道，是为了向外求索知识，是为了发展人的内心。学习和生活相辅相成，更重要的是将两者融为一体。

最后，要成为一名有思想的老师，唯有不断的学习。教师与其他职业最大的区别就是，教师必须首先是个思想者，身上要有时代的年轮。教师的智力生活一刻也不能停滞。一位会思考的老师，是一位对教育教学有自己的认识，有自己的见解，有自己的系统的老师。有思想的人都是聪明人。夸美纽斯曾经说过："如果要造就一个人，就必须由教育去完成。只有通过恰当的教育，人才能成为一个人。一个人要经过适当的教育才能成才。"荀子提出"教使之然"的观点，即"学不可以已"，而人必须通过自律才能成为君子。"君子博学而日参省乎己，则知明而行无过矣。"全国模范班主任任小艾表示：教育的成败，与老师本身的品质有着直接的关系，研究学生的成长规律，重视实际的社会发展，以及许多对学生前途有重要影响的因素；老师们对这一点都很有信心。在这些因素中，最重要的就是对学生倾注爱心、关注学生成长的细节、有效地解决问题和预防问题。

2.力戒浮躁，保持健康心态

教师是一种生活，其人格、性情、修养等，不仅构成了社会行为的准则与标杆，也反映了其个性特质。这些特质对教师的道德教育方式、道德艺术和道德品质产生了重要的影响，它们决定了教育的方式和效果。教师的人格特点不仅是道德教育的重要组成部分，也是道德教育的重要工具，它们影响着学生的道德发展和心理建设。学校，作为传道授业育人的主要场所，教师肩负着重要的责任和使命。育人为先，责任重于泰山。在任何情况下，教师都不能将自己的负面情绪带入班级，以免对某些学生产生不良的影响。教师内部的各种矛盾和冲突是导致教师产生心理问题或疾病的主要原因。

只有教师自身的心理素质得到改善，才能帮助学生克服心理障碍。因此，教师的心理健康状态直接关系到其人格的完善程度。人格的完善包括了在特定的社会历史环境下，个体的各个方面都能健康、全面、和谐地发展。这表现为对现实的了解和适应，对美好道德生活的追求，以及具有丰富的情感世界。研究表明，教师的心理问题与挫折容忍度、责任感等个性特征呈负相关，与焦虑程度成正相关。心理问题可能降低教师对挫折的承受能力和责任感，从而增加焦虑症状。一些学者还研究了中国小学教师的自我概念与心理健康之间的关系，发现自我概念愈强，心理健康水平愈高。

教师的心理素质和人格特质直接影响了他们的教育工作。克服情感困扰，保持积极的心态，有助于促进健康个性发展。教师不仅需要拥有专业知识，还需要拥有智慧及亲和力，以吸引学生与他们建立亲近的关系。热情和关爱是激发学生兴趣和学习动力的关键条件。

3.实践磨炼，做到知行统一

教师道德行为是指教师个体内在的道德品质在教育活动中经过外化形成的一种行为活动和习惯，是职业道德水准的具体表现。它是内在价值与外在价值的统一体，也是知行的统一体。教师工作是对"人"的教育，而不是对"物"的改造，即一种用身心去育人的伦理要求，而不是单纯的技能要求。伦理性更是教师专业的"灵魂"。譬如，德育素养是教师专业化发展过程中"人格化"的根本要求。

教师的个性魅力主要体现在教育风格、学术素养和专业态度这三个方面。要提高教师的人格魅力，除了专业知识的学习，还应注重道德实践。道德实践要求教师进行自我反省，不断升华道德智慧。在教学活动中，教师要引导学生分清是非、美丑、善恶，这是教师最基本的社会责任。对学生的尊重与关怀是促进学生快乐成长的重要因素。

一般来说，不能想象他人的内心世界，就无法拥有真正的道德。教师应具有与学生亲近的情感，能够深入了解学生的内心世界，洞悉他们的细微之处，并以坦诚的态度与他们交流。要从尊师爱生、民主平等、心理交融等方面加强学生的自尊和自信，使他们能够积极应对各种变化、挑战和竞争。经历挫折、学会适应并积极面对学习和生活，培养了健全的个性。因此，一位具备人格魅力的老师必须关心和尊重学生，以建立亲密的情感联系。

4.打造文化，引领教师发展

在教师专业化发展过程中，专业精神的培养离不开文化的引导。文化具有"育德"的作用，对教师的思想理念、价值取向、行为模式和职业态度都有一种潜移默化的影响，如公正、友爱、诚信、进取和尊重等。在文化的引导下，教师能够怀抱社会理想，提高道德修养，具备专业能力，而在课堂上发挥作用，这是教师生命之美的真谛。教师的生命意义就是对教师自身的生命存在与行为的合理性的确认，是其获得快乐的源泉，也是实现自身发展的基础。

因此，对生命意义的确证既是教师的工作乐趣，也是教师自身发展的原动力。文化对教师的价值取向和生活态度产生了巨大的影响。在教育教学的实践过程中，教师不仅塑造了自己，还形成了一种专业的文化天地。教师的教学常常是一种文化的传承、选择与创造，其职业发展是"文化世界"与"文化人"相结合的过程，其文化本质是由教师的文化劳动所决定的，也是教师团体文化得以存在、延续和提升的基础。教师队伍中的优秀文化，可以提高学生的道德素质，培养学生的人格魅力，开展有效的教学活动，使学校成为道德学习的共同体，形成学生的精神家园。

教师群体文化是指教师在职业生涯和教学活动中形成和发展的，表现出相互间的关系和相互关联的价值观和行为模式，如语言、态度、信仰、角色、价值观、生活习惯等。学习优秀教师群体文化，促进当代教师的教育信念与人格特质的培育。其中，教育信念是很重要的，"教育信念是一种文化和习惯，是积淀于教师心智结构中的价值观念，它常作为一种无意识的经验假设支配着教师的教育行为"。

群体文化是一种"生态性"的情境，教师专业成长往往要依附这种情境和实践感悟。从孔子到陶行知，在漫长的历史发展过程中，积淀下了丰富的教师文化内涵，而"爱"和"责任"则是这一群体文化的内核与灵魂。教师文化是一种教育情感，它包括热情、仁爱、恭敬、执着等，是一种对学生的热爱。从道德修养的角度看，教师是人类社会中知识的传递者，是人类心灵的工程师，是学生学习的模范。因此，教师必须具备崇高的品质，如公平、善良、正直、热情和关心等。教师对教育事业的认同，并由此产生相应的情感与行为，都会受到职业文化的影响。因此，我们必须重视教师群体文化的情况，全面了解文化对教师专业行为的作用。借助优秀的教师群体文化，推动道德教育的发展。

为了提高教师文化的质量，我们需要不断进行教师文化的创新性研究，以适应现代学生成长的特点。守护本土教师文化的基础在于保护教师文化的生命力，就像保护一棵大树并不是仅仅保护木材，而是保护其生命力一样。教师文化对于教师专业发展至关重要。它不仅植根于我国传统教师文化的积极因素，还借鉴了外域教师文化的合理内核，从而丰富了新时代的教师文化内涵。这有助于促进教师对自身文化的自觉意识和行为。文化自觉是指生活在一定文化圈子中的人对其文化有深刻的认识，包括了对其发展历程和未来的认知。因此，我们需要树立终身学习的理念，不断积累知识，培养情感，将学习、研究和实践三者有机结合，并与其他教师合作，相互补充优势，将自身的特点发挥出来。特别重要的是，要创造一种"情感型"的文化氛围，这将激发教师专业发展的内在动力，使他们成为具有"专业理想""专业情感"和"专业自我"的综合发展的"专业人"。

学校管理者必须以教师的文化生命为依据，尊重和理解教师，打造与学校教育一致的教师文化形象，强化教师的"文化人"角色意识。作为社会中的一员，教师经常扮演着特定社会角色；而在学校中，他们是教育者，教师的行为通常受到这些角色认知的影响和支配。

二、通过课堂教学来提升德育素养

课堂应该被看作是师生共同成长的场所，在这里，教师与学生之间进行互动、对话和交流，从而自然地经历了自我学习的过程。令人兴奋的课堂是有创新性的，而这种创新的根本在于学生。只有坚守"以培养人才为出发点"的理念，我们才能真正创造出富有智慧的有效课堂。

通常来说，教师在课堂教学中的行为可以分为技术行为和道德行为两大类。技术行为侧重于教学活动的操作方式和程序，强调对事物的处理，如多媒体的应用等；而道德行为则关注教学活动对学生的意义和影响，强调人际关系，如教师与学生之间的和谐互动。

（一）课堂中师德行为弱化的困惑

课堂教学活动和师生交往都承载着道德价值，是培养学生品德的关键环节。目前，我国中学课堂中的教师专业道德行为总体上是积极向好的，大多数教师辛勤工作，坚守岗位，默默耕耘，精心培养学生，甚至在困难的条件下，也在讲台上奉献自己的青春。这种职业操守和敬业精神得到了广大学生和家长的认可。然而，专业道德行为弱化的现象依然存在，这可能与育人过程的复杂性和隐蔽性有关。另外，受到多元文化的影响，一些人可能会产生心态上的波动，缺乏道德勇气。也有一小部分教师专业水平不高，育人意识薄弱，没有投入足够的精力在教学中，对待学生不公正，不尊重家长。新任教师虽然有着教育热情，但也容易受情绪影响。此外，一些教师在校外兼职，也在一定程度上影响了正常的学校教学秩序。在应试导向的课堂教学中常常忽视了美德和美好，偏离了教育的真谛。例如，有报道显示：杭州市滨江第一小学一名 10 岁的四年级男生在上课时感到孤独和烦闷，竟然开始挖教室墙壁，最终挖出了一个洞，这不是一个普通的洞，墙很厚，这个洞却穿透了两间教室的墙壁。许多老师对此议论纷纷，既生气又好笑。这个例子表明有些课堂缺乏道德教育。因此，课堂教学应当回归到育人的初衷，重新将德育融入教学中，这是需要我们不断反思和探讨的问题。

师德行为弱化问题的根本原因可追溯到以下方面:

首先,教师在认知上存在一定的偏差。由于育人过程的复杂性和隐蔽性,教师在思想上容易偏向于规避教育责任,更倾向于过分重视教育而忽视培养学生的品德。尽管他们可能了解《中小学教师职业道德规范》,但对职业道德的遵守通常仅仅停留在表面,未能真正理解其深刻内涵,也未能将其内化为自觉行为。此外,市场经济观念对教师的人生观和价值观产生了影响,导致一些人容易陷入金钱至上和物欲主义的思维。

其次,教师可能面临职业疲倦。当前,"低效课堂"的最大问题之一是教师的职业倦怠,表现为缺乏成就感和对从教的激情。他们可能逐渐淡化了"桃李满天下"的期望,不再渴望有所成就,只追求不出错,只是按部就班,没有了积极进取的意愿。教师的职业倦怠主要源自面临学生的升学压力、家长的期望、学校的评估体系以及不断繁忙的专业发展活动。如果课堂失去了生气和活力,只成为传授知识的地方,而不再是精神成长的场所,那就会导致课堂教学中的道德教育被忽视。在某种程度上,课堂教学远离了教育的本质,变成功利主义教育,只注重工具性的知识传递。举例来说,某位语文老师过分注重字句的琐碎细节,将课文分解成无数知识点,缺乏精神内涵和活力,这让学生备感苦恼。

最后,师德考核存在问题。在某种程度上,师德是教师职业操守的象征,源自内心,通常被称为"良心活",是一种精神层面的衡量,无法被量化。然而,为了确保教师遵循师德行为,各地不得不制定一些评估方法,如某地区将师德考核详细列为10项指标,如是否体罚或变相体罚学生,是否接受家长礼物,是否提供有偿家教,是否有教学事故发生,等等。这些方法采用外部评价(由他人评价)的方式,但实际评估结果可能与期望不符,因为外部要求未必能够转化为内在自觉行为。师德考核的虚化和软化导致了教师道德修养的实践问题。此外,由于制度不够完善,没有对教师的育人职责进行刚性要求,没有标准对教师的道德素养进行有效评价,因此一些学校的教师常常忽略与学生建立和谐的师生关系。

（二）课堂教学中教师德育素养的表现

1.以知育人

教师在传授知识的同时，应根据学生的心理和思维特点，积极挖掘教材中的德育元素，有针对性地进行品德教育，以促使学生在学习知识的同时，提升道德品质和心理素养。苏格拉底将劝诫人为善定为教育目标，提出"美德即知识"，强调了获得知识即是修养品德的一部分。这意味着，一部分知识本身就包含了道德方面的教诲，另一部分知识则可以引发人们对道德的认知和实践。教师可以将学生的品德发展融入课堂知识教学中，使知识学习与品德培养相互促进，努力实现知识教育与品德教育的有机结合。

实际上，将德育融入知识学习中，还有助于培养学生的道德智慧，从而帮助他们在现实生活中处理道德困境时具备行动能力。因此，教师应该挖掘教学内容中的道德成分，结合社会生活和学生的品德心理特点，通过课程设计和教学环节的组织，以潜移默化的方式影响学生，使教学过程不仅是传授知识和技能的过程，同时也是实施德育的过程。

苏霍姆林斯基指出："学生对知识产生兴趣的首要来源，在于教师对上课要讲的教材和要分析的事实所持的态度。"这表明学校的教学不应仅仅是将知识从一个头脑传递到另一个头脑，而应该是师生之间心灵的互动。通过教学，教师的任务不仅是帮助学生掌握学科知识和技能，还要让他们在学习过程中获得内心的满足和享受，真正实现知识学习和品德发展的有机融合。教师应引导学生在获取知识和技能的同时，将道德发展纳入教学过程，使学生体验知识学习的意义和实际应用价值，并基于此不断完善自己的品格。举例来说，成都七中育才学校的全国模范教师叶德元认为历史课应该有温度，引导学生参与实践考察和体验，与学生建立紧密联系，让他们学习生动的知识，创造愉快的课堂氛围。

任何知识都是关涉文化、生活、生命的，文学教育并非仅仅是向人们灌输文学知识，也不仅是简单的外部输入。它应当被视作一种内在的启发，让生活中潜藏的文学情感得以显现，让人的心灵得以展开，使个体拥有内在的觉知，对美感和善良之道有触动。比如李白、杜甫、白居易、莎士比亚、雨果、托尔斯泰等文学巨匠，他们之所以广受欢迎，是因为他们传递了人类共有的人生经验。因此，如何将知识传授给学生？这需要我们回归现实生活，使之与生活紧密相连，保持生活中的诗意，让学问在生活中自然生长。如果教育离开了个体的精神素质，仅仅注重实用知识的灌输，那就会将人们引向与自然精神背道而驰的道路。真正的教育应当是让人们在知识面前保持思维的自由，在现实社会的功利之下保持内心的富足。

2.以境育人

情境教育以马克思的"人在能动的活动与环境的互动中实现全面发展"为基础而构建。在情境教育中，"情境"是一种感性体验，它是经过精心设计的非自然环境，旨在激发学生的兴趣、美感和智慧，同时提供了广泛的师生交流空间。

儿童的成长环境是他们的生存空间，每个儿童在独特的环境中成长，这个环境融合了物质和精神、静态和动态元素，对孩子们的成长产生深远的影响，尽管他们可能并不自知。道德教育具有强烈的"情境性"，而"情境化"则是这种道德塑造的结果。

课堂中的道德情境主要包括班级内部布局、学生心理氛围、班级规章制度、人际关系、舆论导向、学习风气等。创造适宜的课堂情境是教师教育理念的核心展示。教师应精心打造有助于学生道德品质培养的教育情景，使学生能在这种情境中进行道德学习。

课堂情境是一种暗示性教育，旨在激发学生的学习热情、启迪智慧。它引导、启发学生进行道德思考，而学生在这种情境中通常会表现出一种类似直觉的行为，从而自然释放出他们的潜能和天赋，影响他们内心最深层的品质。建立和谐的教育关系需要教育者、受教育者和环境之间的协调合作。此外，在道德教育中，教师应主动构建问题情境，鼓励学生在角色扮演和情感体验中积极探索和反思。教师应创造一个民主、宽松的课堂氛围，让怀疑、胆怯、敌对和担忧消失，减轻学生的心理负担，使他们能够在自由的空间中充分发散自己的思维和锻炼自己的意志。

3. 以言育人

言语道德是指教师具备的道德修养，其教育价值在于其语言的魅力表达。要实现这一目标，必须在教学中注重语言的运用，多加赞赏和鼓励学生，而不是使用粗俗的言辞。首先，教师必须努力保持诚实。俗话说："人无信不立，言必信、行必果。"如果教师许下了诺言却没有兑现，学生就会对教师的诚信产生怀疑，从而导致不诚实行为的发生。举个例子，有一项实验将孩子们分为三组：一组没有榜样加强，他们的评价标准是只要比第一次测试时有微小改善，就会得到表扬、鼓励和正面强化。第二组有榜样加强，成年人示范并给予表扬和强化。第三组没有加强，没有给孩子表扬和强化。实验表明，二组道德判断水平的迅速提高是由于成人的榜样发生了有力影响。其次，教师要经常赏识学生，注重语言修养，善用语言艺术，增强育人效果。例如，"南风效应"或"皮格马利翁效应"都说明了赞赏或期待会产生积极的意义；相反，有些教师在课堂教学中常用批评语言，但批评的艺术性不够，影响教育效果。教师不文明的话语会伤害学生自尊心，特别是性格内向生、后进生、学困生。与此同时，教师要学会倾听，给学生一定的话语权。多一份关怀，少一些责备。教师的倾听能准确地了解学生真实的状态和内心需要，从而引导他们积极思考，培养自爱、自信等品质。学生喜欢有幽默感的教师，不喜欢表情呆板、语言寡淡无味的教师。忌用不文明的话语挖苦嘲讽学生。还值得注意的是，有些教师因"恨铁不成钢"而指责学生，这种指责性的"爱心"往往会产生隔阂和消极的情绪。

4. 以情育人

我们国家的教育存在一种倾向，过于强调智力培养，而忽略了情商和德商的培养。情商（EQ）是一种涉及沟通和协作的能力。情商教育是培养学生综合素质的重要途径。在这一过程中，教师需要树立积极的团队精神，培养学生的情商。在教学中，教师应充分利用情感对学生行为的调控作用，使课堂教学变成一种激发学生内心愉悦的活动。情感能触动学生的精神世界，使师生关系更加紧密。

美国教育家内尔·诺丁斯提出"关怀道德教育理论"，将学生的情感与情感体验放在了首要位置。他认为关怀是人类最根本的需求，应当被理解、接纳、尊重和认同。师生主体之间的关怀是幸福的源泉，应该让学生充分体验"道德关怀"。教师的情感主要表现在对生命和社会的认知及对责任感的理解。通过师生之间的情感互动，学生能够领会"关怀"的意义，从而实现以情育性、以情育人的目标。

朱自清在《春晖》半月刊上发表了《教育的信仰》一文。文章指出，无论是办学校的、担任校长的，还是担任教师的，都应该把教育视为最终目标，而不是将其仅仅视作手段。如果教育被看作纯粹的手段，那么其唯一目的可能就是追求名誉和利益。这种取向对学生健康成长是有害的，它是一种"两害相权取其轻"的做法。朱自清认为教育的目标应该是"改进人的志向"，如果学校过于侧重"重学习轻做人"，那就会变成一个单纯的"学店"，而教育也会变成"缺陷的教育"，类似于跛腿的人无法走很远路一样。因此，在传授知识的同时，我们也应该注重学生的精神生活，为师生之间的情感交流创造更多机会。

5.以行育人

教师的行为举止常常成为学生模仿的对象，对学生产生深远影响。在课堂上，教师的专业道德行为对学生的教育影响尤为显著。教师应当以自己的操守来规范行为，因为如同《荀子·修身》中所言："礼者、所以正身也，师者、所以正礼也""故学也者，礼法也。夫师、以身为正仪，而贵自安者也"。俗语说："喊破嗓子不如做出样子。"举例而言，在《资治通鉴》中，有一个典故：辽国宰相张俭，为了纠正那时人们崇尚奢靡的风气，他一件衣服穿了整整30年，以节俭的生活方式、朴素的饮食习惯倡导反对奢侈。他通过实际行动来劝诫不良的奢靡习惯。《元史》称赞张俭："服袍不易，志敦薄俗，功著两朝，世称贤相。"

伦敦威斯敏斯特教堂里有这样一段话：年轻时，人们充满雄心壮志，充满憧憬，希望改变世界。随着年龄增长，人们逐渐变得成熟，认识到改变世界并非易事。于是，视野缩小，决定只改变自己的国家，但也面临巨大挑战。到了晚年，最后的努力只是试图改变自己的家人，却遇到了阻力。最终，随着年老体衰，人们忽然明白：如果最初从改变自己开始，然后以此为楷模来影响家人，或许可以在他们的激励下为国家作出贡献，甚至最终改变整个世界。这个例子强调了改变他人和社会必须从自我和小事做起。因此,教师有责任以身作则,以行育人,成为学生的楷模。

(三)在课堂中提升教师德育素养的策略

教师的德育素养与日常教学行为是密切关联的,也就是说,教师的德育智慧和德育能力是在课堂中展开的,是与教学水平的提高共生共融、相携并进的。教师只有在具体的教学情境中、在与学生的交往中、在与同事的互助中,才能滋养诸如关怀、合作、尊重、秩序、敬畏、自信、责任、公正、宽容等道德品质及其育德能力。

1. 增强学科中的德育资源意识

根据新的教育理念,教师需要关注学生知识和技能的掌握,同时注重培养学生的道德情感体验和行为养成。在教学过程中,教师应重视学生的爱国主义、社会责任感、民主法治等道德教育,以及人生观和价值观等方面的培养。要以学生为中心,以教师为主导,以课堂为切入点,培养学生的伦理、道德行为。从根本上来说,教育是一种伦理行为。如班华所说的"让教学成为一种道德事业"和叶澜所说的"重建课堂教学价值观、让课堂焕发生命活力"。然而,目前一些学校的德育状况受到了应试导向教学、知识导向课堂和分数导向评价的影响,知识传授与德育分离,一些教师对包含在学科中的德育资源了解不足,无法有效地运用知识的力量来塑造学生的精神世界。

因此,教师应该通过富有创意的教学设计和新颖的方法,激发学生的想象力、理解能力和表达能力,实现认知与情感的协调。在现实生活中,学生常常存在"知而不行""知行分离"的问题。此外,在价值观和行为准则方面,如何使学生理解、愿意遵守这些准则,需要教师提高自己的道德修养。教师不仅是知识的传播者,更是道德的引导者、心理的导师和交流的艺术家。在主题课程中,对德育资源的挖掘和利用需要专业的教师以更好的方式进行。具体来说,对于具有明确逻辑性的科目,如数学、物理和化学,教师应该培养学生实事求是的科学精神。对于那些具有较强逻辑性的科目,如语文、历史和音乐,教师需要培养学生的人文素质,以实现科学精神与人文素养的辩证统一。艺术课程要体现艺中有德、艺中有人、艺中有文。此外，由于教师的专业成长是建立在知识基础上的，因此必须持续阅读、学习和反思。

2.塑造课堂德育生态的情境

在教学过程中，教师需要充分发挥学生的主体性，满足他们的需求和情感。在教学中，要积极激发学生的兴趣，注重培养他们的思考能力、合作精神、探究能力、科学精神和创造力等。从一次课改到另一次课改，教育要创造出充满生命、生活和游戏的课堂，充满交往、对话和欢乐的课堂，充满思维、学习、积极参与、实际体验、潜能发掘和发现的课堂。教师在教学过程中展现出的热情、广博的知识和高超的教育技能，都会对学生产生一种无形的影响，从而在师生关系中建立起一种理性和情感的融合，激发他们对科学的浓厚兴趣。在这种情感交流中，学生的潜力和创新能力得到了充分发挥，促进了他们在学习中的持续发展。

教师应从每个教学环节入手，注重细节，将课堂教学变成一种塑造学生个性的活动，实施"无痕"育人，以"原生态"的课堂德育生活为特点，避免过多的表演。因此，我们必须立足于正常情境，注重课堂教学。首先，教师不仅要教好课本，还要教好学生。教师不是一台教学机器，而是一个有血有肉、具有个性特点的道德主体。在课堂上，教师的道德素养主要是指教师在教学过程中所具备的道德知识、智力和能力。其次，要创造一个有利于学生在情感、态度和社交方面发展的德育环境，为学生创造一个有益的德育环境。第三，德育情境应具备审美特质，使道德学习得以在审美中实现，同时培养学生在审美中做出价值选择和付诸实践的能力。在课堂上，教师应运用视觉化方法，增强德育教材的吸引力和可接受性。在这一过程中，教师需要充分发挥自身的道德修养，采用各种策略，实施德育策略，使课堂教育真正散发出道德的光辉。

3.培养教师专业精神

人无精神则不立，国无精神则不强。毛泽东有句名言："人总是要有一点精神的。"因为一旦人有了灵魂，就有了目标，不会轻易受到世俗的干扰，也不会失去生活的方向。灵魂是生命的支撑，拥有灵魂的人就像有了"脊梁骨"，能够在面对各种诱惑时进行自我约束和自我反省。相反，如果失去了灵魂，本性就会被扭曲和异化。因此，教师的职业精神即为"师之魂"。职业精神概念是基于传统的"职业精神"而提出的。专业要求奉献精神，没有奉献精神，就会失去工作。职业要求专业，有了职业，就有了幸福。而志业则注重终身致力于某种事业，不断培养自己的成就感、满足感和实现感，这才能让"敬业"变成一种内在的、自觉的需求。

德育素养与专业精神的培养包括职业精神的培养和志业精神的培育。教师要持续提高自己的职业幸福感和成就感，必须以充满热情和激情完成自己的教育目标和教学工作。有了心灵的追求，教师才能热爱自己的职业，全身心地投入到教育事业中。

在教学过程中，教师应提高爱岗敬业的热情，培养热爱学生的情感，积极面对教育事业。教师必须用发展的眼光看待学生，用渊博的知识推动他们的全面发展，使每个学生的笑容更加灿烂，内心更加快乐。专业精神指的是教师应具备的一种职业观念和心态，包括合作精神、敬业精神、良好的心理素质等。职业精神要求教师全身投入到教育事业中，对工作充满激情，热爱生活，保持积极态度，以发展的视角看待学生。

例如，北京有位老军医名叫华益慰，在使用听诊器为病人诊疗时，总是会用手将它捂热，再用来接触患者。这种行为体现了他的专业精神。教育和医疗同样是社会良心的"底线"，教师选择了这一高尚的职业，应将其视为一项事业，而不仅仅是一份工作。教师职业伦理需要在道德理想与基本需求之间寻求平衡，既要有基本的道德需求，又要对违规行为采取惩罚措施。此外，树立高尚的道德理想需要一种积极追求更高层次生活的精神和需要。具有道德感召力的教师必然是具有人性关怀和人文精神的教师。

4. 体验职业幸福感

职业幸福感是在职业活动中发自内心的感受。亚里士多德在《尼各马可伦理学》中说："幸福就是一种合乎德性的灵魂的现实活动，其他一切或者是它的必然附属品，或者是为它本性所有的手段和运用。"幸福感源于对教师职业的人生信念和教育信念，教育信念是教师对学校教育的使命、愿景和核心价值的认识和坚持。教师是精神乐园的守望者，课堂是教师辛勤劳作的乐园，也是收获幸福的乐园，教师在自己的乐园里投入多，播种的希望多，收获的果实也会很多。所以，教师在为每个学生设计美好未来的同时，也努力树立自己的光辉形象，为自己创设丰富多彩的人生。

只有当一名教师的身心达到和谐的境界，才能领悟到自己事业的成功和快乐，才会产生一种专业的归属感，拥有一种幸福的心态。快乐的老师是值得尊重的。事实上，当老师走进教室，接近学生时，看到的是灿烂的笑容，倾听到的是热情的呼声，教师以自己的创新工作为学生创造了成功；同时，他们也在实践自己的生命价值，体验着"教学相长"的喜悦。可以说，现在是教师生涯中最好的时光，也是最具挑战的时期。教师需要调整自己的心态，积极地寻求他人的帮助，用快乐的心态从事教育工作，力求做到安心从教、热心从教、舒心从教、静心从教。然而，由于教师常常处在同质性的群体中，容易出现工作疲惫、精神疲乏、热情不持久，因此情绪可能会受到影响。

5.创新教师管理制度

教师德育素养的提升，需要相应的管理体制和有效的评估。随着信息化时代的到来，教师在传统社会中的知识权威地位发生了变化。通常情况下，教师的职业认同和责任感依赖于他们在教育活动中承担的责任和被赋予的信任程度，而教师则将以高度的专业化和职业伦理来履行这一责任。需要努力减轻教师不必要的工作负担，减轻他们的心理压力，以便教师可以静下心来，专心从事教育工作，提供更好的教育。必须创新教师管理体制，以道德来培养人，推动教师专业化发展。制度美德是指"制度中包含的道德价值品质"，它通过特定的道德需求或价值规范影响教师的行为，使其表现出与制度相协调的道德品质。

教师道德规范包括应然与实然两个层面。在应然层面，教师道德规范应将人的主体价值视为最高价值，而不是贬低人的主体价值。从实然层面看，教师道德规范的首要目标是实现公平。人类在制度、规则和风俗中工作和生活，管理制度对个体的影响是一种天然必然性。通常，教师的管理制度包括学习制度、考勤制度、课堂管理制度、年度考核制度等。在当前的课堂教学评估中，应将道德规范与教师的道德修养结合起来。需要激发教师的道德教育责任感，不仅要注重教学的各个环节，还要注重教师个人的德育素养和人格魅力。

教师的师德行为和育德能力既可以作为一种外在的评价标准，也可以通过提倡或制定禁令来进行衡量。然而，作为一种内在的评估内容，它更多的是一种心理上的考虑，通常难以定量化，而在外部规范无法覆盖的情况下，教师的行为可能会失控，导致产生不道德的行为。因此，教师道德素养需要提高，而不是仅仅依赖某种道德规则的命令来制止不道德的行为。为了激发教师的工作积极性和创造性，需要完善对教师的评估体系，这要以有效的评估为保障。有效的评估的目标应该是提高教师的自主性，强化他们的道德责任感和使命感，建立从外部规范到内在价值观的价值评估机制。这不仅仅是对外部规范功能的认可，更重要的是对内在价值的重视。它不仅依赖于个体的主观努力，还取决于外部的道德制度和环境。可以采用年度评估和日常评估相结合、定性和定量相结合、自我评估和他评估相结合的评估体系，鼓励教师秉持"爱干就是德，善干就是能，多干就是勤"的理念。实现道德教育的专业化需要将道德素质与个人发展、实践活动和管理制度等紧密联系起来。例如，将学生的道德发展情况纳入教师的评估体系，将道德修养纳入教师的专业发展评估中，力求在课堂中营造出浸润着道德教育氛围的环境。这在实际应用中已经取得了一些成果。

6.加强课堂教学行为的反思

现代课堂的价值导向不应仅仅局限于传授教材中的知识，而应重视差异、尊重生命，扩大学科教育的价值范畴。通过对教师的课堂教学行为进行反思，可以培养道德修养和道德智慧。朱小蔓认为，教师反思过程实际上是在整个教育过程中，教师需要充当引导者、评论员、教育者和被教育者等多重角色。因此，反思实质上就是认知和实践的对话，是教育过程中不同要素的交流，同时也是理想和现实自我之间的互动。这种反思是一种创造性的表现。

著名心理学家波斯纳提出了一条教师成长的方程式：成长＝经验＋反思。也就是通过对教育实践的反思和对经验的总结来提高自我，从而实现专业发展。在教师专业发展的视角下，重视行为反思有助于提高教师的职业自律性。行为反思应该以教师的教育教学活动为基础，特别是以教师自身的教育教学行为为依托。例如，在教学活动中的道德体验、对德育意义的叙述、反思、体验和理解等。行为反思是指教师通过合作、理解、共情等多种方式解决教育教学问题的能力。教师的行为反思是一种积极而谨慎的认知处理过程。反思是一种将成功和失败都看作学习机会的行为，通过这种思考来提高自身的教育智慧。它是一种催化剂，是使教师实现卓越和出色的力量。

斯巴克斯·兰格提出反思包含三种内容成分：①认知成分，即教师对教育过程中的信息进行处理，并作出决策。②批判成分，主要包括情感、信仰、价值观、道德因素，它深刻地影响教师对情境的理解、对问题的关注及解决问题的方式等。③教师的陈述，主要指教师自己的声音，包括教师所提出的问题，教师在日常工作中的写作、交谈及他们对课堂教学所作出的解释等，这种对实际情境的解释可以使教师更清醒地看到自己的教学决策过程。笔者认为，教师教学反思应该是多视角、多维度的，教师不只是完成专家或行政部门所交任务的技术执行者，而且应该作为一个自觉的反思者。教师应对自己的教学持开放的态度，时时刻刻在"为什么？是什么？怎么会？何时会？何地会？"的自我追问中改善自己的教学取向。

总的来说，教师的道德修养首先是通过"他律"的形式来实现的，也就是对教师职业道德规范的遵守只是表面的，还没有真正地变成一种品质，而要做到这一点，就必须要有一个外部的规约，比如，考核和奖惩制度。其次是"自律"阶段，这是一种来自内心的要求，体现了个人的道德需求，是教师真正遵循道德准则的动力。自律是指教师在道德活动中有意识地作出的理性判断、理性选择、主动实践的过程。在实际中，行业规范对教师的行为具有规约性，但是这种规约性与教师对职业幸福的认识不一致。这就导致了教师职业道德的缺失，影响了教师的专业发展。所以，教师的道德修养要从外部的规范转变为内部的要求。

第二节　新媒体时代教师德育素养的实践与评价

一、通过师生交往来提升德育素养

（一）师生交往的特征

教师与学生之间的交往是一项重要的道德教育活动。教育效能的发生是在活生生的人际关系中进行的。师生关系原则的真正生命力是通过教师在与学生交往和沟通中体现的。在教师与学生的关系中，教师的一言一行，教师的思想、态度和对人际关系的理念对学生都有深刻的影响。换句话说，教师只有在与学生进行人际沟通时，才能检验自身对师生关系原则是否真正理解，真正贯彻执行了。师生关系原则的生命力是在师生沟通中具体体现出来的。交往行为理论代表物哈贝马斯认为，交际行为必须具备四个要件，即：语言表述的可理解性、言语表现的客观世界的真实性、社会规范的可信性、语言的诚实性。他指出：只有当所有的参与人都相信，他们之间的相互证明是有效的，交流活动才能顺利进行，而不被打断。互益互利应该成为指导教学对象之间交往与沟通的主要方式与内容。教师与学生之间的互动，强调民主、平等、信任和理解。

1.平等对话

师生间的和谐交流是一种平等对话、相互了解、相互认同、高效交流的过程。在这个过程中，教师必须尊重学生的思想和情感，与学生接近，了解学生，成为学生的知己和朋友。唯有如此，教师的德育影响力才能走进学生的内心世界，发挥其德育效应。在教学过程中，教师与学生之间既要互相尊重，又要互相了解。叶圣陶先生认为，教师和学生在经验和知识上，彼此虽然有广博与深浅的差别，但在精神上却是亲密体贴的朋友。

德国哲学家施莱尔马赫认为，理解是理解者对他人的心理、精神进行再体验的一个复制与重建的过程。所以，要全面而充分地把握自己或他人的精神、意义和价值，就必须调动自己所有的精神因素。其实，了解的先决条件就是一种关爱的关系。关爱关系的构建，包括对彼此的全面接纳、深刻的反思和谨慎的评价。

在当今数字信息社会中，教师已不再是简单地传授自己或某种权威的观点给学生。教师现在面临的挑战是要回应学生不断提出的问题，而这是在他们追求真相的过程中发生的。只有建立在尊重和理解基础上的平等对话，教师和学生才能一同探索和成长。然而，在传统的教育理念下，教师和学生之间的地位有时仍然存在不平等。不民主的教育方式和教学方法，如知识灌输和话语控制，导致了师生之间的冲突和矛盾，进而使一些学生产生冷漠、孤独、嫉妒、自卑等负面情绪。

因此，教师需要跟上时代的步伐，采用学生喜欢的方式来接近他们并了解他们的心理状态。目前，大多数大学生喜欢使用 QQ、微信等方式表达自己的情感。教师可以通过与同学们进行日常交流，开设网页或邮箱，提供在线咨询服务，了解他们的想法，解答同学们关心的问题，以实现"网上育人"的目标。例如，有一位老师在上课时发现一个学生经常逃课，但她躲避老师的谈话。然后，这位老师在班级群里查看了学生的空间，看到她分享的明星图片，从而了解她的兴趣爱好。老师就尝试与学生进行交谈，以明星的奋斗故事来激励她追求自己的精神目标，取得了不错的效果。

苏霍姆林斯基说过："如果你只限于从讲台上看见学生，如果只是由于你叫他来，他才走近你，如果他跟你的交谈只是回答你的提问，那么，任何心理学知识都帮不了你的忙。应当像朋友和志同道合者那样会见孩子，应当跟他同享胜利的喜悦，共担失败的忧伤。"因此，教师最好每周参加一次学生班会和社团活动，每学期与这个班的学生进行深入交谈，这样才能帮助学生培养独立的人格和自由的表达能力。从"师生关系"的观念向"师生机体"的观念转变，正是要回归到师生共同发展和相互依存的本质。

"师生机体"这一观念的提出具有两个主要方面的含义。首先，它强调了师生两者在教育领域中的互动和合作，将他们看作一个不可分割的整体。这一观念打破了主客分明的传统观念，将存在论、认识论和价值论融合在一起，它不仅描述了师生的真实状态，还体现了教师和学生的本质含义。这就形成了"以生为本"和"以师为本"的内在统一。因此，教育从业者应该关注教师和学生的多样化需求和特征，通过人类学研究、个性和智力类型研究、对话研究及质性研究等方法，以学生或教师为主要研究对象，促进师生之间的相互理解和互动，从而显著提高教学的质量。其次，这一概念解决了因师生关系不明确而导致的教学实践中的困惑。在"师生机体"中，教师的教学意图必须与学生的个人发展需求相一致，师生之间的行为表现出高度的默契和自由度。教师和学生的位置和角色取决于具体任务和情境。在这个过程中，教师的教育方法和学生的创新潜力得到最大程度的展示，这两者真正实现了"共生"。

2.主动参与

道德产生的前提是人们在应对各种社会关系时建立的联系，这表现为对人际关系的敏感性和独立性。在这一过程中，教师与学生之间的交流是一种相互影响和相互渗透的过程。学生是有着特定知识经验、丰富情感世界、个性差异和多元利益需求的生命主体。他们的主体性主要表现在注重自我建设和人格完善，并致力于成为个体和社会道德生活的主人。在教学过程中，教师的主体性在决策和设计教育活动时发挥主导作用。教师是教育活动的决策者和策划者，他们的使命是为学生提供一个更好的"发展场"，他们的热情、公平和正直等品质直接影响了学生的心智，是学生道德品质的最直接影响因素。尽管青少年学生已经具备自主判断和选择的能力，但他们的社会发展仍需要教师的引导。因此，作为教师，除了传授知识外，还要成为道德引导者，积极、充满希望地教育学生树立正确的世界观、人生观和价值观，为他们指引人生方向。然而，需要注意的是，由于日常的教学和科研工作繁忙，师生之间缺乏必要的交流机会。因此，学生在学习上通常无法得到教师足够的帮助。

3.互动共进

相对于传统教学，现代教育的变革在于能够自觉地将教学中的矛盾从简单的对立转化为相互依赖的互惠关系。教师与学生之间的互动是一种道德实践，是在相互交融和感悟的过程中培养品德的过程。师生互动对当代学生的求知需求、生活方式和职业方向提出更高的要求；从各个方面，挖掘学生的优点、发现他们在成长过程中的不足和困惑，从而找到正确的教育切入点。

教师的工作是一门协作的艺术，学生的发展是教师和学生共同努力的结果。如果教师干预过多，不仅无法帮助学生发展，还可能妨碍他们的发展，导致教师疲惫，学生困惑，这种情况对双方都不利，可以说是"两败俱伤"。教师的任务是激发每个学生内在的潜力，让他们发现内心深处的特殊使命和潜在任务。如果只注重应试知识和问题解决能力，而忽视了品德、精神和体质的发展，这显然是一种不全面的教育。

　　教育者既是教育者，又是学习者。教师应适应时代变化和学生的发展需求，主动调整自己的知识结构和能力，与学生一同成长；尽量减少沟通障碍，消除代沟。只有这样，教师才能获得学生的尊重，提高自己的责任感和成就感，实现师生之间的互利共生。在一群充满活力、个性各异的学生面前，与他们分享交流成果和喜悦，能够获得生命的力量，将生活的真谛融入自己的生活。师生之间的相互鼓励也将为终身学习和成长提供强大的动力，创造出崭新的自我。交流方式、内容和深度取决于不同的交流需求。人人都渴望被赏识，同时也具有欣赏的需求。实际上，欣赏和被欣赏是一种相互影响的动力源，欣赏者必须具备善良的心灵、仁慈的情感和对美好事物的欣赏之心，而被欣赏者也会随之产生自尊心、进取精神和上进心。

4.影响久远

　　师生关系是一种纯洁、真诚、持久的关系。这种关系营造了温馨的校园氛围，滋润着学生的身心，同时也为每位教师带来温暖。教育是人与人之间最微妙的心灵交流，而教师在这种相互接触中所展现的个性魅力无疑对学生的心理健康和个性塑造产生深远的影响。师生交流不仅满足了学生对教师的心理需求，还促进了学生的人格成长，特别是在与受欢迎、仰慕的教师或受到高期望的教师互动时，其作用更为显著。当教师的工作成果通过学生的持续发展而显现时，教师的专业能力、价值观念、敬业精神，尤其是独立人格力量，都会对学生产生深刻的影响，对他们的道德品质产生长远的影响。

　　这种师生关系对学生的心理健康产生深远的影响，影响着他们当前的思想、行为，以及左右他们未来的就业和自我发展方向。所谓的"善教者"就是能传递自己的志向和情感。正如鲁迅在《关于太炎先生二三事》中所言："先生的音容笑貌还在眼前，而所讲的《说文解字》，却一句也不记得了。"实际上，对于许多学生来说，毕业后他们会永远珍视的并不仅仅是特定的课堂知识，而是老师的声音、容貌、笑容，是教室内外的欢声笑语，是师生之间真诚的心灵对话。教育的影响力并不是一蹴而就的，就像俗语所说，"禁微则易，救末者难"。因此，教师应当懂得创造"教室内外的欢声笑语"，以建立真挚的师生对话，使这份师爱或师情在学生毕业后留下永恒的美好回忆。

（二）师生交往的内容

1.知识层面的交往

现在的学生都非常活跃，拥有强烈的好奇心，能够独立思考、学习和研究。在与老师的知识交流中，他们能够持续获得精神上的鼓舞和学习的动力，同时能够理解和吸收老师的思维方式和主题知识。教师深谙知识，拥有专业技能，能够站在学科的前沿，引导学生探索科学的未知领域，激发他们对社会生活中热门话题的兴趣。他们以问题为导向，培养学生的创新思维和实践能力。如苏霍姆林斯基所言："当一个孩子跨进学校大门成为你的学生时，他无限信任你，你的每句话对他来说都是神圣的真理。在他看来，你就是智慧、理智和道德的典范。"在教学过程中，教师不仅传授人类积累的文化知识和科学技术成就，还引导学生正确理解这些知识。其中，教师的学识魅力在道德教育中闪耀，其他道德教育方式难以替代。特别是存在一些问题，如文化底蕴不足、挑战意识不足、积极心理素质不足等，教师应自觉地对学生进行社会主义核心价值观教育，引导他们进行阅读，提高他们的道德素养。

2.情感层面的交往

教师和学生之间不仅仅是知识传授的关系，他们都是有灵魂的生命。在教学过程中，他们需要不断地进行情感交流，以建立相互的了解和信任。通过这种交流，学生的身体和心理素质都得到了提高。德国哲学家狄尔泰曾经说过："自然需要解释，而人需要理解。"人类都有情感，道德行为通常始于情感，也由情感来调控。

和谐的师生关系是充满人性的，也是最能让青年学生感到归属感和安全感的。正如马斯洛所言:"在通常的人际关系中,在一定程度上我们是彼此难以理解的,在爱的关系中,我们变得可以理解。"雅斯贝尔斯在论及"爱"的意义时,也曾指出:"爱是对人不自由的束缚的解脱。爱与交流的行为是人的天性中的重要一维。"北京师范大学资深教授林崇德的教书育人的理念是:严在当严处,爱在细微中。

在"严慈兼施"中,教师将自己的情感倾注在学生身上。同样,学生在与教师的交流中表达自己的思想,与教师进行沟通,获得对方的理解和积极回应,以满足他们的情感需求,同时培养了他们的情感。教师与学生之间的情感交流能够引发心灵的冲突,这种冲突是直接而无须掩饰的,是真诚的情感表达;它不仅有助于智力发展,还有助于陶冶情操。只有在情感信息的交流和适当情感反应的关系中,人们才能感到联系、依赖和安全感。情感反应的敏感性、同情心和同理心等,都是品德素质形成的重要情感因素。

没有人与人之间的依赖和安全感,没有人与人之间的美好情感,没有爱和被爱的感觉,道德的种子就无法觉醒和生长。尊重教师、关爱学生是教师与学生和谐相处的重要前提,需要建立融洽的情感氛围,同时明确双方在交往中的角色和位置。教师和学生之间的交流应该保持纯粹和美好,避免功利和不良思想的干扰。师生情感是师生生命中最宝贵的财富之一,其中蕴含的精神力量是师生共同感受的。

可以说,师生交往呈现出一种智慧、意境和能力,强调的是一种权利、角色和责任,是一种自主、平等、真诚、有效的对话。职业道德情感是一种具有理性价值评估的情感体验,它在教育领域发挥着至关重要的作用。教师的良心在职业伦理的发展中具有决定性的影响。良心主要表现在以下几个方面:在教育活动中,自觉地认识到道德责任,认可履行教育责任的道德责任感,并对自己的行为进行道德判断、调整和评价。有人认为,"良心"是教师的"守护神",其内在蕴含着最基本的教育伦理精神;它能够将外部的社会道德准则自觉地转变为主体内在的道德法则。教育良心是主体通过对外界道德必然性的充分把握,从而获得的一种行动自由,是主体道德意志与道德信仰的深刻积累。尽管社会对教师的期望和要求越来越高,但现今的教师承受着越来越大的教育压力,这导致了一些心理障碍和心理疾病的出现。然而,我们仍然不能忽视对教师进行道德情感教育的培养。只有心灵充实的教师才能培养出心灵充实的学生。可见，一些教师存在职业伦理情感缺失的情况，主要表现为体罚或变相体罚，不能公平对待学生；对优等生偏袒，对犯有相同错误的同学则倾向轻判，甚至不处罚；这导致部分学生出现不良情感和极端行为等问题。因此，教师的职业情感不仅要高于职业技能，还需要注重与学生之间的情感沟通，在课堂中进行价值教育，建立和谐的师生关系，用积极的态度和情感来影响和教育学生。

3.能力层面的交往

教师与学生之间的能力互动，是涉及教师和学生在交流中探索潜力、发挥能力的过程。教师自身的能力可以促进学生的能力发展，这意味着通过教师的能力，学生的能力也可以得到提升。有人认为，现今的教师面临着"三高"的学生，即身高、智商和情商都相对较高。学生不仅需要取得优异的成绩，还需要具备出色的品德。特别是对于一些性格较为孤僻的学生，可能由于家庭状况，如父母离异或家庭纠纷等，而变得以自我为中心。这类学生常常被认为难以管理、难以教育、难以改变。解决这些人际关系中的问题需要教师不断提高自身的道德修养，与家长合作，共同育人。教师的能力应该包括对学生的观察、言语运用、管理技能、自我管理、独立思考、组织协调等方面的能力。通过与教师的交流，学生能够感知到教师具备的这些能力，从而培养出正确理解和评价自我的能力，尤其是学会如何应对和解决现实生活中的道德难题。这种道德判断、选择和实践的能力是需要与教师共同探讨的，通过交往和社会服务实践来培养、磨炼和发展，逐渐形成一门道德"技艺"。通过与学生的互动，教师可以挖掘自身的特殊才能，进而提升自己的能力，获得前进的动力。

4.道德层面的交往

为了促使学生健康、生动、活泼地成长，建立和谐的师生关系至关重要。教师与学生之间的道德互动是一种直接影响人心灵世界的交流方式，是一种赋予人生意义和价值的道德生活交流方式。这种道德层面的互动比知识和能力层面的互动更为重要。德育工作不能仅仅依赖普通的说教，而必须具备某种道德实践的推动。也就是说，道德教育不仅要解决"知道与否"的问题，还要解决"能否做到"的问题。

道德教育不仅是获取知识（学习）的过程，更重要的是将自己的行为付诸实践，就像是接过一杯水后说声"谢谢"一样（自觉行为）。人类的道德学习可分为自发性的道德学习和自主性的道德学习。因为教师拥有展示、解释和应用社会道德经验的能力，能够激发学生的道德需求，调节和满足这些需求，所以学生依附于教师的师生情感能够让他们感受到生活中的真善美，获得正面的情感体验，然后将这些情感体验转化为自身的道德品质。

教师的声望越高，对学生的影响也就越大，正如谚语所说，"亲其师，信其道"。学生也愿意与有高道德品质的教师进行交流。因此，在某种程度上，学校道德教育的成败取决于教师的道德修养以及与学生之间的互动。在学校活动和学习生活中，教师（尤其是班主任）需要与学生建立密切联系，为他们在成长成才的道路上提供有针对性的引导，这对于学生的品德发展非常有益。师生互动是学生思想品德教育的重要组成部分，对学生的思想品德形成产生直接而深远的影响。著名心理学家罗杰斯认为人际关系不仅是一种沟通方式，还是一种情感、梦想、希望和内在感觉。每个人都被看作是一个"历史性的互相依赖的生命共同体"，他们的道德发展取决于个体"我"与他人以及社会之间关系的正确理解。因此，师生互动不仅是实践性德育，还是对个体道德发展起着重要作用的德育资源。

总的来说，师生交往是知识、情感、能力、道德层面交往的融合统整。在师生互动中，教师不仅关注知识传授和能力提升，还强调学生情感体验和道德成长，成为他们生活中的"贵人"。在学校环境中，教师与学生之间的交流方式多种多样，包括校园活动、课堂教学和咨询服务等，如电子邮件、网络平台、手机短信、在线聊天等。这种互动不仅限于个人与个人之间，还包括个人与群体之间的互动。在学校管理和服务中，教师与学生之间的互动还包括学校行政领导和后勤人员之间的互动。无论采用何种交流方式，无论在哪个层次的交流中，都需要教师和学生全身心地投入，因为他们都是独立的个体，互相交往和相互了解，从中汲取经验和智慧。

二、通过师德评价来提升德育素养

自教学产生以来,各种直接或间接的教师评价方式层出不穷。早在两千五百年前,孔子就以丰富的生活实例,运用形象思维的方法,启发并培养学生对知识的浓厚兴趣,形成了一种自觉的、积极的学习态度。他的学生颜回曾评价说:"夫子循循然善诱人,博我以文,约我以礼,欲罢不能。"到了19世纪晚期和20世纪初,"教师评价"这一概念首次被提出,并被视为一项重要的教育内容。

(一)教师职业道德评价的意义与类型

教师职业道德评价是指教师自己、他人或社会,在一定的道德意识支配下,依据教师职业道德规范和教师专业发展标准,通过社会舆论和内心活动等形式对教师职业行为和道德品质所做的判断活动。教师职业道德评价标准反映了我国当前社会和职业需要,并具体指明了行为界限。凡是符合教师职业道德规范的行为和品质就是善的,获得肯定性评价;反之则是恶的,得到否定性评价。它可分为内质性评价和外显性评价,具有相对性、稳定性、主观性等特征。其中,主观性特征是指道德评价受评价主体的经验、兴趣、价值观等因素影响,反映评价者的主观意愿和需要。

1.开展教师职业道德评价的意义

教师职业道德评价是教育师德建设的一个要素。师德不仅反映了教师个人的道德水平,还指示了教师从事该职业的基本要求,是教师专业发展的基础和"灵魂"。师德在教育教学和专业发展中具有重要地位,也是教师职业资格认定的必要条件。教师职业道德评价有助于维护师德准则的规范,促使教师将道德意识转化为实际行动,实现自我监督和完善。通过教师职业道德评价,可以培养教师的职业道德意识、行为和品质,不断提升教师的道德水准和精神素养。目前的教师职业道德评价更加侧重专业道德评价,这符合教师专业发展的实际需求,包括职业认同感、专业态度、责任感、合作精神、专业情感、公平诚实以及健康心态等。通过从师德中汲取教育的动力,以道德引导能力、以能力体现道德，能够更好地推动教师的专业成长。

教师职业道德评价对于教师聘用至关重要，具备多项功能，包括目标导向、专业发展、激励监督和问题诊断等。为了强化师德体系，各地教育部门建立了师德档案，要求在评选特级教师、学科带头人、职称晋升、优秀教师和教育新秀等方面，执行"师德一票否决权"的标准。然而，师德评价仍然存在一些问题，包括不充分、监督管理不足等。在教师教育评价体系中，师德往往没有被合理纳入，缺乏激励教师履行道德职责的机制。虽然师德评价是教师绩效考核的重要组成部分，但由于其主观性较强，往往被视为次要因素，导致了"言多而行少"的问题。因此，学校应该积极提出改进建议，为教师的专业发展提供最大的支持。规范师德行为需要依赖外部条件，也需要教师个体的自我努力和专业成长。正如俗话所说："水激石则鸣，人激志则宏。"对于教师来说，有效的奖励制度可以激发他们的内在动力和积极性。

教师职业道德评价是为提高教育德育水平而设立的要求。教师的职责在于引导塑造学生成长和塑造其道德品质，并强调了"四有"好老师的准则，包括有理想信念、有道德情操、有扎实学识、有仁爱之心。教师职业道德评价通常涵盖了教育教学行为和职业道德素质两个方面。职业道德素质包括职业理想、职业情感、职业态度、职业纪律、职业良心、职业责任、职业作风等。教育部曾明确指出：教师评价体制的改革有助于加强教师职业道德建设，促进教师专业水平的提升。德育素养是教师专业发展的重要维度之一。一方面，提升教师的德育素养有助于促进专业道德的发展；另一方面，专业道德的提高也需要教师提升德育素质。这两者相辅相成，互相促进，有助于培养更具德育素养的教师，提高他们的育人能力。

2.开展教师职业道德评价的类型

（1）按评价主体分为：社会道德评价和自我道德评价

社会道德评价，也称他人评价或外部评价，是对教师的道德行为和品质进行评判的过程，主要由社会或其他人对教师的道德行为和品质持好坏或褒贬态度。评价主要来源于家长、社区成员、合作单位等方面。在学校内部，教师职业道德评价是教育管理部门的重要任务。为实现这一目标，需要建立健全学生、家长、学校和社会之间的综合教师评估和监督机制,特别要充分发挥家长委员会在中小学教师道德评价与建设中的关键作用。

自我道德评价,也称内部评价。教师自我道德评价是指教师自行根据国家规定的教师职业道德准则和个人内在信念,对自己的道德行为、品质和意向进行善恶判断的过程,以及对自身行为的自我表扬或批评。自评指评估对象对自己的行为动机有明确认知,因此具有及时、适度和公正的特性。然而,由于自评涉及个体自身的利益,所以它具有一定的主观性和随意性,往往与现实存在一定的偏差。教师自我道德评价的方法包括:参照法(参考他人评价作为参照)、量表自我评价法、横向比较法、预期比较法等。道德评价的核心是将社会对个体的道德评价转化为个人的自我评价,既是一种反思,也是一种自我警醒的过程。教师自我道德评价对于个体的职业发展、职业满足以及学校与教师之间的合作具有重要作用。在进行自我道德评价时,最关键的是建立自我评价意识,也就是实现"人贵有自知之明",通过自我道德评价来提高对教师评价的自觉性、科学性。强调对自身教育行为的分析和反思,确立以教师自我评价为主导,以校领导、教师和学生为主体的评价体系,以获取更多信息,促进自身教学能力的提升,充分发挥潜力。同时,将社会道德评价与教师自我道德评价结合,建立民主、平等、协作的关系,使教师能够充分接受评价结果,从而实现最大效益。

(2)按评价方法分为:质性评价和量化评价

质性评价是对教师职业操守的本质进行评价,通常采用评量或评分的方法。由于教师工作的多样性、复杂性以及集体性等特点,教师的教学活动是复杂的劳动过程。因此,不能仅仅依赖外部业绩或定量指标来评价教师的职业道德。质性评价应当具有一般性的评价,着重关注本质要素,充分尊重教师的教学方式和个性差异,并将评价与教育教学任务联系起来,强调关注教师在教学情境中的特定知识和个人经验。例如,采用教师档案法,记录教师的成长历程、教育教学成果、获奖情况和职业道德水平等。这种质性评估旨在关注对教师素质提升的"工具性"和对教师专业发展以及个体成长的内在价值,使教师能够更好地认识自身的价值、问题、优点和缺点,从而制定更好的专业发展计划。

定量评价是对教师职业道德的规范进行定量评估,通常采用打分的方式进行。定量评估具有客观和准确的特点，增强了评估的可信度和说服力。例如，一些学校将教师道德评价分为几个指标，每个指标都有相应的分数，包括是否对学生的体罚（或变相体罚）、是否强迫学生购买教辅材料、是否有学术不端行为，以及在工作岗位上是否正确应对危及学生生命安全的突发事件等。然而，教师道德在一定程度上是伦理道德的范畴，代表着一种道德标志。如果仅仅将师德量化，若操作不当，可能会导致教师道德的贬低或误解。

（3）按评价目的分为：奖惩性评价和发展性评价

奖惩性教师评价是以评价结果作为奖励或惩罚的依据，主要目的在于强化教师的绩效管理和控制。尽管奖惩性评价在某种程度上对教师的发展产生影响，但它可能存在操作过于简单和表面化的问题，导致评价变成了例行公事，难以真正激励教师的专业成长。这不仅不利于教师提升专业技能，也不能有效激发教师的潜力。

发展性教师评价更侧重于自我评价和过程性评价，旨在通过评价实践，实现教师和学校的共同成长，以及个体与组织的协同发展。其目的在于挖掘教师的潜力，促进教师的专业道德发展。现代教师评价的趋势是强调发展性评价，即从绩效管理转向专业成长评价，从甄别选拔转向共同进步，从结果导向转向过程关注，从过去回顾转向未来前瞻，从强制性接受评价转向共同认可。

（二）教师职业道德评价的原则和要求

1.教师职业道德评价的主要原则

（1）导向性原则

教师职业道德评价标准依托于《中小学教师职业道德规范》的原则，同时反映社会对于教师工作价值的期望。这些评价标准为教师的成长和职业发展提供了明确的指引。教师的评价标准应当根据学校性质、学生需求以及社会发展目标进行制定，将教师的工作纳入特定的教育体系和背景考虑，以促进学校需求与教师需求的融合、教师的心态与学校氛围的协调、教师的现实情况与未来发展的统一，以及教师与学校的双向受益。实际中，这些评价标准引导着教师形成正确的教育态度和价值观，协调处理个人与学校、师生之间的关系，同时，通过树立"四有"好教师的榜样，发挥出卓越教师高尚师德行为的示范作用，促进了师德师风建设。在评价教师的职业道德行为时，既要看到其优点、亮点和积极之处，也要识别出不足和缺陷，以便发挥其长处，改进其短板，从而助力其不断提升。

（2）民主性原则

这种评价也被称为协商性评价，其中评价双方建立了民主、平等和合作的伙伴关系，以增强评价的可接受性和科学性。评价方法强调在评估中赋予教师自我成就感和积极情绪，减少挫败感。首先，该原则强调建立相互信任的关系，评价者需尊重每个教师的自尊心，给予积极的鼓励，倾听他们的意见和建议。如果能引导教师积极参与自我评价，坦诚地探讨自己的长处、不足以及改进方向，那么评价的效果必然会达到预期的效果。其次，该原则发挥了形成性评价的优势，有助于促进教师的专业发展。最后，教师自身的发展是最根本的动力，通过民主性评价，可以实现自我完善和自我提高，同时争取同事和领导的支持和帮助。此外，通过讨论师德问题，还可以提高道德判断和选择的能力，从而增强对教师修养的自觉性的实践。

（3）主体性原则

教师职业道德行为本质上是自主、自觉、自愿、自律的，一旦形成将渗透到教育教学各领域。评价主体性原则强调在充分尊重教师前提下，突出教师的主体地位，促进其积极参与评价。师德评价活动中，要尊重每位被评教师的意愿和合理要求，激发他们的积极性、主动性和创造性，赋予教师获得评价的知情权和参与权，及时获得评价信息反馈，以提高责任感和成就感，增进满意度。这一原则的核心在于强调自主参与评价，使教师不仅迎合外部制度性的"考评"，还将其个人态度和价值观融入其中，从"要我评"转变为"我要评"，以提高评价结果的可接受性。因此，评价主体宜以教师自我评价为主，辅以管理者、学生、家长、同事等共同参与的互动评价主体，重视教师对自己教育行为的分析和反思，促使他们主动自我评价。

（4）发展性原则

发展性原则又称动态性原则，即采用发展性视角来评价教师的优点和价值，旨在发挥评价的激励功能。这种评价方式有助于让教师认识到他们的进步和成就，同时也能够自我反省并提升他们的上进心和进取精神。这一评价方法要求教师参与制定评价标准和评价活动，强调促进教师的自我发展。它关注的是教师的成长，而不仅仅是鉴定过去的表现。它关注当前情境，但更侧重未来发展。其主要功能已从简单的评判转向了促进教师不断发展。通过这一评价方式，可以帮助和支持教师的专业发展，激发他们内在的需求，并引导他们通过自我反思、自我规划和自主学习，不断调整和改进教育行为，从而实现真正的专业成长。

（5）可操作性原则

评价标准的制定应当贴近学校教育实际和教师发展需求。拟定的指标要求应当具体、简明，同时必须具备概括性、简洁性和可比性的特点，遵循"宜少不宜多，宜粗不宜细"的原则。此外，评价方法应当简单易行，易于操作，以尽量减少评价成本。例如，某些地区将师德素养作为教师年度考核和专业成长的评价依据，并制定了具体的细则并在实际操作中加以执行，依靠制度来规范，以考评作为手段，以激励作为动力，开展师德师风示范岗位建设活动。然而，无论采用定性法还是定量法，无论采用自我评价还是他人评价，都必须确保师德评价的合理性、合情合法性。

2.教师职业道德评价的基本要求

教师职业道德评价应做到以下三个方面的结合：

（1）动机与效果结合

动机与效果统一论认为，教师职业道德的评估应该综合考虑"动机"和"实际结果"两个方面，将它们有机地结合在一起。教师专业活动的动机、实际的教育效果和社会后果都应该成为评估的基础。从康德等"动机论者"的观点来看，只有行动的动机才能用来评价一个人的道德行为，而行动的结果不能成为评估的唯一基准。所谓的动机是指在与社会或其他人互动的过程中，有意识地追求某种目标的主观愿望和意图，是一种内在的推动力。边沁和穆勒等"效果论者"则认为，只有实际结果才能用来评估一个人的行为，而不应过多分析其动机，因为人的行动动机具有主观性和复杂性，难以进行客观评判，而结果则是指行为人的一系列行动对社会或其他人产生的实际影响。通常情况下，动机与结果是一致的，但在现实生活中，动机和结果不相符甚至相互抵触的情况经常出现。因此，在进行教师职业伦理评估时，应同时考虑激励因素和实际效果。这涉及考察教师实践道德的动机，即教育行为是出于期望得到表扬或回报的心态，还是出于纯粹的、无私的动机。实践表明，大部分教师在教导学生时，通常怀有无私的态度，关注的是学生的成长，而不是奖励和荣誉。

（2）自我评价和他人评价结合

教师自我评价是指在职业伦理准则与评估准则的指导下，教师自觉地对自己所从事的工作进行认知和评价。教师自我评价的动力源于内在信念，其要将诊断性自我评价、形成性自我评价及终结性自我评价有机地结合起来。经典的"霍桑实验"揭示了金钱对"经济人"的激励作用，然而对于教师来说，金钱并不是唯一的激励因素。作为"社会人"，教师有着一定的社会和心理需求。评价应当成为教师成长的内在动力，而非外部的压力，它是一种对教师的认可行为，具有引导和激发的功能，不会导致工作倦怠。教师的自我评估是最佳的评估方式，它能够将外部的评估需求转化为内在的发展动力。

他人评估（外部评估）分为学生评估、领导者评估和社会评估。学生评估指的是学生在教学过程中，根据教师的职业道德准则，对教师的教学方法、态度、情感及责任心等方面的评价。领导者评估是学校组建由业内专家或资深教师组成的评估团队，采用定期和日常评估相结合的方式，对教师进行权威评估。社会评价则是通过各类媒体工具，借助公众舆论，对教师职业道德状况进行评估。

在此背景下，提出了一种新的教学模式，即以教师自我评估为主体，并将他人评估和自我评估相结合，以使各种评估方式在教学中发挥各自的功能。教师评价既是对社会道德规范的认可，更多的是一种自我意识的培养，旨在提高教师的道德责任感和使命感，以促进教师专业伦理实践水平的提高。一般而言，教师对于职业标准的归属和责任感，是由其在教学活动中所承担的责任和所获的信任程度来决定的。

（3）相对评价和绝对评价结合

教师职业道德评价旨在对教师的行为进行价值评判，判断其行为是善还是恶。评估方法可以分为绝对评估和相对评估两种。

绝对评估采用统一标准来衡量所有教师，它代表了全体教师所应遵循的共同标准。这是一种普遍性的要求。

相对评估则根据地域、学校、学科等因素，针对不同背景和情境的教师采用不同的评估准则和要求。由于教师工作的多样性、复杂性及需要创造性的特点，相对评估更常见。教师的工作时间、工作对象和工作情境各不相同，使得难以用一种固定的标准来衡量教师的道德行为的优劣。此外，不同学校、不同学科和不同年龄段的教师所面临的情境和要求也不同，因此采用统一标准可能会显得不合理和不公平。在评估过程中，应避免一刀切的方式，要尊重和反映每位教师的独特特点，为他们的成长留出空间。

三、通过实践研修来提升德育素养

德育强调实践和应用。它要求将理论付诸实践，将研究成果回归到实际中，并从实践中提炼理论。这是德育研究的核心目标。正如马克思所言："最深刻的理论能够还原为最具体的实践。"因此，德育研究必须同时关注理论和实际，以解决教育教学中的实际问题。教师在提升德育素养时，可以采取两种方法：外部干预和内部自主发展。外部干预包括检查和考核等手段，以强制性方式促使教师专业发展。内部自主发展则侧重于教师自身的愿望和动力，为其提供支持和条件，以实现自主发展的目标。这两种方法都有助于提高教师的德育素养。

（一）在校本研修中提升德育素养

有效的德育研究通常被定义为面向具体学校情境的校本研究。这种方法要求教师在真实的教育环境中研究教育生活，而不是仅限于书本中的理论研究。校本研究着眼于解决实际问题，寻找解决方案，因此具有高度实用性。校本研修是一种自主合作探究学习，基于学校实际问题和教师的专业需求，以学习任务为驱动。它强调将研究与培训相结合，是提高教师德育素养的有效途径。这种研修包括多个步骤，如需求分析、问题诊断、案例观摩、理论指导和实践感悟，有助于将知识与德育能力相结合，直接提升教师的教育能力，弥补专业发展中的不足之处。校本研修是一种"草根研究",既需要教师走出德育困境,又需要理性思考和德育理论指导。因此,教师的德育素养提升是一个常态化的过程,涵盖工作、学习、实践和提高等多个方面。

学校为中心的道德教育研究涵盖了多个方面的内容。研究必须直面真实和现实的问题,才能真正提高教育认识,及时改进教育实践,解决教育实践中出现的问题。这就是所谓的"真问题",也就是教育研究。脱离教育实际,仅从个体角度出发进行的"自说",无法从根本上解决学生问题。例如,在提高办学质量的同时,需要加强对学生的管理,包括心理健康教育;还需要研究危机事件应对等内容,以探寻学生道德品质养成的机会和关键问题。在教学科研方面,主要从生理学、心理学和脑科学三个方面展开;需要考虑基础需求、环境条件、社会评价等,包括学生在实验、实践和日常生活中形成的教学经验的局限和可扩展的余地,以及在存在与发展中所面临的问题和解决办法。随着信息时代的来临,对德育课程的模式、内容和方法进行了探讨,同时对学生道德品质进行了评价研究。此外,关于教师的研究主要集中在教师的专业伦理精神、课堂教学中的道德素养以及教师的人格特征对学生发展的影响。教师科研方式可以通过拓展知识面和扩展人际交往等途径,使教师的道德准则内化为个人的教育理念和德行修养。通过采用问卷调查、访谈等方法,对教学生活进行了"田野研究"。专题研究对当前道德教育的困境进行了剖析,并分享了道德教育的经验。在研究过程中,需要建立相应的评估和管理办法,以增强教师的自学能力。

在进行校本教育研究的过程中,教师必须具备科研意识。校本教育研究充当了一盏明灯,引导教师不断成长,发现自身问题,发表研究成果,以不断完善教学实践。其本质是一种行动研究,形式包括教育日志、教育个案、教育反思、教育博客、教育沙龙、读书讲座等。在多元的价值观视野中,科研意识主要表现为主体的自觉、责任感和信仰的自觉。

到目前为止教师对于科学研究的理解仍存在很大分歧。有些人把科学研究看作是做研究和写论文,有些人觉得自己的教学任务过于繁重,没有足够的资金和时间进行研究,还有些人觉得学校缺少研究和教学氛围,等等。教师在进行科学研究时,需要正确认识,不应因为从事科学研究而忽视教学工作,也不应因为课堂工作繁忙而忽略教学改革研究。科学研究与教育教学相辅相成，相互促进。项目研究本身就是一种促进教师专业成长的途径，不能仅仅关注外部成果，论文和著作只是科研成果的"附属产品"，更需要教师通过科研进行学习和自我提升。

不论是进行行动研究还是校本研究，都要依赖团队协作、互助和交流。值得强调的是，教育科研旨在实现"求真求善"，目的在于改善现状，提高教师的专业水平，使其由"经验型"教师逐渐转变为"科研型"和"专家型"。研究意识是一种内在的需求，驱使人们寻找问题并努力解决问题。教师应养成终身学习和思考的习惯，及时了解和掌握教育改革和发展的最新动向和知识，打破固定的思维方式，使熟悉的变得陌生，使习惯的变得新颖，使之前被忽视的问题变得清晰，重新审视一切被视为理所当然的事情。

此外，教师还应具备独立进行研究的能力。教育科研是一项创造性的工作，光靠外部的推动远远不够。它需要内在的执着、求真精神以及创新能力，这些特质将教师引向科研的高度。俗话说，"道不远人"，道德教育研究并不是一门神秘的学科，它既是道德教育的理论基础，也是道德教育的实践基石。只有根深才能叶茂，而原创精神是现代道德教育创新的源泉。因此，为了把握道德教育研究的实际方向，我们需要站得更高、看得更远，思考更深入，将自己的思想扎根于学校的教育研究活动之中。在实际工作中，善于发现新的道德教育现象，并积极解决新的道德教育问题，将其提炼为理论成果，最终使理论真正落地生根。

德育研究通常需要付出辛勤努力，忍受贫穷和孤独，同时需要具备丰富的知识，善于表达，追求创新和独特性。我们还必须避免使研究结果过于理想化，研究方法目标过于明确，文献资料虚无化，以及在表述方法上过于官方化，研究态度上带有情感色彩。同时，我们需要具备批判性思考的能力。"批判"一词的本义是"释原文、言之、辨源之义、作评断"。在做学问时，我们需要拥有独立、理性的判断力，而不是盲目跟风，这将使我们失去自己的方向，背离科学的发展轨迹。晚清时期的戴震曾说过："做学问不求媚世言，唯求真理以启迪后世。"学术的本质在于清晰地解释问题并提出自己的见解。学习的第一步是提出问题，拥有自己的观点，并设法解决问题。初始的思想就像知识的种子，有了这个种子，你就能吸收养分，向上生长，向下扎根。上层是稀疏的，下层是坚实的，知识就是这样积累。思想、理论和知识应该清晰明了。

（二）在行动研究中提升德育素养

行动研究的创始人勒温认为，行动研究是将科研人员和实践人员的智力和能力有机结合，共同完成任务的方法。美国学者柏莱克威尔将行动研究定义为以学校存在的问题和教师为对象，以改善学校教育质量为目标的研究方法。其关键在于紧密结合教育实践和理论，为实践工作者提供深刻且有意义的见解。国内学者将行动研究定义为教师在教学情境中独立展开反思，以解决实际问题为目标，通过自我学习、不断积累和提高教学智慧与能力。这种方法通过问题导向和案例分析，以问题解答和互动交流等方式，促进嵌入式实践活动和行动研究，以服务和辅导为一体，致力于提升教师的道德素质。教师应当不仅自我学习和实践，还应与本地和国际的教师交流与分享，建立学习共同体，加强自我反思。

教师应学会 10 个反思：①是不是做到对每个学生都一视同仁？②课堂上叫学生发言时有没有偏袒某些学生？③是否注意让每个学生每天都有一次发言的机会？④有没有尽量和学生多聊天、多接触？⑤休息的时候和学生一起玩了吗？⑥有没有积极听取同学们的意见？⑦和学生谈话是否商量多于命令？⑧是否注意随时随地表扬和肯定学生的优点？⑨是否对不应该做的事果断地给予批评？⑩班级的规定有没有和学生一起制订？学校应以"问题诊断"为抓手，把"教育反思"作为常规来要求，使教师在教育实际中，从"发现问题—凝练课题—组织实施—行为矫正"等流程进行研究，致力于"师生共成长"的教育实践，实现从经验性、资料性向思想性、科学性转变，从而促进教师德育素养的提升。

随着生活环境、学习环境和个人状况的变化，学生的个体需求和问题也会随之改变。因此，教师需要考虑以下问题：首先，是否能够保持之前的好习惯？是否已经改掉以前的坏习惯？其次，新习惯是否会因朋友和周围人的影响而改变？是否受到不良习惯的影响？在教学实践中，教师必须坚持"育人为本"的理念,具备"内部参与者、外部观察者"的双重身份,拥有自觉、厚道和富于想象力的特质,独立思考。

苏霍姆林斯基曾说:"一名教师若能热心于本门学科正在探讨的问题,并具备进行独立研究的能力,这样的教师则可成为学校的骄傲。"一次成功的教学实践,不仅是教师自我发展的必要条件,更是教师自身发展的具体表现。学校应该有计划、有针对性地组织教师学习先进的道德教育理论,并在此基础上进行积累,以提升自身的理论素养,逐渐掌握道德教育的规律和方法。实施"双师型"教师导师制,充分发挥传帮带的作用,制订教师的职业生涯发展计划,指导年轻教师开展科研工作,参与实践研究;制定明确的培训目标和实施评估方法,将科研成果应用于学校实践,提高学校道德教育的实际水平。通过协作学习,提高道德教育素质。以任务为导向,以理论研究为中心,以小组互动学习为主;远程跟进培训,参与式研讨,建立实习社区;通过调研和交流等方式,使教师更好地掌握专业的理论知识,形成自己的专业思想,培养自己的实践创新能力。例如,强化"教师专业发展共同体"的建设,创建学习型学校和学习型教研组,将松散的教师团体转变为互动互助、共同进步的教师专业发展共同体。

俗话说:"水尝无华,相荡乃成涟漪;石本无火,相击而发灵光。"教师的成长需要群体的影响和协助,也需要同伴之间的互相沟通和协作。要提高教师道德素质的行动力,就必须加强小组研究,促进每位教师在"共同体"中相互磨砺,一同成长,充分发挥教师的智慧和创造力,使教师的职业生涯充满热情和期望,使每个教师都能在"巨人"的肩膀上展翅高飞。教师只有不断地回头审视,及时发现"漏洞",并进行"修补",这样才能不断提高。举例来说,电影《摔跤吧,爸爸》中的马哈维亚一直在反思自己的训练方式,变换不同的训练方式和技巧,最终帮助女儿获得了冠军。

(三)在教育叙事研究中提升德育素养

叙事研究是一种通过叙述和讲故事的方式来表达对教育的理解和解释的方法,它不直接定义教育,也不明确规定如何进行教育,而是通过讲述一个或多个故事，向读者传达什么是教育，为什么教育重要，以及如何实施教育。记录是一种生动、情境化的方式，生动地再现了教师的体验世界。记录是教师心灵成长的轨迹，是真情流露。教育叙事研究是通过叙述和讲故事的方式，将自己在实际教育实践和生活中经历的各种真实而生动的教育事件和感人的故事，以及对教育的个人经历、内心感受和理解进行表达。

具体来说，教师通过叙述或讲故事的方式，表达了对教育的理解和诠释，基于教育体验、生活经历和教学活动，关注教学问题和课题，以及道德与价值准则等方面。这些叙述可以包括对事情的回顾、事件的发展过程、问题的处理方式、反思和评价等。通过教育叙事研究，教师可以与他人分享教学经验，从多个角度审视自己的道德修养。道德两难叙述是指通过多种方式，口头或书面，讲述涉及道德和价值准则以及与之相关的冲突的故事或情境。这些叙述通过讨论矛盾、辩论和决策，帮助人们提高理性判断能力，培养正确的价值观和品格。

叙事研究有助于教师深化对道德教育的认识，理解先进的道德教育理念，更新教育理念，并将其应用于教学实践。对于教师来说，教育叙事是一种积极的反思方式，有助于个人发展，并提供自我提升的策略。在叙述的过程中，作为"当事人"，教师反思自己的教育行为，评价自己的道德教育活动，追求职业发展，并运用现有的知识和评估标准对自己进行审视，引导自我提升，不断提高自己。

教育叙事研究是教师不断自我提升的一种方式。这种研究既是思考的工具，也是评价事物的方法。教育叙事中的关键是赋予意义和澄清价值观。只有通过不断学习和研究，教师才能提高德育智慧和能力。这将使德育过程充满探究、历练、体验和感悟，增加吸引力和感染力。

教育叙事研究的问题主要包括：课堂中的德育问题，教育变革与教师专业发展，新媒体在少先队工作中的应用，系统化的班级活动设计，提高班级活动质量，班主任法治思维和法治方式的思考，提升教师的人文素养，以及班主任德育能力的提升等。

第十章 新媒体时代下地理教学中的德育培养策略研究

第一节 概念阐述及研究必要性分析

一、地理学科中德育内容的研究

赵才欣强调地理学科的德育需注重两方面：首先，理解人际行为规范以及人与社会的互动；其次，关注人与地理环境的交互，塑造正确的地理观念。贝尼克等学者认为，地理学科的育人价值不仅在于知识和技能的掌握，更在于培养青少年的世界观、人生观和价值观。这表明地理学科在基础教育中有独特的存在和作用，能够发挥独特的育人作用。

地理课程包含多种德育因素，如爱国主义情感，为国家发展贡献的责任感，科学探索精神，辩证唯物主义思想，生态环境保护意识，人与自然关系的理解，以及人地协调发展理念、因地制宜思想和可持续发展观念等。这些因素是实施学科德育的关键内容，其中一些只能在地理学科中培养。

（一）培养学生人地协调观念

人地协调观指出，人类需正确理解人与自然地理环境的关系：人类并非自然的主宰，而是受制于自然，只有建立协调体系才能实现长期共存。培养学生树立这一观念至关重要，这有助于他们更好地理解、分析和解决人地矛盾，为建设和谐世界打下坚实基础。地理课程和生活中充满了人地不协调问题，如荒漠化和环境污染等，这些问题的根源在于人地关系的不协调，给人们的生产、生活带来重大问题，妨碍了学习、工作和生活质量的提高。

残酷的现实教育我们，人类并非无所不能，而只是自然界中微小的一部分，人类的发展必须依赖自然并尊重自然。因此，在初中学生心理逐渐成熟、三观逐渐形成的阶段，我们必须注重培养学生的人地协调发展观念。

徐飞指出，地理教学中的"人地观念"起源于"立德树人"育人理念，强调了学生应培养这一观念，认为这不仅能提高生存能力，还能促进可持续发展观念深入人心，提高创造、创新和实践能力。

陈顺典强调，中学地理教育应以"立德树人"为导向，突显学科特点和育人独特性。他提倡加强学生对人地协调概念的理解，培养"和谐共生"的生态伦理观，包括对国情的深入教育，祖国情感的培养，以及开阔世界视野，激发展望世界的雄心。

青少年作为新时代的和谐社会建设者和民族复兴使命者，需树立人与自然和谐共生的人地协调观。地理学科在培养这一观念方面具有独特的优势，因此中学地理教育应肩负更大的责任。

（二）培养学生爱国主义情感

爱国主义情感可以被理解为对祖国的深刻热爱和自豪感，以及为祖国的发展和繁荣而努力奋斗的意愿。在国家层面，培养青少年的品质至关重要，因为他们既是社会发展的重要组成部分，又代表着国家的未来。因此，教育在为国家和民族服务的过程中，培养爱国情感是至关重要的。

地理教材中包含许多爱国主义题材，这有助于地理教师实施"以德育人"的教育理念。翟花平提出，通过地理教学，可以通过资源、景观、各国情况的对比，以及市场经济的复杂性，来实现爱国主义教育的目标。

另外，满建利和庄丙武认为，地理教材中的文化元素可以被用来进行民族主义、文化自信和爱国主义情感的教育。这种教育需要教师深入挖掘教学设计，并在课堂中引导学生，同时要以自身的行为作为表率。

总之，爱国主义情感的培养需要教育工作者在教学设计和课堂教学中付出努力，以培养学生的爱国情操，从而有助于社会的发展和和谐社会的建设。

（三）培养学生的审美情趣

审美情趣是指教师在地理教学中使用地理素材帮助学生欣赏和鉴别自然景观以及人文事物的能力。地理学专注于地理环境、人类活动和它们之间的相互关系，其中包含着丰富的美学元素，如地理现象之美、地理理论之美和地理哲学之美。这有助于启发学生欣赏自然之美，理解万物之理。地理学科的特殊性质使其成为一个丰富的美育资源库。初中地理教材通常按照世界地理和中国地理的分类编写，内容涵盖了自然地理的美和人文地理的文化之美。因此，地理教育需要善用这些美的元素，以激发学生对地理和生活的热爱。

卢清丽强调地理审美情趣一直都是地理课程目标的重要组成部分。教师应充分利用一切可用的资源来实施审美教育，使学生在学习中发现美、欣赏美，同时在生活中创造美，遵循美的原则，提高审美意识和能力。

黄京鸿也强调必须将地理教学资源中的美融入地理课程目标、地理环境、课程内容和教学计划中。通过这种方式，提高学生的审美水平，激发他们对地理和生活的喜爱。

综上所述，地理教学中的德育培养涵盖了多个方面的地理素养。虽然研究篇幅有限，但也从侧面反映出地理学科在学科德育方面具有独特的作用。

二、地理学科教学实现德育的教学方法研究

在中国，教育的核心领域仍然是学校，学生的成长和发展在很大程度上受学校教育的影响，而学校教育的关键部分就是各种学科的教学。学校教育的价值主要通过不同学科的课程来实现。每个学科都应该承担培养学生的任务，将德育融入教学和实践中。学科教学不应仅限于知识传授，还应涵盖内在的道德要求。不同学科有不同的价值观。例如在地理学科教学中，教师不仅要传授学科知识，还要传授品德；不仅要教专业技能，还要教人生道理；不仅要解释学术问题，还要解答生活问题。

目前，德育的方式和方法经历了明显的改变。在德育内容方面，从以前的单一专门的思想政治教育过渡到了如今的"大德育"体系，各个学科都强调学科德育的需求。在德育的实施方面，从以前的孤立的专门学科发展为全科、全员、全过程、全方位的育人式多维德育。正如余文森所强调的那样，教学不再仅仅是传授语文、数学等学科知识，而是通过这些学科知识来教导道德。课程的知识本身已经成为德育的重要资源。

从古至今，各学科的课堂一直是学校教育的主要渠道，确保了教育的根本任务的实现。地理学科拥有独特的核心素养，突显了学科的本质，具有独特而重要的培养学生道德品质的价值。因此，在地理学科的课堂中进行德育培养，不是仅仅将道德价值套用在地理学科的各个知识点上，而是应该基于学科特性，全面挖掘"道德"的元素，将其视为实实在在的资源来积极应用，凸显地理学科的特色，从而为终身教育做出应有的贡献。

李宏炜强调学科德育的关键性，认为这对我国素质教育的成功推动和人民对基础教育的满意度提高至关重要。

在当今社会，将德育融入各个学科和课堂中至关紧要，这需要各学科教师的共同努力。地理学科作为一个重要的学科，也扮演了重要的角色，为实现这一目标不可或缺。它需要更多的协作和整合，以充分发挥其综合素质教育的功能。只有这样，我们才能实现教书育人、学科育人、教学育人的目标，使学生在成长过程中得到全面的教育。

（一）通过讲授传递道德认知

讲授法是最古老、最常见的教学方法之一，广泛应用于教育领域。它在传授事实、概念、原则和规律方面具有独特优势，其他教学方法往往需要与之结合和优化。

菲利普·阿特巴赫强调，在某些情况下，特别有表达能力和组织能力的教师可以通过讲授方法在课堂上传授知识、提高能力和激发思想。李斌也指出，虽然"润物细无声"的教育方式有其价值，但直接、明确的呈现方式同样不可或缺。

在地理课堂中，教师需要运用讲授法提高学生的道德认知水平。这包括遵循准确、启发、感染、实时和吸引的原则。特别关注培养学生的独立思考能力，以启发性问题激发他们的兴趣和专注力。同时，可以运用地理美学教育，例如通过诗词和成语描述地理现象，结合时事热点新闻来教育，以增强学生的忧患意识和培养爱国情感。

（二）通过渗透熏陶道德情感

一位德国学者曾用"盐"和"汤"的类比来阐释渗透的重要性。他指出，直接咽下 15 克盐会感到困难，但如果将盐加入汤中，就能轻松地食用，甚至觉得美味。这个比喻生动地说明了渗透的关键作用。

在课堂中，渗透德育需要在四个方面着力：首先，要拓展内容；其次，要创建适宜的情境；第三，要抓住合适的时机；最后，要引导思辨。这是伍恒峰提出的观点。马海英也认为，要在学科教学中渗透立德树人，首先要深入挖掘学科教材中的德育资源，然后将德育教育理念融入课程教学实际。

刘咏梅建议通过建立生态型课堂和情境化教学来促进学生的自主德育，以渗透地理思想和德育价值观。

总之，渗透已经成为一种有效的学科德育手段，在初中地理教学中，培养德育意识离不开渗透的方法。初中地理课堂的德育渗透需要挖掘教材中蕴含的德育资源，并通过教学设计、语言艺术、情境创设、时机把握等方式将德育概念传递给学生。此外，教师的言传身教和激励也是至关重要的，只有这样，学生才能领悟并内化这些德育价值观。

（三）通过活动落实道德行为

地理教学包括课堂内外的活动。课内活动包括辩论、实验、讨论和角色扮演等；而在课外，涵盖了资料收集、走访调查、参观、实地测绘、环保宣传等等各种形式的活动。这些地理活动在培养地理学科德育方面发挥了不可替代的作用。通过积极参与这些活动，学生能够亲身体验各种地理现象，建立正确的行为规范。例如，参与环保宣传可以增强学生的环保意识，明确社会责任；参观本地旅游资源可以让学生感受到祖国大地的美丽，增强对家乡和国家的情感；调查当地的水资源和土地资源情况可以帮助学生了解家乡资源状况，增强资源节约和保护意识。

刘献君认为，中学教育要实现立德树人的目标，需要理论指导与实践相结合。他强调要有远见，同时要敢于行动，高度重视实践，积极创新实践方式和方法，通过实践对学生进行道德启发、品质培养和行为提升。

顿继安、白永潇和王悦认为，在综合实践活动中进行德育培养和价值观体现是提高学科德育实践效果的可行和有效途径。

秦欢提到，近年来，课外活动已成为实施立德树人教育的有力途径，其重要性日益凸显。课外活动具有主动性、灵活性、多样性和实践性，对于学生品德塑造、个性发展和人生价值观培养都具有重要的教育作用。

三、通过地理学科教学实现德育培养的必要性

（一）重视德育是教育发展的时代要求

国家兴盛必须以道德为基础，个人成就亦须立足于德行。这表明无论是国家还是个人，道德都扮演着关键的角色，决定着其命运和地位。

教育的独特属性在于为国家政治服务的同时也必须为个体发展提供条件。因此，道德的重要性贯穿于教育的各个方面，包括不同领域、各个级别、各个层面。只有将道德因素融入教育体系，才能推动基础教育向高素质发展，确保教育公平，并为国家的复兴和发展培养杰出的创造者和建设者提供坚实支持。

从现实角度来看，在中学教育中注重德育的实施是当前德育工作的重要组成部分。

（二）重视德育培养有迫切的现实需要

初中阶段的学生正处于身心发展不稳定和不成熟的关键时期，这时期塑造的价值观和行为准则将直接影响他们未来的发展和作为，甚至关系到国家的复兴。然而，目前的初中教育似乎存在一个共识，即德育主要是思想政治老师和

班主任的责任，其他学科的教师似乎与之无关。这种认知使得各学科在培养"德"的方面显得不够充分，再加上日益严重的升学竞争，教师陷入了智育与德育的权衡之中。强调成绩、忽视德育成为常态，导致学生对德育的重视程度不高，因此，学生的道德素养也参差不齐。这个问题在地理学科中同样存在，因此，地理教师需要思考如何在教学中强化德育教育，提高学生的德育水平和修养。

（三）地理学科对德育培养有独特优势

地理科学是一门综合性的学科，专门研究人、地、社会之间的关系，涵盖自然科学和社会科学领域，在基础教育中扮演着重要的角色，对于培养德育有独特的优势。经过仔细研读《义务教育地理课程标准（2022年版）》，我们可以发现一个事实，即地理课程标准的各个部分都强调了教师应该善于运用地理学科的知识和潜在的道德因素，对初中学生进行思想教育，以满足学科德育的需求。地理课程标准强调引导学生通过探究人类活动与地理环境的关系，认识到地球资源是有限的、生态环境是脆弱的，形成保护地球家园的观念、热爱祖国和家乡的情感，以及关心世界的态度，不断增强人文底蕴、科学精神和责任担当，并提高健康生活、终身学习和实践创新等能力。

地理学科中潜藏的人地协调发展、可持续发展思想、爱国主义精神和审美情趣等元素都可以用来渗透德育，有助于培养负责推动社会主义建设的中华民族复兴的建设者。作为基础教育中的综合性学科，地理学科有责任为学生的道德发展和实现立德树人任务作出应有的贡献。

第二节 地理教材中适合德育培养的内容分析

初中地理教材是地理教学的主要依据，也是进行学科德育的主要工具。本文采用了人教版的教材。通过对教材的详细分析和遵循《义务教育地理课程标准（2022年版）》（以下简称《课程标准》）的德育要求，我们系统整理了初中地理教材中适合进行德育培养的教学内容，以便有针对性地指导和观察课堂教学，按照章节内容进行教育。

一、研究框架的构建

基于《课程标准》的指导，我们以确立初中地理教材中的德育内容为目标，构建了一个分析框架，有针对性地对初中地理教材进行文本分析，提取适用于德育实施的内容。

《课程标准》在初中地理教学中扮演指导性的角色。无论是在课程性质还是在课程目标与内容以及课程实施部分，都强调了地理课程在德育方面的重要作用。课程性质部分强调地理课程贴近生活，关注自然与社会，体现地理学特点并具有很强的实践性，对培育学生的人地协调观、家国情怀、全球视野，以及批判性思维、创新精神和实践能力具有重要价值。

地理课程目标要围绕核心素养，体现课程性质，反映课程理念。地理课程要培育的核心素养，主要包括人地协调观、综合思维、区域认知和地理实践力等，是中国学生发展核心素养在地理课程中的具体化，体现了地理课程对培育有理想、有本领、有担当的少年的独特价值。

通过对地理课程标准的分析，我们可以构建初中地理教材中的德育内容框架，包括人地协调发展观、可持续发展观（包括因地制宜思想）、爱国主义情感、全球意识和审美情趣等几个主题。

二、七年级地理教材适合德育培养的内容分析

七年级地理教材分为上册和下册，共包含八章内容。上册包括一至五章，下册包括六至八章。七年级地理教材主要涵盖世界地理知识，要求学生在宏观层面上理解和感知地理学科。主要的知识元素包括地球和地图，海陆及其关系，世界气候，世界居民，区域发展差异和区域知识。

（一）适合培养可持续发展观的内容

可以通过教授地理环境对生产建设、工业园区选址、交通路线选择和不同地区农作物种植等方面的影响来逐步培养学生的因地制宜的发展理念。在学习七年级下册的各区域知识时，可以同时关注自然地理环境和人文环境，分析和讲解它们与经济和社会发展之间的相互关系和影响，以促进学生养成因地制宜思维和可持续发展观。

（二）适合培养人地协调发展观的内容

可以通过教授关于服饰与地理环境的知识，以及人口与环境的相互作用，还有全球变暖引发的温室效应和雾霾问题的课程，以帮助学生深刻理解人与环境之间的紧密联系。这有助于他们正确认识人类与自然界的互动，明白应该遵循自然法则，以实现和谐共存的发展理念。为了培养学生的人地协调发展观念，我们可以进行一系列教学活动。

例如，通过研究人口问题，分析欧洲老龄化现象，结合中国的生育政策和人口普查数据，鼓励学生正确理解人口与环境之间的联系，提倡和谐共存的理念。学生可以认识到人口数量受经济、社会和文化等多方面因素的影响，应当理解并平衡人口数量，而不是追求极端。这需要与国家和社会的整体发展步调相协调。

此外，通过课后讨论和相关活动作业，学生可以探讨城市发展中的各种问题和应对措施，解释不同居民建筑风格的背后原因。这种互动可以培养学生的思考能力，更好地理解尊重自然和适应自然的价值，建立因地制宜的人地协调发展观。

（三）适合培养爱国主义情感的内容

在教授第五章关于全球发展差异的内容时，可以利用我国的现实情况与其他国家、地区进行比较和分析，以激发学生的爱国情感。此过程中，可以特别关注一些当前我国备受瞩目的议题，如"一带一路"倡议、华为的芯片技术、鸿蒙操作系统等。通过历史资料和可验证的数据，不仅能引起学生的浓厚兴趣，还有助于强化他们的爱国主义情感。

（四）适合培养审美情趣的内容

通过展示和介绍不同大洲和地区的独特自然和文化景观，帮助学生更好地理解各地的民族服饰、居民建筑和自然景观之美，从感性认知逐渐过渡到理性认知，提升他们欣赏美和感受美的能力。通过让学生感受世界各地的壮丽之美，激发他们对美的深层次追求，唤起他们有探索外面世界的愿望。通过旅行、观察和深思，逐渐提高学生创造美的能力，全面提升他们的审美品位。

（五）适合培养全球意识的内容

学生应明白，地理事物需要从一个联系的角度来看待。例如，可以通过学习世界大洲和大洋来感知地球是一个整体，这将引发学生树立全球意识的必要性。另外，在学习国际经济合作和经济全球化时，透过实例解释各国和地区之间的经济联系，帮助学生认识到全球经济紧密相连，各国互相依赖，从而初步培养全球意识。

三、八年级地理教材适合德育培养的内容分析

人教版八年级地理教材包括上下两册。上册教材侧重于宏观层面，教授中国的疆域、人口、自然环境、资源、产业等地理知识。下册则按照我国的不同地区或地理单元进行编排，强调学生全面理解各地区和地理单元中的各种地理要素，并准确把握它们之间的相互关系。这有助于培养学生的区域观和综合地理思维。

（一）适合培养可持续发展观的内容

通过学习中国的多样地形，学生能够了解不同地形的特点和利弊，这有助于培养因地制宜、可持续发展的观念，强调在利用和开发资源时考虑地方实际情况，以实现保护与利用的平衡。

在学习第四章关于中国的产业分布时,可以特别关注不同产业在各地的分布差异,以探讨自然环境对社会、经济和文化等各个方面的影响。这将帮助学生初步理解因地制宜和可持续发展的重要性。

在教授第五至第八章内容时,教师可以结合丰富的实际案例,如"暖房子"项目、南船北马、西气东输、黑土地、东北工业基地的战略转型、沙漠绿洲——吐鲁番的葡萄、首钢搬迁、贵州石漠化治理、两型社会等,强调各地自然环境和人文环境相互影响。这有助于学生更深入地理解自然与人类之间的关系,从而推动他们形成因地制宜和可持续发展的观念。

(二)适合培养人地协调发展观的内容

通过学习我国的自然环境和资源以及相关的问题,如人地矛盾、生态破坏和气象灾害,可以帮助学生深刻认识这些问题的影响。这有助于他们正确理解人类活动对自然地理环境的影响,并明白我国环境保护的紧迫性和重要性。这种学习可以促进学生的环保和节约意识,培养他们的人地协调发展理念。例如,可以通过研究相关材料,如耕地保护政策、首钢搬迁、塔里木河、洞庭湖和黄河的情况,来使学生更好地理解人地矛盾的尖锐性,以及发展中的核心原则,即人地要协调。这将提高学生对环境保护和资源节约的认识。

(三)适合培养爱国主义情感的内容

通过学习我国广阔的疆域、丰富的自然资源、多样的矿产资源、吸引人的旅游资源、悠久的文化传承、多元的民族特色、民族自治政策,以及"一国两制"政策,结合现代新农业、超级杂交稻、战略性新兴产业、高科技发展、经济增长和旅游业等方面的相关信息,可以展示我国在各领域取得的显著成就。此外,还可以探讨京津城际铁路、京沪高速铁路、高速公路、内河和海洋航运、管道运输等,以及涉及"西部大开发""南水北调""西气东输""跨海大桥""一带一路""嫦娥飞天"和"玉兔探月"等热点事件,有助于激发学生的民族自豪感、自信心和爱国热情,培养他们的爱国情感。

（四）适合培养审美情趣的内容

教师通过介绍我国悠久的历史文化、呈现各地独特的自然地理景观和人文景观，以及多元的旅游资源，让学生更深刻地领略祖国丰富多彩的历史文化传承和多样的自然风景。这有助于激发学生对美的追求，提高他们对美的感知和领悟，促进他们在美感方面的创造力，培养学生的审美品位。

（五）适合培养全球意识的内容

教师在教授我国地理位置和产业经济发展时，应采用多角度的观点和全面分析，结合当前的时事热点案例如"一带一路"倡议、华为的芯片和系统，将中国置于全球发展的大背景中，以多方面的分析渐进地培养学生的全球意识。

初中地理教材中适合用于德育培养的内容包括丰富的自然景观和人文景观资源，可用于提高学生的审美能力和兴趣。同时，可以利用生活中的人地矛盾案例和热点问题，启发学生因地制宜的思考，促进学生形成人地和谐可持续发展的观念。在教授人文地理知识时，可以进行爱国主义和全球意识的教育。教授区域地理知识时，应强调生态环境保护意识和可持续发展观念的培养，同时也可以加强爱国主义教育，提升学生的民族自豪感。

地理教师在备课时应结合地理课程标准、学生需求和新教育改革的要求，选择适合学生和自己能够准确掌握的素材和教学方法。通过精心设计、整合和实施教学，积极培养学科德育，促进学科教育目标的实现。

第三节　地理教学中德育培养的课堂观察

当今社会，一直强调学生的学习主体地位，但教师在学校课堂教学中的主导地位仍未削弱。为了有效推动学科德育，教师应在课堂中继续扮演主导角色。深入观察教学现状是了解课堂德育培养的必要途径。本研究旨在通过观察真实课堂，评估教师的教学方法和活动，强调优点并识别问题，以更好地支持教师的教育工作。通过观察学生学习和反应，分析德育对他们的影响，以促进他们的学习。

一、德育培养的课堂观察框架构建

要进行初中地理课堂德育落实情况的观察，首先需建立观察框架。构建观察框架的主要依据包括：一是德育内容，二是初中地理教材的教学内容。将两者结合，创建便于研究和操作的观察框架。

地理教师在利用学科进行德育教育时面临较大挑战。必须以德育核心理念为基础，坚持以"德"为先，将育人置于首位，才能实现育人目标。此外，根据初中地理教材的内容分析以及《课程标准》的要求，教育者在地理科目的日常教学中，应以社会主义核心价值观为引导，结合地理知识和核心素养，帮助学生树立正确的世界观、人生观、价值观，培养爱国家、家乡的情感，增强忧患意识和环保意识。同时，从环境、资源和人口等方面入手，引导学生形成正确的观念。当然，在落实地理课程中的"德"方面，不能仅仅依赖口头表达，还需要相应的设计、呈现方式和实施过程，通过观察学生反馈来评估实施效果。

通过对相关文献中的"德"以及初中地理教材中的"德"进行综合分析，根据课程标准、地理课程特点和实际情况制定了相应的观察量表（如表10-1所示）。目的在于通过观察量表记录并分析初中地理课堂中德育的实际情况，探讨德育培养的策略。

表10-1 初中地理教学德育培养情况课堂观察量表

教学内容			
授课教师			
观察点（"德"的内容）	所用时间呈现次数	呈现方式、教学方法、过程	学生的反应

二、德育培养的课堂观察样本选择

本研究旨在调查初中地理教学中德育的实施情况，因此需要全面了解初中地理教材的主要内容。初中地理教材按照世界地理和中国地理进行分类编排。七年级的教学内容是世界地理，八年级的教学内容是中国地理。然而，不论是世界地理还是中国地理，都涵盖了自然、人文和区域因素。在样本选择方面，本研究从"一师一优课"平台中挑选，结合实录课堂的数量、质量和教材编排情况，最终选择了七年级上册的"天气和气候"、七年级下册的"欧洲西部"，以及八年级上册的"中国的疆域"、八年级下册的"建设永续发展的美丽中国"这几个章节的内容。这些选择兼顾了世界和中国，同时也考虑了自然、人文和区域相关因素，遵循了一般性原则。在这四个章节的实录课堂中，根据平台上实录课程数量的实际情况，挑选了最高等级（部优）和次高等级（省优）两种类型的优质课程（如果最高等级课程足够5堂，则不考虑次高等级课堂）。每个章节选取了5堂课进行观察，共选择了20个课例，相关信息如表10-2所示。

表10-2 初中地理教学德育培养情况研究课例信息表

章节内容	教师	优课等级	地区
天气和气候	A1	部优	河南省开封市第十四中学
	A2	部优	重庆市松树桥中学校
	A3	省优	广东省佛山市南海区南海实验中学
	A4	省优	陕西省西安市临潼区交口初级中学
	A5	省优	甘肃省兰州理工大学附属中学
欧洲西部	B1	部优	山东省潍坊市滨海区潍坊新纪元学校
	B2	部优	广西壮族自治区南宁市第十四中学
	B3	省优	福建省龙岩市初级中学
	B4	省优	安徽省宣城市泾县榔桥镇培风初级中学
	B5	省优	湖南省长沙市雅礼洋湖实验中学
中国的疆域	C1	部优	宁夏回族自治区石嘴山市实验中学
	C2	部优	福建省漳州市第五中学
	C3	部优	黑龙江省伊春市南岔区第一中学
	C4	省优	河南省安阳市殷都区磊口乡第一初级中学
	C5	省优	广东省佛山市禅城区张槎中学

续表

章节内容	教师	优课等级	地区
建设永续发展的美丽中国	D1	部优	湖南省娄底市双峰县洪山殿镇第一中学
	D2	部优	福建省福鼎市第六中学
	D3	部优	湖北省枝江市安福寺镇初级中学
	D4	省优	广西壮族自治区南宁市江南区沙井中学
	D5	省优	贵州省黔西南布依族苗族自治州兴义市猪场坪乡中学

三、初中地理课堂中德育培养的相关分析

根据所选的章节实录课堂，依照课程标准的要求，提取各章节中与"德"相关的元素，并运用制定的课堂观察工具，对这些课例进行观察。通过这一过程，提炼出初中地理教学中的德育培养相关教学行为和方法，分析教师在实施学科德育时的优点和不足之处，以此为基础提出关于实施学科德育和德育培养的建议和意见。

（一）"天气和气候"课堂观察分析

1.课例中关于"德"的分析

经过对"天气和气候"这一部分的 5 堂课进行分析，5 位教师一致认为，该部分的"德"元素主要包括增强学生的环境保护意识和培养人的协调发展观念。在这 5 堂课的设计阶段，情感态度和价值观目标都得到了体现，并且在教学过程中也得到了有效实施。

2.课例中关于"德"的呈现方式和过程

在研究的 5 个课例中，环境保护意识教育主要集中在"讲授新课"环节，特别是关于霾的天气符号、空气质量和污染指数的讲解。唯一例外的是 A4 老师，他不仅在"讲授新课"时涵盖了这一主题，还在"布置课后作业"环节中加以体现。A4 老师在巩固新知课后，分配了一个小组作业，主题是"雾霾来了，我们醒了"，鼓励小组成员一起查找相关资料并制作手抄报。这种类型的

课后共同探究活动不仅可以促进学生互助合作和团队合作能力，还有助于改善同学之间的有效交流，增进彼此之间的情感，同时也拓宽了学生的知识领域。通过这种方法，学生更好地理解了生活对空气质量的影响以及雾霾对他们生活的影响。这有助于激发学生对环境保护的责任感，引发他们思考人类与自然的关系，培养人地协调发展的理念，实现有效的教育目标。

在提升环境保护意识和促进人地协调发展观念教育方面，5个教师在5个课例中都采用了多种方法的组合，没有仅仅口头授课的情况。

A1老师采用了视频展示、图表、文字材料、问题启发和角色扮演等多种方式，其中角色扮演的时间最长，约为10分钟。尤其是当A1老师向学生提出了"假如你是开封市的环保局局长，你如何保护和改善我们的空气质量？"这个问题时，整个班级的学生都积极参与、热烈讨论，他们面带微笑，这表明学生对角色扮演这种学科德育方式比较认可。

A2老师设计的整堂课以一个情境为核心，情境是"赵小溪的求助——为父母20周年结婚纪念日规划自驾环游：去北国冰城看冰雕的旅游路线"。这个情境设定使得学生积极参与，他们在整个课堂中一直按照教师的设定完成了所有的学习目标。当他们到达北京站时，A2老师展示了北京的天气预报图片，上面显示了"霾"的标志。A2老师立刻提问："这时去北京需要注意什么？"接着，他进行了启发式提问："我们可以为改善雾霾做些什么吗？"然后播放了一个小视频《一念之间改变雾霾》，鼓励学生讨论在日常生活中应该怎么做。最后，A2老师总结道："对抗雾霾，人人有责。我们应该注重在日常生活中保护大气，保护环境，成为合格的公民。"A2老师在实施德育教育方面用了4分钟的时间，其中包括视频展示、激烈的讨论和引导式言语，取得了显著效果。

A3老师在本堂课中，仅用6分钟来传达学科德育，采用了多种教育手段，包括图片展示（展示人们在雾霾天气中戴口罩的情景）、视频呈现、相关图表和文字材料解释，以及问题启发。尤其是A3老师在呈现材料时提到了"北京某学校投入500万建设'防霾帐篷'"，并播放了有关PM2.5对人体健康的影响和柴静进行的北京 PM2.5 浓度测试实验的视频。这些内容让学生对大气严重污染的情况产生了震惊，并深刻认识到了大气受到污染的严重程度。A3老师还提出了一个关键问题："哪些人类活动会对空气质量产生影响，我们应该采取哪些行动？"这个问题巧妙地吸引了学生的兴趣，同时也抓住了教育的时机，有效地传达了环保和人地协调发展观念的重要性。

A4 老师进行德育教育用时 4 分 40 秒，分为两个部分，即新课授课和作业布置。在新课授课环节，A4 老师主要采用了图片展示和口头教导，特别是当谈到空气质量时，他强调了大气质量与人类活动的紧密关联，呼吁学生采用环保出行方式，以减少碳排放。这堂课是观察的 5 堂课中唯一一次明确提到"环境保护"的课堂，有助于学生更加直接地理解环保的重要性，并激发了他们对人与环境关系的深思。

A5 老师在本次课程中的德育教学用时 3 分 10 秒，运用相关的图表和文字资料（包括 2017 年甘肃省各市州空气质量日报表）以及生产和生活方面的图片（兰州市金山桥的对比照片，分别展示了五年前和今天的情况），来阐述人类活动对大气的影响。教师指出某些人类生产和生活活动会导致大气污染，对环境造成负面影响。然而，他也提到人类可以采取适当的措施，例如甘肃省兰州市通过"蓝天工程"的实施来改善大气质量。这样的教学有助于激发学生对人与环境关系的思考，培养他们人地协调发展的观念。

3.小结

在选择的 5 堂课中，5 位老师一致认为"天气和气候"这一主题对学科德育的实践有益，主要体现在环境保护和促进人地协调观念的培养方面。这一主题通常与雾霾和空气质量相关，5 位教师采用了多种不同的教学方法和呈现方式，并且取得了良好的教育效果。

然而，笔者认为在"天气和气候"这一主题中，除了能够培养人地协调观这一德育主题外，还可以适度引入审美情趣这一元素。教师可以使用鲜明的色彩、引人注目的图片和视频来展示天气和气候，同时结合语文课程中有关天气和气候的诗句、俗语和典故等进行美感的教育。但在选择教材时，应选择学生熟悉的事物和例子，以便学生更好地理解和接受。

总而言之，"天气和气候"这一课程中涵盖的学科德育元素主要包括增强环保意识、促进人地协调发展观的培养以及审美情趣的引入。可采用的教学方法包括角色扮演、情境教学、言语启发、案例教学和活动作业，这些方法可以在新课程的讲授或作业安排中有所运用。

(二)"欧洲西部"课堂观察分析

1.课例中关于"德"的分析

在对"欧洲西部"这一节课的5个教学示例进行分析后,5位教师都明确在教学目标中强调了德育内容,包括因地制宜思想和人地协调发展观。此外,B1教师还提出了培养学生的爱国主义情感,而B5教师则强调在教学目标中体现保护环境教育和保护旅游资源教育。

2.课例中关于"德"的呈现方式和过程

在研究的5个案例中,大多数教师在教授新课程时都强调了德育内容——因地制宜思想和人地协调发展。唯独B2教师在"巩固新知"环节中直接提出了这一观点。这5堂课都以欧洲西部特色产业为背景,特别是乳畜业和旅游业,通过讲解自然和人文地理因素,积极强调适应自然和因地制宜的发展观,以便学生认识到人与自然以及社会之间必须和谐共生才能长久发展。

B1老师设定了三个情感态度和价值观目标:培养学生因地制宜思想、培养学生人地协调发展观以及激发学生的爱国主义热情。整堂课都围绕一个生活情境展开,即"暑假,玲玲和妈妈想出国旅游,旅行社提供了'新马泰'和欧洲四国五日游两条路线供参考"。这种设计激发了学生的积极性,再加上学生使用平板电脑(PAD)的高参与度,整堂课表现得非常活跃。学生通过PAD查找资料、讨论、交流,为玲玲和妈妈的旅游提供建议和做出精彩的解释。然而,从整堂课的实际记录来看,虽然在探究、讨论和交流的学习过程中鼓励学生自我体会,但在落实因地制宜、协调发展和激发爱国主义情感方面,没有看到具体的直接做法。教师主要是让学生感受欧洲各国强大的经济实力和繁荣的旅游业,从而间接激发了他们对祖国的热爱之情,强化了爱国主义教育。

B2老师的课堂关注的核心是培养因地制宜和人地协调发展的观念。B2老师首先在讲解欧洲联盟经济体时,提出问题:"为什么要建立欧洲联盟?"学生积极思考并讨论,老师总结:"由于这些国家大多面积有限,资源和市场都受限,与拥有广阔土地和丰富资源的大国经济体(如美国、俄罗斯、中国等)

相比，它们处于劣势。因此，联合是最明智的选择。这也说明了地理现象会受到地理环境的影响，适应才能更好地生存。"老师通过角色扮演，提出问题："如果你是欧洲西部某乳品工厂的市场专员，你怎么来宣传你的产品？"来激发学生探讨欧洲西部乳畜业发达的原因，强调因地制宜的发展观点。通过丰富的图片展示，老师启发提问："为什么欧洲西部的旅游业如此繁荣？"来引导学生联系自然和人文因素进行分析，渗透因地制宜和人地协调发展的观点。在巩固新知的阶段，B2老师总结："通过本节课的学习，我们了解到欧洲西部国家根据自身的自然和人文优势，因地制宜地发展本国的经济和产业。他们之所以经济实力雄厚，旅游业蓬勃发展，正是因为他们遵循了发展规律，发挥了自身优势，避免了劣势。"这使学生直接感受到了因地制宜发展的好处和重要意义，深植了因地制宜的思想。

B3老师的课堂包括"知识竞赛""才艺比拼""能力竞赛"等环节，整个课堂气氛活跃，充满趣味。这种安排要求学生在课前做好充分的准备，发挥了学生的主观能动性，促进了学生间的交流与协作，提高了学生的探究能力。通过这堂课的学习，学生不仅获得了知识，还加深了对因地制宜思想的认识。

B4老师的课堂设置了情感、态度和价值观目标，侧重于"因地制宜"的思想。这堂课的设计中规中矩，重点是让学生掌握课程内容。以欧洲西部奶牛养殖业的发展为例，通过对奶牛养殖技术的研究，将"奶牛养殖"理念融入实际奶牛养殖中。

B5老师这堂课设置的情感、态度和价值观目标与其他老师不太一样。B5老师认为这节课应该着眼于旅游资源和环境保护意识，以帮助学生形成正确的世界观、人生观和价值观。B5老师采用微课的形式，以巴黎圣母院大火为例，强调了旅游资源保护和环境保护的重要性。

3. 小结

在选择的5节课堂中，5位老师认为"欧洲西部"一节课的德育内容包括：因地制宜的思想、人地协调发展观、培养爱国之情以及增强环保意识。尽管这5节课都是质量较高的课程，但除了B2老师采用多案例分析、启发性教学和言语传授等方法，较全面地实现了所设定的"情感、态度、价值观"的目标外，其他4名老师在进行德育时更多地采用"领会而难以表达"的方式，这种方法很容易让一些学生感觉不到其中的"德"元素，从而难以实现"立德"。另外，通过对5节高质量课例的研究，发现"欧洲西部"这一节课的教学也能用于美学教育。在这5节课中，有许多描绘欧洲西部美丽自然风光的照片和录像，还有充满人文色彩的人文景观图片和视频，这些都能给学生带来强烈的视觉冲击，激发他们想要"亲自去看看"的愿望。

综上所述，"欧洲西部"这一节课包含了德育要素，如激发学生的爱国情感、因地制宜的思想、人地协调发展观以及培养学生的美感。可以采用多种方式实施，包括启发式案例教学、情境设置和角色扮演，不仅可以融入新课的教授和巩固过程，还可以在课后的作业和活动阶段实施，甚至可以在课堂内进行。

（三）"中国的疆域"课堂观察分析

1.课例中关于"德"的分析

"中国的疆域"这5个选择的观察课例中，五位老师在"情感、态度、价值观"的教学目标上达成了高度一致性：他们的教学方向都以培养学生的民族自豪感和深厚的爱国主义情怀为出发点。

2.课例中关于"德"的呈现方式和过程

在这5个课例中，为培养学生的民族自豪感和深厚的爱国主义情怀，教师们在新课引入、新知识讲授、新知识巩固等多个教学环节都有所表现。

C1老师的课堂中，通过演唱一首耳熟能详的祖国歌曲，展示了祖国在各个领域的成就，成功引入了新课。音乐的启发和成就的展示对学生的爱国主义教育产生了积极的促进作用。在新课的讲解中，C1老师采用了案例教学的方法，对我国的地理优势进行了分析，这对我国的农业和经济发展非常有利。通过采用"合作探究"的方法，对我国广袤的领土（纬度和经度）进行了探讨，从中得出了"纵横万里"的精辟描述。这种直接启发式的教育进一步激发了学生的爱国主义情感。

C2老师的课例中，通过使用《我爱你祖国》这首音乐作品，让学生深入了解祖国的壮丽山河。在教学中，C2老师采用了合作探究法，介绍了我国广袤的领土和地理位置的优越性，激发了学生对祖国的深厚热爱之情。

C3 老师的课例在引入环节中同样采用了《我爱你祖国》这首音乐作品。在教学过程中，他通过分组研讨的方式向学生介绍了我国广袤的国土，运用相关图表和文本资料对中国与其他国家的优势进行了比较。这一方法有助于增强学生的爱国意识，激发他们的民族自豪感。

C4 老师先让学生欣赏中国的壮美山河，然后才开始新的一堂课。在此之后，C4 老师出示了本节课的主题——"爱。"直接的言辞教导在新课授课过程中发挥了重要作用。C4 老师采用了讨论法、合作探究法和语言启发法。在介绍我国的领土时，C4 老师明确表示："我们国家的领土非常广阔，是世界上第三大的国家，几乎和欧洲一样大，我们作为中国人应该引以为傲。"

C5 老师运用了《战狼》中的一段经典影片进行教学，激发了学生对国家的热爱之情，并使他们意识到国家的强大是人民的幸福所在。在新课讲授部分，C5 老师同样采用了案例教学和对比分析法来介绍我国的优势，以《歌颂祖国》作为结尾，整堂课都贯穿着爱国主义主题。

3.小结

在"中国的疆域"的 5 节观察课中，情感、态度、价值观的目标非常一致，都旨在激发民族自豪感和培养爱国主义热情，这表明大多数老师都能准确地掌握本节课的德育内容。此外，每个课例的老师所选的教学方法和呈现的环节也十分相似，这意味着老师们需要扩展自己的思维，在教材使用上进行创新，并在课堂教学中增加更多的创新性内容，以更好地实现德育目标。

（四）"建设永续发展的美丽中国"课堂观察分析

1.课例中关于"德"的分析

在对"建设永续发展的美丽中国"一章的 5 节课进行了分析后，笔者发现要贯彻"德"的目标主要体现在以下三个层面：一是帮助学生初步形成可持续发展的理念，二是强化学生对家乡和祖国的热爱之情，三是培养学生的国际意识。

2.课例中关于"德"的呈现方式和过程

在实施学科德育过程中，5个案例均呈现引入、新课讲授和结束三个阶段。在新课的教学中，注重全局观念，并花费了大量的时间；而对学生爱国情感的培养侧重于引入与结束两个阶段，所用时间相对较短。

D1 老师通过影片《厉害了我的国》中的一段精彩片段，让同学们直观地感受国家的强盛，国家的强大是人民的幸福所在。在教学过程中，D1 老师要求同学们根据课堂上搜集的信息，分享中国在三个领域取得的辉煌成就：乘坐中国的高速铁路，见证世界的奇迹；担负大国的责任；推动"一带一路"倡议。通过从中国的视角审视世界，同学们在课余时间积极收集有关国家建设的各种资料，整理和提炼这些信息，增强了他们的国家自豪感。同学们在课堂上的出色表现也使他们认识到中国与世界紧密相联。针对因经济增长而引发的一系列人地矛盾，D1 老师认为，只有通过可持续发展，才能解决这些矛盾，而要实现可持续发展，需要关注产业结构调整，促进生产和生活方式的改变，推动绿色、循环和低碳发展，以实现美丽的可持续发展中国。随后，D1 老师结合当地的发展现状，通过个案分析和说明，使学生对可持续发展观有了更深刻的理解。

D2 老师的课程从观看一部纪录片开始。通过展示"一带一路"的影像资料以及中国参与国际组织和国际事务的信息，学生对中国有了更深刻的了解，并形成了全球视野。通过图片和录像等形式，学生更好地了解了国家的生态环境状况。在 D2 老师循序渐进的引导下，学生对可持续发展的概念、意义以及实施可持续发展的具体要求有了深刻的理解。

D3 老师的整个课程设计思想与 D2 老师相似，以一首《我爱你中国》作为新课的开场白，激发了学生对祖国的热爱之情。通过观看《2017"一带一路"国际合作高峰论坛》宣传录像，学生对"一带一路"的概念有了全面的认识，体验到"双赢"的理念，从而激发了对世界的认识。D2 老师运用水污染、空气污染、砍伐树木等画面，逐渐向学生灌输低碳环保和可持续发展的理念。

D4 老师在讲解新课程时，使用了一些关于生态破坏和环境污染等方面的图片，帮助学生建立可持续发展的观念。以中国为例，介绍了我国在国际上所取得的成就，并对其参与的国际组织和国际活动进行了详细介绍和初步探讨。

以《我爱你中国》作为结束,激发了学生的爱国情感。

D5 老师在引入本章的教学目标时,结合当地的实际情况,从自然环境、人文环境等多个方面系统阐述了贵州省黔西南布依族苗族自治州的地理特点及其在发展中存在的问题,并针对这些问题提出了相应的对策建议。这有助于让学生明白永续经营的重要性。

3.小结

通过对"建设永续发展的美丽中国"5节课的案例进行分析,发现老师们所设定的情感、态度、价值观等目标也是十分统一的,而且学生掌握得都比较准确和全面,这意味着本节课的德育内容比较容易掌握。然而,各个课例的老师们在培养可持续发展观的时候,基本都选择了生态和环境污染作为切入点,而在培养全球意识的时候,也基本上都选择了与"一带一路"相关的材料。这也意味着,老师们在素材的使用上存在一定的限制,他们需要拓宽素材来源,或者从多个角度对相同的素材进行创新运用,实现多样性的教育,循序渐进地提升课堂的品质。

第四节 地理教学中德育培养的策略

一、深挖并准确把握教材的德育因素

对教材中德育要素的正确理解是实施德育的先决条件。探究教材的内涵意味着教师在进行教学设计时要对教材进行仔细的解读,真正理解、领会和把握教材的内容。阅读透彻,并按照《课程标准》和相关辅助材料,从章节中提炼出具体的"德育"内容,这是地理科实施学科德育的前提与依据。只有对"德"的内涵有了准确的理解,才能有的放矢,选择合适的材料来实施德育。

通过对"天气与气候"5堂课的观察,我们发现5位老师都强调了"环境保护"和"人地协调发展"的德育主题,但却忽略了"审美情趣"这一重要的

德育内容。然而，在"一师一优课"平台上对"天气与气候"进行校本教研后发现，J 老师在课堂上巧妙地运用了《渔家傲·秋思》（范仲淹）中的"塞下秋来风景异，衡阳雁去无留意"，以启发学生理解南北气候差异的纬度因子。J 老师使用了大量古诗词来连接课堂内容，为枯燥的教学注入了生机，使整个课堂更加生动有趣。J 老师的课堂不仅展现了自己的文学修养，也为同学们创造了审美的氛围，让学生在欣赏中培养了美的感知。这对培养学生的审美趣味具有重要作用。尽管在考察的"欧洲西部"5 堂课中，老师们在介绍欧洲西部蓬勃发展的旅游产业时使用了大量彩色图片和视频，给学生带来强烈的视觉冲击，但在 5 名老师的教学目标中未明显体现"审美情趣"的德育目标。因此，笔者建议在教学中注意以下几个问题：一是汲取长处，二是改进教学流程，以提高课堂德育的有效性。

二、加强德育素材的积累与创新使用

地理教师应特别注重平时素材的积累，以免出现"书到用时方恨少"的尴尬情况。只有拥有丰富的素材库，才能在教学设计和实施中游刃有余，灵活应对各种情况。在前文所述的 20 堂观察课中，20 位教师都充分利用了大量相关素材来解释知识和渗透德育，为实施学科德育提供了坚实基础。

素材的表现形式可以包括名言、俗语、传说故事、地图、图片、影视片段、音乐、动画、纪录片、实验等。因此，教师在平时生活中需要有意识地从多个渠道收集相关的文字、图片和影像材料，可以来源于地理学者、同行教师、学生、自然界、社会活动，以及校内外的其他部门和单位。同时，教师也需要与时俱进，利用现代信息技术和网络科技资源寻找适用的素材。

素材也可以从我们身边的日常场景中挖掘，例如，在教授"北方和南方地区的差异"时，可以通过考察南北方的服饰、建筑、饮食等方面，以丰富的素材支持教学。另外，素材也可以来自社会热点事件和新闻资讯。例如，在教授"天气与气候"的内容时，引入"雾霾"等时事热点相关的素材，既有助于知识的传授，也可以进行环境保护和人地协调发展观的教育。同样，在教授"中国的人口问题"时，可以结合计划生育政策、二孩政策、第七次人口普查等相关资料来进行教育，以促使学生形成正确的人口观。在探讨"国际经济合作"时，可以引入热点事件如"华为芯片"等相关素材，激发学生的爱国情感和培养全球意识。素材也可以包括真实数据、历史事实、图表和案例等。例如，在讲解中国的疆域时，可以引入中国各个历史时期的地图，以及关于台湾岛的历史事实，来激发学生的爱国主义情感和责任感。

三、引入"德育活水"关联学情与生活

教学的最终目的是为学生服务，因此，要确保学生在短短的一节课中能够有所收获，就需要深刻了解学生的生理和心理发展状况。初中时期的学生因身体和心理各方面都相对不稳定，通常表现出好动、充满好奇心、热衷表演等特点。在这一关键时期，教师应善用这些特点，调动学生的学习兴趣，从而更好地实施学科德育。

初中地理涉及众多与现实生活密切相关的主题，如天气、气候、农业、工业等。这种贴近生活的内容有助于学生更迅速地掌握必要的知识，同时也能更好地理解人与自然之间的联系。在"天气与气候"这一章节的 5 堂优秀课例中，老师们普遍采用了与生活密切相关的教学方法，例如播放天气预报图片、模拟天气预报主播等，这样的教学手法极大地提高了学生的参与热情和兴趣。同时，老师们还通过分析、讨论、探究"雾霾"等当前生活中普遍存在的问题，激发了学生的环保意识，并使他们认识到地理知识的广泛应用价值。举例来说，观察 A2 老师的课例，该老师为整堂课设计了一个情境："赵小溪的求助——为父母 20 周年结婚纪念日规划自驾环游：去北国冰城看冰雕的旅游路线"。这种贴近生活的情境创设鼓励学生基于生活实例探索地理知识，增强了他们的学习和交流能力，促使环保意识和人地协调发展观不断深入人心。

因此，中学地理老师不仅需要深入研究课本内容，还要仔细观察周遭生活中的例子，深入了解事物发生的原因。初中地理教学与实际生活密切相关，因此，教师应当从日常生活出发，引导学生学习地理，并熟练应用地理知识。这样不仅能让课堂变得有趣，还能唤起学生的思考，有利于核心素养的提升。

四、善用多元教学方法落实学科德育

教学方式是实现教学目标的有效途径，它联系着教学、学习和内容。不同的教学情境、学校环境、学生特点、教学目标以及教学内容等因素都会对选择的教学方法产生影响。在实际教学中，我们应该注重优化、组合和充分利用多种方法，但前提是不能违反以学生为中心、促进学生发展的原则。

因此，需要采用多种形式来激发学生的学习兴趣，使他们能够适应课堂的节奏，并积极主动地参与课堂学习。在教学内容上，应采取多元化的方法。语言解释的功能应主要是用来启发和引导学生。学生应该被鼓励互相讨论、合作探究和角色扮演，从而在互动交流、协作探索、情景模拟和思维碰撞中深入理解知识，使思想深入内心，知识融入心灵。观察 20 名老师的教学案例，可以看到在培养不同的德育主题时，他们都采用了符合学生学情和内容的教学方法。在强化环保意识和培养人地协调发展观时，他们主要使用情境教学法、案例教学法和活动作业法。在传达因地制宜的思想时，案例教学法占主导地位，辅以言语启发法和角色扮演法。在进行爱国主义教育时，采用情境教学法和对比分析法，辅以案例教学法和言语启发。在培养可持续发展观时，案例教学法占主导地位，辅以言语启发和说教。在培养国际意识时，最常见且最有效的方法是案例教学法和对比分析法。

即使是在传授相同知识、实施相同德育的情况下，老师们的教学方式也有所不同，但它们都基本能够实现"动静结合"的教学目标。这告诉我们，在实施德育教学的过程中，教师应采用多种形式的教学方法，同时要考虑主题、学生特点、教师自身条件和其他硬性条件，这样才能取得事半功倍的效果。

第十一章 地理学科视角下研学旅行德育的现状及对策

第一节 相关概念与理论基础

一、相关概念

(一)研学旅行

研学旅行是一种新型的学习活动。这个术语最早由教育部基础教育司的王定华提出,它是一种有组织、有计划、有明确目标的校外旅行,旨在提供实践性的学习体验。2016年,教育部等11部门印发了《关于推进中小学生研学旅行的意见》(以下简称《意见》),《意见》指出:"中小学生研学旅行是由教育部门和学校有计划地组织安排,通过集体旅行、集中食宿方式开展的研究性学习和旅行体验相结合的校外教育活动,是学校教育和校外教育衔接的创新形式,是教育教学的重要内容,是综合实践育人的有效途径。"《意见》明确定义了研学旅行,强调了其在综合实践教育中的作用。在更广义的语境中,研学旅行的主题可以更广泛,包括文化研究等领域。然而,多年来,国内外学者研究中小学生研学旅行时普遍采用了狭义的概念。

研学旅行与"冬令营""夏令营"、游学等综合实践活动最大的区别在于它强调学术研究的程度。

(二) 研学旅行课程

研学旅行是学校教育的重要组成部分,也是必不可少的项目。为了确保研学旅行顺利、高效开展,必须明确其目标。段玉山指出,研学旅行不仅是学校的一项活动,也是不同于市场化旅游活动的独立学科,作为一门必修课程,扮演着将学校学习和课外实践相结合的桥梁角色。研学旅行通过各种方式培养学生的核心素养。张帝认为,研学旅行是一门综合性学科,强调多方面的综合性内容。殷世东将研学旅行视为"活"文化育人的有效途径,是推动"活"文化的重要手段之一。

胡向东、殷世东等人指出,要实现研学旅行的可持续规范发展,必须推行研学旅行课程。要根据特定的资源环境和学生的知识水平、实际能力等因素,合理安排研学旅行,并制订相应的教学计划,以确保活动的实施符合学生的学习目标,最终实现对研学旅行的事后评估。

(三) 学科德育

1.学科德育的内涵

"学科德育"这一概念最早是在 2000 年出台的《中共中央办公厅 国务院办公厅关于适应新形势进一步加强和改进中小学德育工作的意见》中提出的。自那以后,上海市在学科德育方面取得了显著的实践成绩,而上海德育的核心思想与最有效的模式就是"学科德育"。当前,"学科德育"的基本含义是:各学科教师在课堂之外,通过与课程内容相联系的方式,对学生进行思想品德教育。在学者的研究中,通常存在两种认识:一种是将德育贯穿于课堂教学的过程,另一种则是将学生在校学习的所有学科的德育内容相加。

学科德育具有隐性课程特征,它是以间接、隐性甚至无意识的方式进行的,强调在各个学科中进行德育的渗透和融入。学科德育是一种与思想政治直接相关的道德政治知识的教学,是一种在学科知识教学中进行的德育和价值引领,注重榜样的作用,对学生的情感、动机和价值观等都有潜移默化的影响。

2.学科德育与课程思政概念辨析

就教学目标而言,在基础教育中,学科德育得到了广泛的应用。

就其内涵而言，牟芳芳提出了较"德育"更为广泛、更为丰富的"课程思政"概念，并将其基本内涵划分为"家国情怀""个人性格"和"科学理念"三个层次，这三个层次是互相关联、互相支持的。其中，国家情怀和科学理念的内涵要比学科德育的内容更加宽广和深入。

就教学方法而言，高德毅和何源都提出，"学科德育"与"课程德育"都要求教师在传授知识的同时，潜移默化地对学生进行价值引导，如春风化雨。

3.学科德育与德育、思想政治教育概念辨析

就其所包含的内容来看，德育包括的内容最为简单，它包括了社会公德、家庭道德和职业道德。而思想政治教育的涵义相对宽泛，通常包括思想德育、政治教育、心理和法治教育等。在内容上，这两种教育很难分开，但为了更好地理解它们，可以从以下几个方面来区别两者：

韦冬雪认为在教育目标上，"德育"是针对青年学生的，而对社会上的所有人则是"思想政治教育"。

杨小芳提出了"守一望多"的思想德育内容结构，其中"守一"将德育作为核心，而"望多"将政治、思想和法制相结合，同时也包括了其他教育元素，如心理情绪教育。而思想政治教育的内容结构以政治为中心，以政治教育为核心，围绕政治展开，其他价值教育因素围绕政治教育进行并运行。

两者的共同点在于：首先，它们在目的和内容上都旨在解决人们的意识形态问题，都为社会主义建设培养合格的人才而服务。其次，从理论依据上来看，两者都具有马克思主义的特征。最后，德育和思想政治教育在功能和价值上都涵盖个体和社会两个层面，只不过德育更侧重于个体的价值。

综上所述，从以上的区别可以看出，两者在目标与内容结构上基本都用"德育"来表述，而涉及政治性较强的内容，则使用"思想政治教育"来区分教育方式。

（四）地理德育

通过前文对学科德育与思想政治教育不同之处的分析，以及对地理学科德育、地理思想政治教育、地理人文精神内涵的总结（如表 11-1 所示），笔者提出了地理德育的中心思想，即地理德育的载体对象具有地域特征。因此，地域德育与一般意义上的德育的区别在于，它是否具备地理学科的特征，包括载体的内容、载体的对象以及获取的思想等方面。

表 11-1　地理学科德育内涵归纳一览表

名称	内涵归纳
中小学德育	山东省教育厅 2016 年颁布的《山东省中小学德育课程一体化实施指导纲要》中提出了中小学的德育主要由"审美情趣、可持续发展、爱国主义、全球意识、多元文化"等方面组成
地理学科德育	综合杨国武、江燕敏、卢世伦、谭振华的观点，中学地理教学中德育的元素有：爱国主义、全球意识、辩证唯物主义教育、科学的世界观人生观、可持续发展教育、社会责任感、竞争与合作意识、法治教育、地理审美、伦理道德、科学精神
地理思想政治教育	综合尼松、王奕兵、汪南茂、罗仲尤的研究，地理学科的思想政治教育内容包括：爱国主义与国情教育、国际主义与全球问题、辩证唯物主义基本观点、人口观资源观环境观教学、可持续发展观、协调的人与环境关系、社会责任感、法治、地理人文精神、地理审美教育、党的基本路线教育、中国特色社会主义理论教育、社会主义核心价值观、"四个自信""中国故事""职业道德"与"家国情怀"、学生个性和心理素质教育、分辨是非等
地理人文精神	综合郝晓翊、袁孝亭的观点，地理人文精神包括对自然的尊重、与自然的和谐相处、资源道德意识、环境保护意识、国家意识、地理美感、对地理学的认识、社会责任感、批判性思考能力、个性与人格发展、价值判断能力

二、理论基础

（一）缄默知识理论

缄默知识最早由波兰尼提出，它是对传统的认识与认知概念的一种补充。该理论认为，知识并不只是一种概念。在科学研究的过程中，灵感的作用往往会对研究产生很大的影响，因此，仅仅相信和依靠有经验的知识，是一种片面的认知。波兰尼认为，"思考的缄默力量"是一种无法用言语表达的思考过程，就像启发一样。关于缄默知识的涵义，波兰尼将其分为两个层面：一是由于动物的无法形容的本能智能的发展而产生的认知能力与功能，这一点不能被充分地表述出来。二是人们在解决问题或形成认知时，对某些线索和细节的理解，其中一部分可以用文字表达出来。在实现终极德育目标的过程中，存在着诸如信念、价值观、隐性认知等隐性因素。

针对研学旅行中"缄默认知"这一问题，以"缄默"的存在为切入点，以"缄默认知"为核心，对"研学"活动中的"隐性"环节进行优化。在研学旅行活动中，要充分发挥地理教师的德育示范功能。

（二）教育生态学的生态位理论

劳伦斯·克雷明是教育生态学的奠基人，他在 20 世纪 70 年代就开始了他的研究。教育生态学源于生态学，因此在理论上与生态学具有一定的相似性。其目的是通过对教育事件与教育环境的互动关系的剖析，探寻其内在的规律与机制。其基本原则包括限制因素法则、耐度法则、适度法则、教育生态位法则。其中，"耐性法则"和"适度法则"强调，在教育生态系统中，每个因素都有其最大效用或最大容忍极限的临界值，也就是上、下两个临界点，之间是适度的范围。教育生态位原则认为，每个学生都有自己的比较稳定的生态位，这一生态位是由主、客观因素共同影响的。

本研究以教育生态学的生态位理论为基础，通过对个案中研学旅行活动德育的构想进行优化，旨在为研学旅行活动中的学生提供更多的信息，使教师对学生的认识更加全面和真实。

（三）社会学习的交互理论

美国心理学家班杜拉在 20 世纪 70 年代对交互理论进行了较为全面的归纳，认为这是一种非常有价值的德育理论。在社会学习理论中，人们的行为是在与外界相互作用的基础上发生的，是通过对学习的观察和对自身效能的认识而形成的。其理论依据是"三支互动决定论"，强调人、环境、行为三者间的相互作用，进而研究人的心理行为。

研学旅行具有"人—行为—环境"互动的特点,学生德育教育的生成过程正是由这三个因素相互作用的过程与结果所表现出来的。人、行为、环境之间的交互作用是通过心理活动来反映的,因此,对地理研学旅行中学生的实际心理活动进行有效的教育指导是十分必要的。

第二节　研学旅行中地理德育融入的现状调查

本部分主要从研学旅行线路的基本情况、以往研学旅行的主题和活动安排两个角度介绍了案例学校的研学旅行。在此基础上,通过与案例学校的主要领导和责任老师进行访谈,探讨了研学旅行德育目标的制定、内容的选择以及实施策略。

一、基本情况简介

截至 2019 年 10 月,案例学校已成功举办了 11 次野外远足活动。研学行程通常从学校出发,沿着山西省首条乡村旅游公路——舜王坪旅游公路,最终抵达兴岭村的翔山文峰塔。整个行程历时一天,长度约 30 公里,大约需要 7 小时。校外远足和研学活动一直是案例学校的传统和特色综合实践活动,也是案例学校德育教育的重要举措。其目的是引导同学们亲近大自然,释放压力,锤炼品格,帮助他们在实践中培养和强化爱国、热爱家园、关心环保以及团队协作等品质。学校分为初中部和高中部两个部分,徒步旅行是初中生和高中生一同参与的,他们都有一个共同的主题,教师可以根据需求来安排研学课题和任务。在以往的研学旅行活动结束后,同学们会以论文、照片或标本等形式来展示他们的成果。

以山西省第一条乡村旅游公路为例,该地区拥有丰富的自然和人文旅游资源。通过全面收集和整理这些研学旅行资源,我们可以从实际出发,清晰了解案例学校研学旅行课程资源与德育的整合情况。基于此,我们可以通过分析案例学校已有的研学活动数据,按照沿途著名的自然和人文景点,如"滦池—乔泽庙—文峰塔",以及"研学旅行"为主线来组织这些资源。沿途包括烈士陵园、翔山、文峰塔等景点。

(一)研学旅行资源一:滦池与乔泽庙

资料简介:公元 79 年,曲沃武王进攻晋国,栾成作为晋哀侯的侍卫将领,在战斗中被俘虏。武公听说栾成既有才华,又有骨气,一心想劝他投降,但栾成义愤不屈,最终勇敢地赴死。哀侯被杀后,晋人立小子侯为君。为纪念栾成,小子侯在今南梁村东为其举行了隆重的葬礼,掘墓时一股清泉喷涌而出,人们以石筑池,取名滦池。为表彰栾成忠君爱国,小子侯封栾成为将军,将晋水旁一亩多地作为栾家的祭田,同时改晋水为滦水,并在水旁建庙祀之。宋徽宗时又封栾成为乔泽神,由是栾将军祠始改称乔泽庙,并沿用至今。股股清流夜以继日流淌不息,世世代代灌溉着下游数万亩沃野良田,使南梁、武池一带奇树繁茂,五谷飘香,风光秀丽,人称"小江南"。

(二)研学旅行资源二:元代舞楼与元杂剧

资源简介:元朝时期的舞楼(又称戏台)与翼城的戏剧文化有着紧密的联系。古代寺庙常举行祭礼,其主要内容通常包括祭祀仪式和歌舞表演,旨在取悦神灵。

山西是中国戏剧的发源地,这里保存着许多古老的舞台,记录了戏曲的演进历程。元杂剧是翼城戏剧中最兴盛的一种剧种,其价值不可低估。人们常提到的"唐宋元曲"中的"元曲"指的就是元杂剧,国学大师王国维曾将元杂剧誉为"一代文学"。山西拥有现存最大规模的元代舞楼乔泽庙戏台在元代文化中的规模和价值均达到了相当高水准。乔泽庙见证了元杂剧的兴盛而名扬三晋,并被列为全国重点文物保护单位。翼城不仅有乔泽庙戏台,还有许多明清时期的古戏台,这充分展示了当时戏剧文化的繁荣与发展。翼城的旅游口号之一是

"处处有戏",现存的古戏台充分反映了翼城戏剧文化的繁荣,已成为一个独具特色的旅游景点。

(三)研学旅行资源三:翔山

资源简介:翔山为案例学校研学线路的主要区域,位于该县东南部,海拔1290米,属中条山脉。因形如鸟舒翼,凌空欲飞,翼城因此而得名。翔山自古就以茂密的森林而闻名,被誉为翼城古代的八大风景之一,尤以"翔山晚照"最为著名。翔山由五座山峰组成,山峰错落,首尾相连,绵延数十里。古塔、古寺、星月碑、无顶柏树的传说和自然景观十分迷人。

(四)研学旅行资源四:文峰塔

资源简介:翔山文峰塔,位于翔山顶部。据《翼城县志》记载:塔创建于清顺治十四年(1657),光绪年间重修。文峰塔坐东向西,平面圆形,为五级密檐式,通高近20米。基座石砌,平面八角形,高0.6米,以天然石砌筑。塔壁为砖砌,以白灰浆黏合。塔心以土填实。

文峰塔在多个地方都有,起源于隋唐时期,主要与科举考试有关。文峰塔一直是历代文人墨客精神寄托的象征之地。清人上官鉉在《翔山文峰记》中写道:"今复建峰于其上,有似乎君子之垂绅正笏,而加之以贤冠黻冕,煌煌礼乐之度,于以登清庙而佐明堂,庶几万邦之具瞻欤?继今以往,斯土之官与斯土之人,仰瞻东皋,勤思往哲雅志于贤人君子,而孜孜然有上达之意,高明广大,日进无疆。"三百余年来,文峰塔一直是翼城培养人才的宝地。

文峰塔还记录了抗日战争的历史。现今的文峰塔一楼设有开洞,上部有两个洞口。根据当地居民的口述,1945年,日本侵略者入侵该地,文峰塔被用作碉堡,与当地的抗日游击队展开了激烈战斗。随着日本军队的撤离,塔体遭到炮弹轰击,虽然塔身受损,但最终保存下来,成为日本侵略翼城罪行的有力证据。这座塔虽然经历了摧毁,却仍然屹立不倒,彰显了翼城人的坚韧和毅力。

二、现状调查

本研究通过对中学地理教师在研学德育方面的认知、学生在研学活动中的德育认知及研学活动中德育体验等方面的调研，旨在了解研学旅行活动中德育的渗透情况。首先，通过问卷调查，从各科教师参与的角度，探寻他们对地理德育的认知。其次，以研学活动征文的形式，对学生的地理德育情况进行文本分析，以获取有关学生地理德育的信息。此外，还通过对参与研学旅行的地理教师进行访谈，研究研学旅行中的地理德育理念、地理德育资源的发掘现状及其存在的问题。

（一）基于参与研学旅行的各科教师整体视角

1.问卷设计

本研究采用问卷调查法，研究对象为广泛参加研学旅行活动的各学科教师，旨在探讨地理学在研学活动中对学生德育的作用。

研究对象：研究以特定学校为对象，调查中学各年级和各学科的教师，每年平均约有60名中学教师参与研学旅行。

调查问卷的内容构成：第一部分涵盖教师的一般信息，包括教龄、学历、所授学科、担任职务、参与研学旅行的次数等。第二部分探讨在研学旅行活动中，教师如何感受到德育因素。第三部分关注研学旅行中地理德育资源的开发。一方面，将这些资源与周边地域环境中潜在的地域德育潜力进行对比，以发现其多样性；另一方面，研究已有的地理德育目标与周边地区的教育资源之间存在的差距。

2.教师对研学旅行中地理德育的感知情况

去年参加研学旅行的教师总数为60名，其中42位老师参与了问卷调查，占总人数的70%。研究对象主要为不担任职务的普通教师，共有30名，占总人数的71.4%。其中，76%的教师具有学士学位。就参与次数而言，31%的教师参加了四至五次的研学活动，36%的教师参加了六次，而33%的教师则参与了六次以上。在所教科目上，除了艺术科目，其他科目的参与人数分布均匀，参加问卷调查的教师样本相对均衡，因此研究结果具有广泛的代表性。

（1）研学旅行涉及的地理德育目标

环境保护意识、可持续发展观是研学旅行涉及最多的地理德育目标。根据问卷调查结果，教师对研学旅行中地理德育目标的认知情况如图11-1所示。

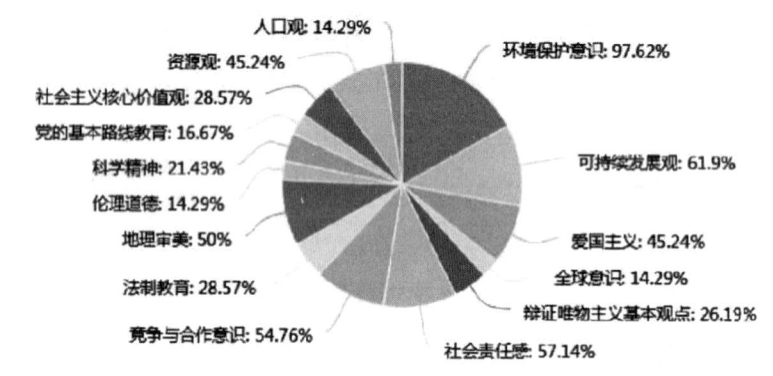

图11-1 基于教师视角的研学旅行中地理德育要素构成

从图11-1可以清晰地看出，超过半数的教师对研学旅行的地理德育目标表现出认同。这些目标主要包括环保意识、可持续发展观、社会责任感、竞赛与协作意识以及地理审美。尽管环境保护是地理德育中最具代表性的元素之一，但在实地研学旅行中，环境保护教育通常仅限于鼓励学生不乱扔垃圾，积极参与路边垃圾清理等活动，与其他研学资源的整合较少。对自然地理要素之间的联系和层次关系方面的深入分析仍有待加强。

（2）地理德育的资源和载体

超过一半的教师认为翔山、滦池、文峰塔是地理德育的载体资源。文峰塔是研学的目的地，翔山和滦池是南梁镇的标志性景观，而连翘花则是翔山上重要的经济作物。大部分的教师都将这些视为地理德育的资源和载体，如图11-2所示。

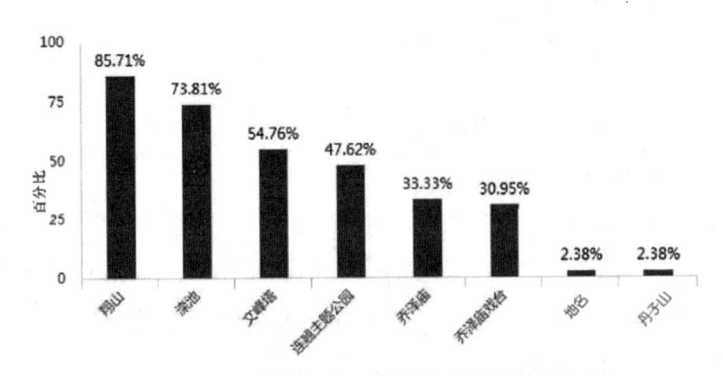

图 11-2 沿途蕴含地理德育潜质的资源支持率

（3）研学旅行中地理德育目标的多样性

与沿线资源所蕴含的地理德育潜力相比，现有的地理德育目标多样化程度处于中等水平。根据五级评分法，平均得分为 3.29，具体情况如表 11-2 所示。如图 11-3 所示，参与问卷调查的两位地理老师一致认为研学旅行中学生的地理教育目标需要进一步多元化，并与学校近五年来开展的德育活动及目标进行了比较。地理德育的目标应该呈现多元化特点，既包括环保观念，也应涵盖爱国情感。

表 11-2 已有地理德育目标多样化程度

选项	非常不多样	不多样	适中	多样	非常多样	平均分
小计	1（2.38%）	9（21.43%）	14（33.33%）	13（30.95%）	5（11.9%）	3.29

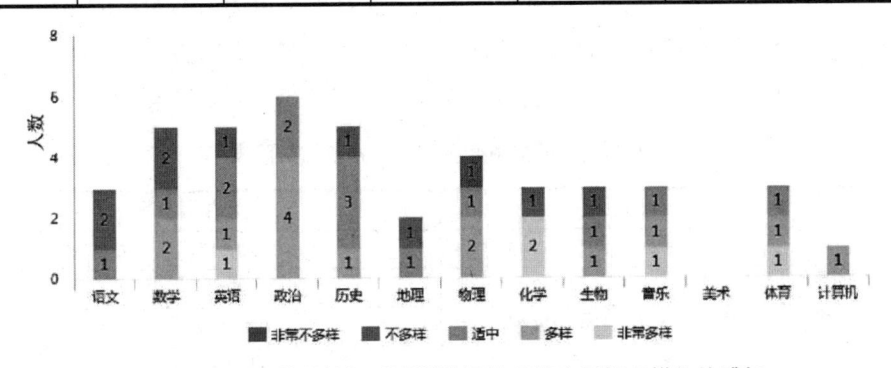

图 11-3 不同学科教师对研学旅行地理德育目标多样化的感知

(二)基于学生征文内容视角

1.征文可用性与分析方法

(1)征文可用性

案例学校的学生的研学征文具有以下几个特点:首先,这些文章采用了直白的表达方式,真实地呈现了学生亲身经历和所见,没有花哨的语言或技巧,因此显得非常真实。其次,这些文章通常在学生返回学校的第一天就完成了,因此内容更加详细且生动。

相较于依赖研究者的经验设计和带有地理德育选项提示的调查问卷,这些征文基于学生的亲身经历,不受外部干扰,更能真实展示学生内化的德育情况。此外,通过这些征文,可以了解学生接受教育的途径,以及他们对研学旅行有哪些需求和期望。与德育问卷相比,这种方式更加全面和真实地反映了学生的地理德育状况。

(2)征文分析方法

征文的主题为"不忘初心、牢记使命",待研学旅行活动结束后,以学生写的作文为样本,最终收集到了初中一、二年级学生(共336名)的研学作文219篇,占比65%。这项调研主要包括以下几个方面:首先,参照《中小学德育工作指南》中的德育目标词汇,仔细阅读并提炼出同学们文章中涉及的道德规范词汇。其次,对意义相近的词汇和描述进行了归纳和概括,将它们整合在一起(如表11-3所示)。然后,通过使用EXCEL对德育相关词汇的出现频率进行统计学处理,得到了相应的调查数据。最后,从征文中提取德育收获的来源以及学生尚未满足的需求,这为改进研学旅行提供了重要的参考依据。

表11-3 征文中德育词汇合并前后对照表

相近的德育词汇	合并后
毅力、坚持、意志、坚强、不放弃	毅力
成功的喜悦、成就感、我成功了	成就感
集体主义精神、团结、团队精神	集体意识
捡垃圾、环保、爱护自然	保护环境

续表

相近的德育词汇	合并后
帮助小朋友、帮助同学	乐于助人
乐观、挑战、克服难题、克服困难	克服困难
自然美、热爱自然、敬佩自然	自然审美
对汉服和花鼓文化的自豪与热爱	文化自信

2.征文中体现的学生地理德育现状

（1）学生德育收获以个体精神体验为主

通过对学生研学旅行征文中德育词汇的统计分析（如图11-4所示），可发现超过半数的学生强调了"毅力""乐于助人""集体意识"等个人特质。此外，还有22个道德词汇，如"文化自信""保护环境""锻炼身体"等，大部分与个人的心理发展有关。

这与学校的研学旅行的行程密切相关。一天走30公里对大部分中学生来说并不算难事，但因为目标尚未达到，所以在体力上需要加强。坚持不懈的精神对学生来说是最大的挑战。如果有学生想要中途退出，周围的同学和老师会相互鼓励和支持，以班级为单位共同前进。因此，许多同学在这些德育经历中体验到了这些词汇的真正含义。

这也从另一方面证实了德育能否被悄然内化的关键在于学生的积极参与和体验。研学中的徒步旅行本身就是一种积极的参与和体验，仅仅一次徒步旅行就能让学生获得许多德育经验，并推动他们更好地成长。

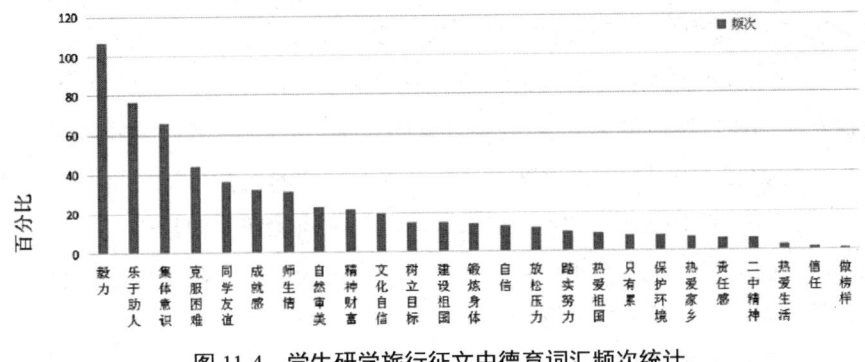

图11-4 学生研学旅行征文中德育词汇频次统计

(2)学生地理德育收获单调且缺乏地理思维深度

在地理德育方面,学生的德育收获比较单一。如表11-4所示,可以看到与地理德育有关的词汇主要有"自然审美""保护环境""热爱祖国"等。此外,在德育思维方面,也存在地理思维深度不够的情况。原因如下:

"自然审美"体现在对自然景观的全面欣赏,表达了对自然的喜爱,也包括通过自然元素来表达对自然的敬仰或激励自己。例如,文章中有提到"翔山的平凡体现了翼城青年的淳朴与坚毅",但只有一篇文章提到了"地形美"。而"热爱家乡"这个主题基本上是建立在对风景和民俗的观察和感受上。

在"保护环境"方面,只有一篇文章将自然地理元素如植被和土壤,同人与自然的关系相结合,突出了环保的重要性,而其他四篇文章主要从捡垃圾的行为出发来讨论环保问题。值得一提的是,尽管"保护环境"的文章较少,但在实际实践中,学生经常参与垃圾清理等环保活动。

"热爱祖国"的情感主要来源于两方面:一方面是主观能动性,或者在教师的启发下,学生将艰苦跋涉和红军长征等历史事件联系起来,深刻体会到了中国共产党人是如何艰苦奋斗的;另一方面,抗日战争中,翔山文峰塔被日本侵略者摧毁,激发了学生的爱国热情和为国家而战的精神。

尽管上述德育词汇同样是地理学科的德育对象,但它们的载体内容和起点与地理学科的视角和思维方式并不十分贴近。

(3)学生德育获得途径多样

文章中既蕴含着学生的德育成果,又蕴含着学生对德育方式的接受程度,对其进行梳理,对推进德育的实施具有一定的实践意义。

第一,榜样的感召,榜样的力量。研学旅行模式具有多元化的特点。征文中提及受到榜样影响的人共有52位,其中包括以"模范榜样"为主题的13位作家,以及10名同学和29名小学生。首先,教师的人格和学识起到了表率作用,学生在文章中提到:"老师这么大岁数了,还跟在我们身边,没有说过要放弃,我们这些年轻人更不能。"其次,学生之间互相学习、相互鼓励。这次的研学之旅,初中学生的坚持让高中学生受到了极大的鼓舞。榜样对学生的德育效果,就像是春风化雨,让人难以忘怀。以观察学习为主的社会学习方式,对于观察者来说,最关键的是拥有能起到榜样作用的真实人物,以及多样化的行为和环境,这些能够激发学生的兴趣。在地理研究活动中,学生可以进行观察和研究,通过观察其他学生和老师的行为、语言和举止,以自我反思的方式来吸收榜样的力量。这有助于将榜样示范产生的卓越德育素养内化到学生自身的认识之中,从而实现自我提高的目的。

第二,通过克服困境而成长。征文中反映的研究课题之一是学生努力坚持,尽管遇到困难也不轻易放弃。超过半数的学生在文章中都有所提及,因为他们能够克服自身困难,坚持到最后,这种坚韧不拔的品质也在研学旅行中得到了锻炼。

第三,教师的启发性指导。有学生写道:"校长告诉我,我们走的那条路,和它比起来,简直是小巫见大巫,我们应该向它学习。"另一名学生在观看具有民族特色的汉服秀后写道:"我听旁边的老师说,我们的衣服很漂亮,我也很喜欢,我们古代的衣服很漂亮,很多人都穿着。"通过这些示范和启发,学生获得了更深层次的德育教育,将这些经验融入自己的价值观中,从而实现自我提高。研学旅行的德育优势在于能够让学生在亲身经历中将已经习以为常的德育知识内化为自己的一部分,融入自己的言行之中。

(4)需要教师改善的地方

与此同时,在本次研学活动中,也发现了许多尚未解决的问题,为今后的研学旅行积累了宝贵的经验。

首先,教师的知识储备不够,难以应对学生提出的问题,这让学生感到失望。学生提到:"我问他,翔山可有什么古人的诗词,他说没有,我也不知道,我很失望。"或者"我问他,为什么要把塔上的灯放到天花板上,会不会有什么漏电问题,他说不知道。虽然有些失望,但我还是鼓起了勇气,向老师提问。"

其次,教师的解答方式需要改进。老师不可能预先准备好答案来满足各种各样的奇怪问题,但可以基于学生提出的问题给予积极的反馈。例如,当有学生询问翔山的古诗时,老师可以说:"我也不太清楚,但我们可以一起上网搜索,然后你可以选择这个问题作为你的研究课题。"这不仅能够积极回应学生的疑问,还能使他们的研究之旅更有意义。

（三）基于参与研学旅行的地理教师视角

1.访谈设计

研究目的：本研究的目的是通过对参加研学旅行活动的地理教师进行问卷调查，以了解他们在进行地理思想德育方面的认知和体验。同时，通过深入了解大部分教师在研学旅行活动中对地理德育的认知情况，探讨现有的地理德育目标的内容载体——翔山、滦池等资源在地理德育方面的潜力，以及解决地理德育目标多样性不足和制定相应对策等问题。

受访者：本研究的受访对象为案例学校的中学地理教师和校长，通过调查他们的职业素养，以便提取他们的观点。为了遵守保密协议，将受访者匿名为 T 老师和 D 校长。T 老师是一位工作年限为 10 年的老教师，因为对 T 老师相对较为了解，因此采用了电话访谈方式。

2.访谈结果

（1）地理教师的德育理念与校领导一致，都以学生精神成长体验为中心

通过与 D 校长的访谈了解到，案例学校研学旅行德育的核心思想是学生的精神成长体验，这一观点与受访的地理教师的看法不谋而合。笔者在访谈中提到："您认为地理学对于研学旅行的价值是什么？" D 校长的看法是："地理学科对研学旅行的价值，只是其中的 1/n，或者说按照 100 分的话它可能就是 10 分，因为对于人的培养更重要的是意志、精神、审美、家国情怀、人与人，以及人与自然的关系等。" T 教师表示赞同，T 教师说："不管是从知识上还是德育上，地理对整个活动的作用都是一小部分""不知道怎么说，就是同意吧，有些东西就得学生亲身体验，现在不懂的以后长大就明白了"。因此，研学旅行中的地理德育主要是通过地理学科为学生提供一定的经验，以促进他们的个人体验和内心成长。在规划、实施和评估研学旅行德育时，要统一"上"与"下"的思想，这是一个重要的指导原则。

（2）研学旅行地理德育尚待课程化

通过采访 D 校长，了解到学校今后的研学旅行德育计划将朝着系列化和课程化的方向发展。受访的地理老师也持有相似的看法，并提出了自己的观点。

T 教师认为，在整个研学旅行过程中，需要有一个贯穿始终的德育主题。

他指出:"从 2013 年起每年两次,但是老师越来越不想去,因为觉得没有什么内涵,而且部分学生也不是很想去。"他进一步指出,前两次研学旅行的区别在于,活动内容更加丰富多样。例如,以新中国成立 70 周年为主题,在翔山举办了丰富多彩的文艺演出,同学们的参与非常积极。因此,在进行研学旅行时,最好能够设定一个主题。

T 教师还强调了"开发研学旅行的地理资源,进而将其课程化,并纳入校本课程"的观点。他提到:"这个活动是要建设校本课程,但是还没行动起来,这个活动开展多了就有点重复,有点流于形式。"从受访教师的观点中可以看出,在研学旅行中,地理德育应该朝着系统化和课程化的方向发展。

(3) 研学旅行地理德育资源的挖掘空间有待提升

首先,在研学旅行中挖掘地理教育资源,不仅要关注沿线著名的地理事件,还应该从地理学的角度去探索途中那些普通而微妙的地理德育资源。T 教师在采访中详细介绍了他所发现的沿线地理学习资源,并将其分为以下几个类别:其一,地貌植被,包括地形地势(如"翼"的来源)、植被作物(黄土高原、中条山脉植被)、岩层岩石(石灰岩、向斜/背斜)、聚落交通。其二,文物古迹,包括乔泽庙、滦池、翔山、文峰塔。其三,红色文化,包括烈士陵园、文峰塔、历史与战争。其四,民风民俗,主要是滦池庙会和当地风土人情。此外,T 教师还提到:"涧峡村道旁有一座寺庙,我们可以从地理学的角度来思考为什么要在这里修建寺庙""中途有一座山洞,虽然是地理现象,但同学们并不太在意,他们只是在那里采摘枣子"。T 教师举的这些例子表明,展示沿线丰富的地理资源时,我们不应该局限于已经开发了的著名景点,而应该将地理教学融入日常生活的细节中。

此外,利用沿线资源开展地理德育的思路还不够充实、具体和系统化。T 教师认为:"滦池还有牛家坡一带,渗透的其他的精神品质比较多,地理的没啥,而且搞开发是政府负责规划建设。"T 教师还提出了更宏观的总体思路:详细列举现有的地理资源和研学旅行的德育目标,然后将二者结合做成活动项目,之后是学生个体的德育落实和深入拓展,再从过程中总结研学旅行的地理美学意义和德育价值。具体思路包括:从学校所在的南梁镇的旅游推广活动出发,结合滦池的文化遗址及当地的民间文化,将地理因素融入,以滦池庙会为核心展开多维度的开发，对现有的旅游资源进行综合设计和工程建设。此外，T教师还强调了从美学的角度来拓展地理德育。

（4）研学旅行地理德育存在的问题

首先，已有的地理德育载体缺乏深入的地理思维。就环保意识而言，对于环保意识的培养，现有载体缺少综合性的地理学思维指导。T教师指出，同学们积极地清扫垃圾，学校的"绿色足迹社团"环境保护活动在增强每个人的环境意识方面发挥了作用。T教师还认为，"沿途的植被也是增强学生环保意识的来源，我们开展的植物研学活动，就是培养环保意识的一个重要活动"。但值得注意的是，环保意识的载体内容还有待进一步挖掘。

其次，在地理德育中，教师主要采用生成性和随机性的教学方式，缺乏师生间的协作讨论及地理德育的系统性和科学性规划与设计。在研学旅行中，地理德育的实施主要依赖于生成性和随机性的方法。地理教师通常会根据学生提出的问题或自己的突发想法对学生进行德育。然而，如果这种教育方式不能整合到学校的教学计划中，就难以普及给其他学生，从而限制了地理德育的受益人数。关于研学旅行课程实施中存在的问题，目前尚没有清晰的解决方案。

此外，还存在学生的主观能动性和纪律性问题。T老师表示，从学生角度看，问题主要体现在两方面：第一，学生的学习意识不够强烈，未能主动提出问题以拓宽自己的视野。第二，对学生的管理较为困难。T老师指出："在研学旅行中，很多学生不听指挥，到处乱跑，尽管有老师的陪同，也难以约束。"而学生可能在长途行走后感到疲倦，考虑是否要中途放弃。因此，学生的主观能动性和纪律性方面存在一些挑战，需要进一步关注和解决。

（四）调查结果综述

1.研学旅行中地理德育的有益经验

（1）关注学生的心灵体验和成长是至关重要的。这一观点来源于T教师多年的研学经验，并通过采访得以确认。将这一思想视为研学旅行地理德育的核心，可以确保地理课程与德育始终以学生为中心，从而避免研学旅行地理德育过于注重"知识"的倾向，使其目标保持关注在学生身上，使学生不仅成为知识的接受者,还成为自身成长的主体。

(2)开展研学旅行是我国地理教育的一项主要任务,也是德育的重要途径。案例学校在研学旅行地理德育方面的自觉性得到了被访老师的证实和体现。他认为,"课程化"和"系统化"是有效推进这一方向的关键,这一共识在访谈结果中得到了详细的体现。

(3)在研学旅行中采用的有效德育措施主要包括榜样的示范作用、从困境中的挣扎中获得成长和教师的启发。这些措施构成了学生德育的重要组成部分。对学生进行研学旅行地理德育,需要着重加强这几个方面的工作。

2.研学旅行中地理德育的薄弱部分

第一,德育的受众对象多元化不足,思想深度有所欠缺。这一问题源于教师对地理德育目标的认知以及研究中反映的德育词汇。尽管地理德育的内涵非常广泛,但若要深刻理解其内涵,不仅需要考虑这些地理德育目标词汇,还要考虑更深层次、更能反映地理学科德育价值的东西。这方面体现了地理教育的内涵,也反映了地理知识的深刻内涵,注重德育与地理学科的有机结合。

第二,在研学旅行活动中,地理德育的规划不足,师生之间的协作存在缺陷。要使地理德育在研学旅行中得以课程化和体系化,需要考虑两个关键方面。首先,必须以地理思维和地理视角不断挖掘可用的地理德育资源,将其设计为适合学生参与的活动。这一点在对该校地理老师的访谈中有所体现。其次,要加强师生之间的合作和讨论。在访谈中也发现了一些问题,表明协作不够顺畅。

第三,对研学旅行地理德育的评估需要进一步细化和完善。评估的不足部分归因于与地理教师的面谈。评估应该包括对学生成绩的分析,有针对性地提供反馈,对他们的进步表示认可,同时解答他们的疑问。尤其要注意对他们在写作过程中的指导和评估。在德育方面,教师的启发和指导发挥了积极作用,但教师也需要更多地关注如何回答学生提出的问题。此外,还需要重视对学生的研学旅行结果进行反思和总结,以为今后的研学旅行地理德育提供经验积累。

第三节 研学旅行地理德育培养的优化对策

一、从理论高度强化对研学旅行地理德育的意识

(一) 重视地理德育中的缄默知识

地理学科拥有独特的德育内涵。从地理学科的角度开展研学活动，不仅丰富了研学的德育内涵，还有助于学生在研学活动中感受到地理学科德育的重要性和独特视角。地理学科德育包括观念和价值观等缄默知识。一般而言，所制定的地理课程德育目标对教师来说是明示的知识，但对学生来说，它们在一定程度上是隐含的知识。教师对这些德育内容有深刻的理解，拥有自己的生活经验，而这正是学生所欠缺的，也是学生在学习老师所布置的德育内容时应该具备但却缺乏的因素；这是一种隐性的知识，用以规范德育中的语言和行为。因此，从地理学的角度挖掘研学旅行中的德育资源，可以将这种隐性的德育内涵通过研学旅行的实际资源显性化，从而最大限度地发挥其对学生的地理德育作用。

在研学旅行的过程中，教师不仅要通过对地理知识的深入研究来检验、充实学生对地理知识的掌握，提高他们的地理方法和技能，更重要的是要向学生展示地理知识所蕴含的德育要素。在地理德育中，应关注那些缄默知识，如"信仰""价值观"和"直觉"。

(二) 研学旅行知行合一的德育优势

在研学旅行实践中，充分发挥知行合一的地理德育优势，具有重要的现实意义。根据教育生态学的原理，要取得地理德育的最佳效果，必须识别制约因素。制约因素是指导致设计偏离期望与现实状况的因素。例如，在地理德育中，提倡可持续发展观，教师在课堂上进行这种理念的灌输，并在试卷中进行测试，但在现实生活中，学生仍然难以改掉乱扔垃圾的习惯，对生活中的污水和废气排放不够重视，更多地将其视为与自己无关的事情。造成这一差异的主要原因

是"知"与"行"不一致。这两个因素都是地理思想德育中的生态因素，两者均未实现适度，因而造成了学生在课堂上接受的"环境观"教育不能很好地进行内化。因此，研学旅行作为一种教学情境，其最大的价值就是将"知"与"行"合一，按照适度原则来调和这两个制约因素，实现地理德育的最大价值。

研学旅行是一种综合性的、开放的情境，它为学生提供了更多的发挥空间，也是学生进行思想政治教育的"练兵场"。泰勒在《课程与教学的基本原理》中提出："学习是学习者对其所生活的环境做出的回应。"杜威将教育视为孩子们生命历程中的一部分，提倡在实践中学习。研学旅行提供了一个开放、包容的环境，使每位同学都有充分地发挥自己个性的机会。在实践中，学生将在课堂上学到的知识付诸实践，体验到与学校里的生活大不相同的经历和情感，并通过自己的行为和体验来展现，这是知行合一的过程。

（三）研学旅行是了解学生德育水平的"窗口"

运用教育生态位原理，为科学地开展研学旅行活动提供理论支持。教育生态位原理指出，每个学生在班级中都有自己的"生态位"，从主观上来说，这个"生态位"取决于每个学生的性格、知识能力、自我效能感等，容易受到周围环境、他人，特别是教师的影响。然而，与寂静、单调的室内教育相比，开放式、综合性的研学旅行环境，导致一些学生原有的生态位发生了变化。这一转变既源于学生在与各种情境的互动过程中所表现出来的自我，又源于从观察中获得对自我的理解，并将其具体表现在行为上。另一个原因则是教师对学生有了更多的了解，从而改变了对学生的评价。研学旅行所带来的"生态位"的改变或加强，不仅体现了学生的德育状态，同时也为教师更全面地认识和评价学生，并有针对性地进行指导提供了一个很好的机会。

研学旅行可以为地理教师提供一个新的视角，使地理教师对学生的思想品德素质有一个更为真实、完整的认识。在研学旅行的经历中，学生在遇到问题时，容易表现出自己的思想和道德的本来面目，这可以帮助教师搜集到试卷上很难检测到的学生的思想政治素质的实际水平。此外，研学旅行加强了德育的针对性，通过对学生的实际思想政治素质状况的观察，从而对他们有一个更加真实、更加全面的了解,并对他们进行及时的指导,促进学生健康成长。对于学生来说,这也是一次展示自己、了解自己、评价自己的机会。一线教师因其面向众多的学生,在对其进行评价时,仅限于课堂上的成绩与表现,其表达方式也受到限制。因此,一些学习成绩差的同学,在评价时容易被片面化、边缘化,这将极大地影响到学生的自我评价和认知。研学旅行使学生摆脱了课堂与学业的束缚,使他们有了一个更开阔、更开放、更自由的学习空间,并为他们提供了一个进行自我评价与自我定位的机会。

二、拓展地理德育内容挖掘思路

在研学旅行的课程设计与实施中,教师要对其进行实地考察与剖析,不仅要从地理视角中提取地理知识,更要将其自身所蕴含的精神与价值观加以提炼;将地理课程的理念与价值观融入学生研学旅行的实习教学之中,在生动的情景中,潜移默化地影响和提高学生的道德水准和政治意识,促进学生全面、健康发展。

(一)以人地关系为主线的思路及案例展示

在地理学研究中,人地关系是一个重要的主题。和谐的人地关系是地理学的核心要素,然而,这种人地关系并非一开始就如此。人地关系是随着生产力的发展和人类认知的进步而发生变化的。人类社会从最初的狩猎和采集阶段开始,随后进入农耕文明时代,人类在这个时期开始主动改造自然。之后,随着工业化的兴起,对自然资源的大规模开发和控制成为主要特征,最终演化到今天的人与地的和谐关系。人地关系的演变可以解释许多问题。

1.案例设计一:人地关系视角的涑池德育设计

(1)背景资料介绍。涑池的祭祀文化与晋南地区丰富多样的庙宇类型密切相关,这一现象源于晋南古老的崇拜传统。不同类型的庙宇会在不同时间举办祭祀活动,这取决于各庙宇所崇拜的神明以及与其相关的农业生产等因素。其中,乔泽庙就是其中之一,它供奉着涑水之神。每逢农历三月八日,即涑池庙会的日子，人们会挂上彩旗，向滦水女神献祭。如今，由于滦池水资源短缺，无法再用于灌溉，而滦池庙会也已演变成为当地重要的旅游活动，不再局限于宗教祭祀。

（2）基于人地协调观的德育资源挖掘。从人地关系的角度来看，滦池的祭祀文化也是一种独特的地缘德育资源。滦池的祭祀活动通常在春耕期间举行，这反映了当时一个亟须解决的问题。在过去的动荡时期，由于战乱和社会不稳定，人们担心农业生产和生活无法得到保障，因此通过祭祀来祈求风调雨顺、五谷丰登。但随着社会生产力的不断发展，祭祀活动从对自然的崇敬逐渐演变成一种旅游资源。在地方政府的协调下，滦池庙会被改造成一个小镇的旅游亮点。滦池的人地关系也随之从"敬天"向"人定胜天"转变，本质上是由于生产力的提升所带来的。

（3）活动设计。通过对滦池庙会祭祀活动的深入了解，学生能够认知滦池庙会作为旅游资源的发展历程，并对其中所涉及的人地关系进行深刻反思。这有助于学生从这一视角出发，更好地策划地方旅游宣传活动。

2.案例设计二：人地关系视角的翔山德育设计

（1）背景资料介绍。如今，翔山的历史遗迹，在岁月的侵蚀、人为的破坏、战争的摧残下早已荡然无存，只留下文峰塔。翔山的"翔山晚照"已被毁，成了一片荒地。然后，当地政府制订了扶贫开发计划，对翔山进行了大规模的梯田化改造，发展了连翘产业，为当地居民提供了致富之机。如今，连翘的种植面积已经超过两万亩，初春时节，整座山都金光闪闪。充分利用翔山被纳入全县旅游开发计划的有利时机，将翔山的连翘栽培发展成为一个以连翘花为主题的乐园，为游客提供了周末休闲和假日观光的绝佳去处。

（2）基于人地协调观的德育资源挖掘。翔山自古以来一直是一片茂密的森林，由于生产力较低，对木材的需求不大，因此得以保持完好。然而，在改革开放初期，由于生产和建设需求，加之人们的贪婪，大规模的森林砍伐导致了植被的严重破坏，而且没有受到有效的保护，结果形成了大片荒地和梯田。随后，翔山发展起了连翘花产业，并推出了翼城的旅游项目，将连翘花栽培主题乐园打造成了一个热门旅游胜地。从最初的"翔山晚照"到如今的翔山连翘花,这一过程反映了人类从冲突走向和谐的历程。

(3)活动安排。带领学生参观沿途的连翘花栽培,让学生思考其发展的优点和缺点,使他们从中领悟到人类与自然和谐共处的重要性,以及如何实现这种和谐共生的生活方式。

(二)以综合思维为指导的思路及案例展示

在中学地理教学中,培养学生的综合思维能力是促进创新能力的关键。人类所处的地理环境本质上是复杂而综合的,其产生和演变受到各种自然和人文因素的相互作用和变化影响。综合思维在地理教学中的角色是识别和分析这些因素,从地理角度解释事物的发展和变化。

地理德育的内容非常丰富,但如何有机地将其与研学旅行实践相结合,使学生能够亲身体验和内化感悟,需要教师的指导和帮助。武梦芦以地理学视角对中学生研学旅行的实施策略进行了研究,提出了可行的策略,包括"要素判别→模式发现→过程推理→理论提炼"。这个方法从地理要素出发,帮助学生用地理视角看待研学旅行中的事物,首先让学生能够注意到这些要素,然后引导他们获得有关地理德育的体验。此外,从地理元素入手,也可以使地理教师更系统地发掘研学旅行中的地理德育内容,为学生提供合理的指导。

1.案例设计一:综合思维指导下追忆"翔山晚照"

(1)背景资料介绍。翔山旧貌。清朝时期,翔山郁郁葱葱,拥有着翼城古代八景之一的"翔山晚照"。清人上官鉉在《翔山文峰记》中留下了这样的记载:"山川形胜,甲于三晋,而奇峰捧日,望之苍然而森秀者,其翔皋乎?"王猷成也以诗歌表达对这美景的赞美:"名山胜地气氤氲,羡尔翔朝日欲曛。碎影横开鹦鹉翼,余光乱布凤凰文……不是阳鸟依绛地,林间华彩倩谁分?"从这些描述翔山美丽风光的诗文中,我们轻松地感受到了翔山的壮丽景色。

然而,如今,翔山的大部分坡地都被开发成了荒山荒地。由于植被的严重破坏,原本的"翔山晚照"景观已经不复存在。

(2)综合思维指导下的德育内涵挖掘。从王猷成的诗中可以看出,早期的翔山森林葱郁,水汽充沛,地气浓郁,因此才有了"阳鸟依地""鹦鹉翼""凤凰文"等景象。从地理学的角度来看,"翔山晚照"这个地区的美丽景色与地形、植被、湿度等自然地理因素密切相关。因此,一旦植被遭到破坏,当地的小气候将变得干燥,失去了浓郁的地气折射,夕阳的美丽也将不再如梦幻般绚丽。

(3)活动设计。为了实现这一目标,可以鼓励学生考察沿途不同种类的植物,特别是关注翔山植物垂直分布带的变化,并鼓励他们提出翔山绿化的建议,并相互交流意见。

这一活动的目标是通过地理美学综合思维的方式培养学生对地理要素的理解,同时也深化学生对植物在局部微气候中的重要作用的认识,以建立科学的资源观念和植物保育意识。

2.案例设计二:综合思维指导下追忆"溰池映月"

(1)背景资料介绍。溰池位于翔山山麓,由于地势较低,周围的地下水均流向此处。在古代,溰池是翼城西南山区的一项重要水利设施,为方圆500多平方公里的山地提供了水源。溰池内壁雕刻着十二个石龙头,在古代,因溰池水位较高,水源从这十二个龙头不断喷涌而出,因此得名"溰池秋月",是翼城的八大景观之一。然而,如今的溰池虽然仍有水,但水源已不再高到足以使水龙头喷水。实际上,溰池的水源已在20多年前断流。根据《翼城县志》的记载,"明弘治间涸数岁""清康熙末年,忽涸三四载,至宪宗(雍正)御极,复出。民国四年池水忽停流,逾岁复照常外涌溉田"。

(2)综合思维指导下的德育内涵挖掘。"溰池映月"这一古老景观的形成与植被和地下水密切相关。溰池水源断流是由人为生产活动引起的。改革开放后,当地居民出于经济利益的驱动,大规模砍伐树木、爆破开采矿藏,导致自然环境中的各种因素相互作用,引发了连锁反应,破坏了植被和地表环境,使地下水脉中断,导致溰池水源短缺,停止喷水。

(3)活动设计。通过研学活动,希望学生能结合地球内部循环的相关知识,反思溰池断流的原因,并提出一些溰池水源保护的策略。

这一活动的目标是让学生意识到植物对水源保护的重要性,培养森林资源保护的意识。

（三）结合区域认知的思路及案例展示

区域认知是指在一定地域范围内对各种地理因素的理解与规划。地域尺度、地域特性和地域关联构成了区域认知的主要内容。研学旅行是在特定地域中进行的，因此，培养学生对家乡的热爱和德育因素都隐藏在该地区的特点和发展计划之中，其可以帮助学生更好地了解家乡的发展情况。

1.案例设计一：舜王坪旅游公路的喜与忧

（1）背景资料介绍。舜王坪旅游公路始于南梁镇南坡村，终于蟠桃岭，与历山风景区相接，是山西省首条乡村观光公路，总长42.6公里。这一项目是该县建设全域旅游交通网络、构建"五山一中心、三线八循环"旅游体系的初步尝试。它不仅实现了该县文化旅游产业的重要突破，还将对全县的经济和社会发展产生深远的影响。

（2）区域认知视角下审视舜王坪旅游公路。舜王坪旅游公路的兴建一方面为翔山地区的旅游开发奠定了坚实基础，改善了历山风景区与翔山之间的交通联系，使人们的出行更加便捷。另一方面也提高了沿途居民的生活便利度，增加了农产品的销售渠道，并产生了旅游带动的外溢效应，有助于提升当地居民的经济收入。然而，从另一个角度来看，方便的交通和不断增长的游客流量也给当地的生态环境带来了一定压力。

（3）活动安排。学生在舜王坪旅游公路上行走，思考道路建设对翼城东山地区的影响，并以讨论的方式交流意见。

该活动旨在帮助学生更直观地理解家乡旅游业的发展，同时培养他们对家乡的热爱，以及发展辩证思维的能力。

2.案例设计二：晋南区域元杂剧的留存

（1）背景资料介绍。山西是元杂剧相对流行和保存较为完好的地区。时间追溯到元朝，元朝统治者为巩固中央政权，在全国范围内设立了多个行政机构，同时还调派了蒙古铁骑驻守。山西、山东、河北、河南和内蒙古都是元代的行省。由于蒙古人喜好歌舞，因此这些行省成为元代杂剧的流行地区。

元代杂剧的盛行一直持续到元朝末期。然而，在元代末期，河南、山东、河北等地成为起义活跃之地，而山西因地理位置偏远并未受到太大的影响。因此，元代杂剧在各地逐渐式微，仅有山西一地保留下来。

（2）基于区域认知视角的地理德育资源挖掘。元代杂剧的繁荣区域主要包括河南、河北、山东和山西。在红巾军起义后，山西成为唯一保存元代戏曲的地区。这与山西的地理位置有很大关系。元末时期的红巾军乱局影响到了河南、山东、河北等元杂剧盛行之地。山西东部有太行山，与河北分隔；南部有太岳山和中条山，与河南相隔，地势偏僻，远离战火。因此，山西成为保存元杂剧相对完整的地区。

（3）活动安排。收集并学习元杂剧，理解其精华，并思考元杂剧为何能在山西保存下来。

通过这一活动，学生将认识到乔泽庙元杂剧的珍贵价值，并从地理角度理解这一文化传统之所以得以保存的困难和宝贵之处，以此强化他们对传统文化的珍视。

（四）整理地理德育中的两难问题

地理学科德育中的两难问题，是深化学生德育认识的一条重要途径，也是我们必须关注的问题。所谓"两难问题"，既包括理论上所学与实际之间的矛盾，又包括学生自身不易察觉的知行不一致等问题。问题情境对学生的道德认知有增强和内化的作用，同时也有助于他们进行自主的道德判断和行为引导。真实的社会本身就是一个矛盾体，特别是在当今这个信息高度发展的新时期，学生在网络上所受到各种各样的价值观影响。如果他们不能自主进行正确和独立的道德判断，这对个体和社会的发展都存在潜在的威胁。

在课堂上，有教师和教科书作为指导，学生通常习惯按照教师的要求去完成任务。然而，这个困境中的矛盾与学生个体自身无直接关联，因此他们可能不会深入思考，也难以获得深刻的道德认知。张克巍主张采用生命德育理论来解决德育的困境。研学旅行为学生提供了一个回归现实、更新德育认知、实现知行合一的绝佳机会。

尽管在课堂和试卷上，学生的回答可能满足了地理德育的要求，但德育工作最终要求学生将道德认知内化到他们的生活实际中。许多德育困境需要学生在内心进行斗争和思考，最终才能实现德育的目标。

（五）以唯物辩证法为代表的跨学科思路

在地理德育的教学中，渗透物质观、运动观、联系观和发展观的辩证思维方式。在中学地理课堂教学中，教师应以辩证的眼光看待问题。学生置身于自然环境中，他们不仅应该观察自然现象，还应注意到人文变革的迹象，教师应以尊重客观自然规律和人的主观能动性之间的辩证关系为出发点，来启发学生。

从联系的角度来看，所有的地理现象都是相互关联的。以滦池为例，可以分析滦池断流与植被破坏之间的关系。滦池地区的植被遭受了严重的破坏，导致植被覆盖度降低，从而影响了植物根部的蓄水能力。地下水位下降，进而输送到滦池地区的水量也减少，最终导致了滦池的干涸。

站在发展的角度看，发展就是新事物的兴起，旧事物的淘汰，这是一个螺旋式的过程。我们应该从发展的角度看待问题。例如，翔山地区的发展历程从"翔山晚照"开始，然后经历了采伐和采砂导致的荒滩，接着发展成了梯田，种植了连翘，再到如今的连翘主题公园，都代表了一种新的发展理念。

（六）汲取风水文化为代表的国学精粹

中华五千年来的文化积淀了丰富的思想与智慧，中华优秀传统文化和国学经典中蕴含着丰富的地理德育内容。例如，风水文化，许多同学可能将其视为迷信，难以准确、客观地理解。然而，实际上，风水文化中的许多内容都是建立在地理知识与原则之上的。如果地理老师在研学旅行时能够以地理学的原则为基础，对这些被视为迷信的内容进行分析和解释，那么就能为传统的风水文化正名，使同学们了解古人的智慧，并体验其在生活中的应用。

再举例，滦池的名称源于晋国忠臣栾成的名字。传说栾成死后，晋国赐给他一块祭祀地，就位于今天的牛家坡村。当人们在祭祀的田地里挖掘墓地时，突然发现地下水涌出。因此，人们将这一现象归功于栾成的功德。然而，实际上，滦池之所以能够涌出水，并不是因为栾成的功德有多高，而是因为翔山地下暗河在此汇聚，从而聚集了水源。这与风水的好坏无关，而是地理上的一种现象。

三、给予学生及时的地理德育评价反馈

（一）提供精准、有针对性和个性化的指导

在评价方式上，应坚持多元化的观念，强调对学生科研成果的针对性和个性化评价。研学旅行以学生体验为中心，因此，在评价方法上应反映出"尊重体验""多元化"和"包容"的特点。不同类型的学生在研学旅行中获得的经验和收获各不相同。研学旅行可以被视为一扇宝贵的"窗口"，也是一种对学生进行核心素养"输出"的宝贵途径。因此，制定研学旅行评价制度的核心思想是要尽最大可能激励学生，使这个"窗口"越来越开放。学校和教师应充分考虑学生在研学旅行中的个性表达需求。目前，学校的评比方式包括作文评比、摄影评比、标本评比等，也可以增加演讲、研学报告写作和班级交流等形式。

同时，研学旅行评价制度应确保对"输出"进行及时反馈。学生最终呈现的地理研学旅行成果最大的价值在于使教师能够清晰地认识到学生在知识水平、技能和思想政治觉悟等方面的不同之处。每个人都有自己的长处，因此，教师的任务是提供精准、有针对性和个性化的指导。应肯定学生的创造性和出色品行等优点，同时要及时指出研学旅行中出现的问题和缺陷，以帮助学生更好地了解自己，提升核心素养。在进行地理德育评价时，地理教师必须对学生的学习成绩进行仔细评价，并将学生的优势和不足之处反馈给他们，以帮助他们更好地认识自己。

（二）及时观察和引导学生的言行举止

过程性评价在一定程度上可以弥补其不足之处，特别是对于学生的德育来说，其内化的水平更多地表现在他们的言行举止上，而不仅仅是文字表达。在研学旅行中，学生表现出的乐于助人、积极克服困难等行为，都是衡量学生真正道德素养水平的重要基础。然而，这些方面很难通过文字来表达，因此德育评价应更注重观察和记录学生的行为，及时提供指导。如果仅仅依赖最终成绩

来评价学生，就会忽视学生的德育认知。

在研学旅行活动中，教师不仅充当组织者和监督者的角色，还扮演"合作者"和"引路人"的角色。首先，教师需要积极、仔细地观察学生的言行举止，这种亲近加深了教师和学生之间的理解，特别是对那些常常被忽视的学生，有助于更好地了解学生，协助他们学习和成长。这提供了一个难得的客观和真实的评价机会。在评价过程中，及时反馈能够帮助学生纠正缺点、激励优点，使他们认识到自己在道德评价和认知方面的独特性，实现评价对学生成长、发展和自我认知的促进作用。其次，教师需要对学生提出的问题具有较强的反应能力。虽然学生在作文中的知识缺陷可能会显示出来，但这些缺陷可以通过学生的态度和方式来弥补，因此答题的过程本身也是德育的一部分。

研学旅行为学生提供了一个机会，让他们了解自己，提高自己的自我效能感，这是社会学习的核心。自我效能感决定了学生在面对特定任务时，对任务难度和失败的解释。自我效能感高的人将困难视为挑战和提高自己的机会，一旦失败，会从自己的勤奋程度、知识技能等可控的角度找到不足之处，并愿意在将来努力提高自己的能力。在这个过程中，个人的自我效能感会得到加强，从而激励个人实现既定目标。低自我效能感者则相反。自我效能感暗示了学生对自己的认识，为教师提供了指导的契机。然而，在校园生活中，学生通常面对的是一成不变、单调的挑战，这会影响他们对自我的认知。而研学旅行更具挑战性和全面性，可以帮助学生了解自己、提高自我效能感，同时也为教师提供了更有针对性的指导机会。

四、完善教师合作与激励机制

（一）营造教师合作设计研学旅行的环境

研学旅行是一项综合性的活动，它要求不同学科的老师共同努力，共同探索，以丰富和充实研学经历。研学旅行地理德育需要地理教师与其他学科的老师进行协作，这不仅可以促成头脑风暴，还可以让各个学科的老师为学生提供更多的启发，打破学科的限制。例如，可以设立研学旅行建议表，让老师们就研学旅行的主题和任务安排提出建议。还可以设立研学旅行办公室、圆桌讨论会和资料收集中心，以便老师们能够分享研学旅行相关的资料，进行合作交流，同时也为老师们建立了一个合作交流平台。

（二）完善激励机制

研学旅行从课程设计到实施，再到最后的评价，都需要耗费大量的时间和精力。如果没有足够的动力，老师们难免会产生不满情绪，从而影响到研学旅行的高质量和可持续发展。因此，学校可以制订举办研学旅行活动的奖励计划，并鼓励广大师生积极参与。同时，学校可以为老师们提供旅游补助，以表达对他们的关心，鼓励他们不断作出贡献。

第十二章　地理教师政治地理素养提升研究

随着中国领土问题日益突显和"一带一路"倡议的实施，政治地理在国家发展中的重要性逐渐凸显，因此，加强政治地理素质教育已成为德育发展不可分割的一部分。

第一节　地理教师政治地理素养现状调查与分析

一、调查目的

2017年，新一轮的课程标准相继出台，意味着教学改革已经进入了一个新的阶段。地理这门课程积极响应党中央的号召，以火热的姿态开展着地理新课改，真正完成了立德树人的根本任务。地理课程体系的构建，在课程评估等众多方面都经历了较大的变革，尤其是在中学阶段，政治地理教育的开展越来越受到人们的关注。常言道，"要教给学生一杯水，教师本身要有一桶水"，如今对学生提出了新的要求，也意味着对教师的政治地理素质提出了更高的要求。地理教学改革的成功与否很大程度上取决于地理教师，他们对学生有着很大的影响力。

本研究采用课堂观察和问卷调查的方式对中学地理教师的政治地理素质

状况进行了一次调研。经过这一过程，我们可以得到关于中学地理教师的政治地理素质的第一手信息，从而对其进行全面的认识和把握，同时，本研究也对目前中学地理教师的政治地理素质状况和特征进行了分析，并针对存在的不足之处提出了相应的优化对策，旨在为中学地理教师的思想政治教育提供参考。

二、调查方法及对象

本研究的调查方法以课堂观察法和问卷调查法为主。课堂观察法指的是观看网络上的地理课录像，重点考察了当涉及政治地理内容时，地理老师是如何教授的，以及是否重视政治地理教育，如图 12-1 所示。

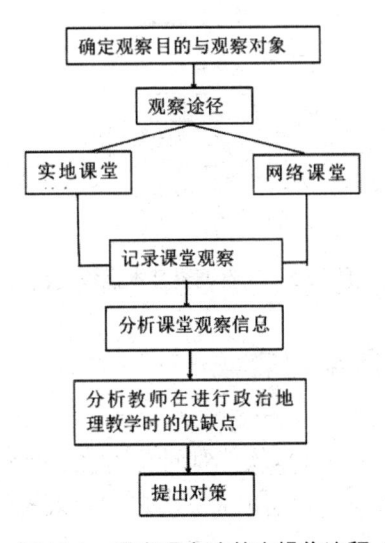

图 12-1　课堂观察法基本操作流程

本次调查选择了 8 名教师，对这 8 名教师的课堂进行了观察，并对他们的政治地理素质进行了分析。本研究设计了一套完整的调查问卷，并对其中的一些问题进行了修正和改进，然后，利用现代互联网技术，将调查表的内容输入调查表的网站中，生成一个 URL 和一个二维码，以扩大调查表的覆盖范围。这也使得调查表更容易分发和回收。

在发放调查表时，我们对调查表的完成情况进行了及时跟踪，以便更好地分析调查结果。一旦调查的人数达到一定数量，就会停止采集，然后对调查表的各个结果进行分析，得出了调查的结论。

本研究以初中地理教师为调查对象，共回收了 101 份问卷。调查执行过程如图 12-2 所示。

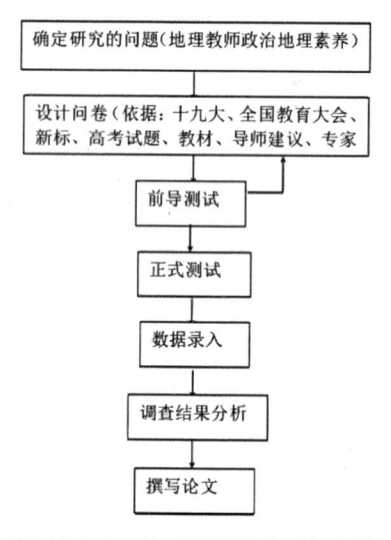

图 12-2　问卷调查基本操作流程图

三、调查工具及内容

本研究采用 Excel 和 SPSS 软件对问卷数据进行统计分析，同时对学生进行观察，评估他们对中学地理知识的掌握程度。本次调查共包含 19 个问题，包括 10 个单项选择题、8 个多项选择题和 1 个填空题。研究的主要内容包括被访学生的一般资料和初中地理老师所了解的有关思想。

四、课堂观察结果与分析

（一）课堂观察对象信息

被观察者共有 8 人，为提高调查的客观度，选择了 3 位男老师和 5 位女老师。所选择的教师的教学经历也有很大的差异,既有刚参加工作不久的新老师,也有经验丰富的老师,研究的对象主要具有本科和硕士学位,这也是目前国内大多数教师的学历层次。以这8位教师为例,对《水资源的合理利用》一课进行了一次观察,以便于比较和分析。

课堂观察对象基本信息如表12-1所示:

表12-1 课堂观察对象基本信息

教师编号	A教师	B教师	C教师	D教师	E教师	F教师	G教师	H教师
性别	男	女	女	女	男	男	女	女
教龄(年)	33	23	0.5	/	2	9	/	0.5
学历	本科	本科	本科	/	本科	硕士	本科	硕士
课题	水资源的合理利用							

(二)课堂观察个案分析

表12-2列出了A、C、D三位老师的《水资源的合理利用》教学片段。根据新、旧课程标准的规定,这些片段涵盖了以一种自然资源为例,阐述在不同的生产力水平下,自然资源的数量和质量对人类生存和发展的重要作用,并通过举例,阐明了自然资源的数量、质量和空间分布与人类活动之间的关系,资源在一个国家的综合国力中起着相对稳定和重要的基础作用。

表12-2 课堂观察下部分地理教师教学片段节选

教师编号	教学片段
A教师	老师:今天我们将探讨水资源及其分布情况。首先,让我们谈谈"南水北调"这个名字。(学生进行讨论和思考) 老师:接下来,我将使用幻灯片演示哈尔滨、北京、武汉和广州四座城市的降水数据分析。总体来看,武汉和广州的年降水量大于哈尔滨和北京。此外,这四座城市有一个共同特点,即每年的七月和八月降雨量明显增加,其中广州的柱状图更高。因此,"南水北调"之所以被如此命名,很大程度上是因为中国南部的降雨量比北部多。除了自然因素,从图表数据来看,"南水北调"经过的城市通常都是经济发展较为先进的地方,因此供水需求也较大。 老师:根据这四座城市的降水柱状图,我们来回答以下问题:

续表

教师编号	教学片段
A教师	（1）这四座城市的降水柱状图反映了我国水资源在空间上的不均匀分布，呈现出"多—少—多—少"的特点。在此基础上，我们可以看出我国水资源的季节性分布也不均衡。（学生一同回答问题，老师进行小结）（2）改善水资源时空分布不均衡的重要措施 多选题：影响我国水资源空间分配不均衡的因素包括（　） A.建设水库　B.植树造林　C.跨流域调水　D.人工降雨。 （3）目前在我国，最大的水资源调配工程是（　　）。而最大的调水工程是（　　）。（学生回答问题后，老师进行解释） 老师：现在，我们将使用图解法来解释"南水北调"。 （4）南水北调中线工程的规划是从（　　）引水至北方。沿途经过的省份分别是（　　）。 学生：根据南水北调工程的原理，选择以下选项：①在图中①地区的地下水位与河流之间的关系是（　　）A.河流补给地下水　B.地下水补给河流　C.河流和地下水相互补给　D.两者没有关联。 教师：讲解图①处为黄河下游为地上河及形成原因……
C教师	老师：看图（描绘了干旱导致大地龟裂的场景）。 水是维系人类生存的重要资源，然而，我们能够日常利用的水资源却十分有限。那么，对你们来说，水到底意味着什么？请分享一下你们的看法。 老师：总的来说，水资源可以分为广义和狭义两种。 老师：在我们的日常生活中，有哪种水是最普遍的，是我们能够正常使用的？请举出一个例子。（学生进行回答） 老师：有同学提到，"每个村庄都有自来水"，这里的"自来水"是指地下水。 老师：我们将通过讨论干旱的原因、发生时间，以及撒哈拉沙漠和亚马孙平原水资源的对比，来介绍水资源的特点。（学生们对世界和中国的水资源特点进行了概括，然后由老师进行总结和归纳）……
D教师	老师：以《太湖美》为例，引导学生了解太湖的美景。同时，结合课文内容，一起讨论太湖的美景。（学生分别回答老师的问题） 老师：太湖之美正是因为它的水。（同时，在教学课件中添加有关"2005年世界水日"的内容。） 老师：通过课件，我们能够观察到太湖的水不仅赋予了太湖景色之美，还让苏州变得更加美丽。苏州拥有独特的水乡风光，这一特色不仅在苏州，江南的其他地方也同样如此。江南地区的发展离不开水资源。（鼓励学生根据课件中的图片展开讨论并给出答案。）

续表

教师编号	教学片段
D教师	老师：让我们观看新疆西北部的一些照片（学生根据图片特点进行回答）。 老师：水资源的丰富程度对经济活动的规模有一定影响。 老师：现在，我们看到的是阳澄湖里的螃蟹，请问为什么它们如此昂贵？ 老师：水的质量对经济活动带来的好处有着重要的影响。 老师：在不同的生产力水平下，水资源的质量和数量对人类社会产生不同的影响。

1.案例一（A教师）

A老师一开始就提出了"南水北调"的国家战略，以国家的重大战略为新课程的教学起点，问为什么要这么做，引发了学生的思考和讨论。接下来，通过对南方和北方四座城市的降水进行观测，得到了全国各地区降水总量、空间分布和时间分布的不同情况，这可以帮助学生认识到我国各地水资源的差异，同时，也让学生明白我国城市经济发展的不均衡状况。此外，以"南水北调"为主线，展开了对沿线各省项目的调查，复习和巩固了初中阶段所学的知识。

A老师拥有较高的地理素养和丰富的地理教学经验，超过三十年的教学经历，使他能够很好地将自己所学的知识与实际情况结合起来。与此同时，他也亲眼见证了中国综合国力的显著提高，目睹了中国各种重要战略的制定和执行。所以A老师会在地理课上为学生上一堂关于政治地理的课。在这一课中，老师将全国的水资源分布状况与各个城市的经济发展水平结合起来，引出了实施"南水北调"计划的原因，以此加深学生对"南水北调"的理解。然而，老师A没有特别强调"南水北调"这个重要的国家战略的实施时间，也没有详细解释国家在某些重大战略和政策上的深远考虑。

2.案例二（C教师）

C老师以图画为引，重点介绍了所学的知识，利用图表总结了世界各地及我国各个区域的水资源分布情况，但遗憾的是没有进行政治地理教学。C老师作为一位刚参加工作不久的新老师，在教学中，可能会将所有的注意力都放在课本内容上，把教学视为知识的传授过程，忽略了这门课程与其他课程的联系，也忽略了对学生情感和品德的培养。这个片段可以借鉴一些全球范围内的"为水而战""因水成灾"等事件,这样既能让学生更好地理解水资源的特性,还能解释一些国家之间的矛盾,使学生认识到资源是综合国力的根本因素,从而提高他们的政治地理素养。

3.案例三（D教师）

D老师以《太湖美》作为开场白,每个视频都与"世界水日"的主题相关,强调水是生命的源泉,也是发展的源泉;另外,还展示了我国在不同空间范围内的水资源分布。在此基础上,比较了水环境质量水平在垂直方向上的差异,揭示了水环境污染对社会经济发展的影响差异。D老师是一位有着多年教育经验的老师,他能够将周围的实际情况转化为出色的教学案例,将当地的发展和水利建设有机地结合在一起。在这堂课中,老师让学生置身于一个真实的环境中,以他们自己的真实感受来学习,强调了水的宝贵。在这个教学中,D老师将区域发展与水资源紧密联系在一起,渗透了一种政治地理的教育。但这方面的表达还不够清晰,老师可以明确指出,我们应该珍惜和保护水资源,因为水对一个地区经济的发展至关重要。

我们对8名地理教师在《水资源的合理利用》一节课上的行为进行了全面的分析,发现大多数教师在课堂上都有一定程度的渗透,但是他们的政治地理素质却有很大的不同。这主要体现在:

（1）大部分男教师对政治地理的关心程度高于女教师,他们了解政治地理的程度较高,同时也具备更强的政治地理教学能力。实际情况表明,在人大中,妇女只占20%。妇女参与政治的比例相对较低,这降低了妇女参与政治的积极性。此外,妇女可能缺乏对政治的兴趣。因此,男性教师在地理教学中会更多地关注政治地理的内容。

（2）年长的地理教师对时政地理内容的关心程度高于青年教师:第一,就工作时间而言,年长的地理教师通常从事了十多年的地理教育工作,拥有更广泛的地理知识。第二,从实际工作经验来看,由于多年的教学实践,资深的地理教师具有更强的实践能力,能够更精准地传授每个章节的内容。第三,就生长环境而言,被称作"资深地理老师"的一群人,多数年龄在50多岁,其生长环境的政治氛围比青年教师更为强烈,这导致这些资深教师在教学中更加重视政治地理的内容。第四，在学科知识掌握方面，资深的地理老师经过多年的教学，不仅熟练地掌握地理学科的知识，还能够巧妙地将其与其他学科相结合，推动地理学科的发展。

（3）青年地理教师"就知识讲知识"的原因主要有：第一，就职业素质而言，青年教师从事地理教育的时间相对较短，需要进一步提升专业知识和能力。他们往往刚开始注重教材内容，缺乏有效整合教学内容与其他相关领域的能力。第二，年龄方面，青年教师刚刚步入社会工作，缺乏工作经验。此外，除了工作，他们还需要接受各种专业知识培训，如心理学和教育学等，这也减少了备课和反思的时间。当他们担任班主任时，备课的时间会更有限。

（4）大多数教师不能正确理解政治地理教学，主要因为：第一，其中大多数人在本科阶段未学过政治地理课程，因此无法正确区分政治地理的内容。第二，即使在入学后，教育培训中也不一定涉及政治地理领域。第三，一些地理老师缺乏对政治地理的热情，政治意识不够强烈。

五、问卷调查结果与分析

本研究以国内 101 位中学地理老师为研究对象，回收有效问卷 101 份。从图 12-3 中可以看出，参加本次研究的中学地理教师以福建、江西和河北为主，其中，福建省的占比最高（59.41%）。福建省为了实施《福建省"十三五"教育发展专项规划》中提出的"教育强省"目标，进行了广泛的教育改革，取得了显著的进展。

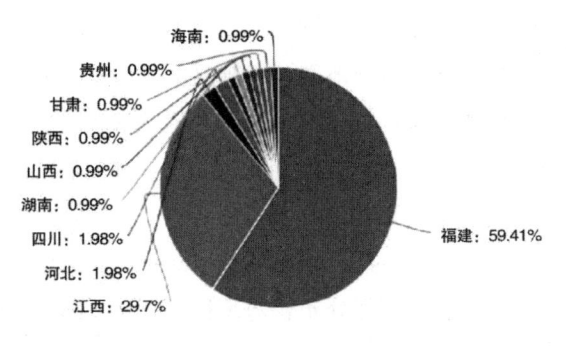

图 12-3 中学地理教师地理位置分布图

（一）问卷调查对象基本信息

共发放了 101 张调查表，调查对象的基本信息如表 12-3 所示。

表 12-3 问卷调查对象基本信息

调查项目	选项	人数（人）	百分比（%）
性别	男	29	28.71
	女	72	71.29
教龄	0～5	59	58.42
	5～10	11	10.89
	10～15	12	11.88
	15～20	5	4.95
	20 年以上	14	13.86
是否地理师范生	是	94	93.07
	否	7	6.39
任教学校	省级示范学校	21	20.79
	一级达标学校	37	36.63
	二级达标学校	24	23.76
	三级达标学校	11	10.89
	非达标学校	8	7.92

其中共有男性 29 人，占比 28.71%，而女性有 72 人，占比 71.29%。从表 12-3 中我们可以观察到，本次调研中的女性教师数量接近男性教师数量的 2.5 倍。这也反映了目前教育行业以女性教师为主导，进入教育界的男性数量逐渐减少。此外，在大学阶段，尽管地理科学被视为理科，但在中学却被划分为文科。因此，当学生选择地理科学作为专业时，女生相对于男生更多一些。然而，也存在一些男生选择地理教育，但他们的真正愿望并非成为教师，这导致了男性教师成为教育界的"稀缺资源"。

0～5 年教龄的教师占比为 58.42%，而 15～20 年教龄的教师比例最低，仅为 4.95%。其余各年龄段的教师分布相对均衡，都在 10% 到 15%。

受访者中，有 93.07% 是地理专业学生，这表明他们具备较高的专业化程度。然而，仍有6.93%的中学地理教师并非师范生。

本研究的教师任教层次相当广泛，包括全省示范性中学及普通中学。其中，省级示范中学的比例为20.79%，一级标准为36.63%，二级标准为23.76%，三级标准为10.89%，而标准不明确的占7.92%。

（二）问卷调查结果分析

1. 中学地理教师掌握政治地理本体性知识结果与分析

在中学政治地理教学中，对政治地理知识的系统掌握是必不可少的，其教学质量的好坏直接关系到教师对政治地理知识的掌握程度。

第5题（选择题）：您认为领土的顶级构成有？第6题：您知道综合国力的几个基本要素？这一部分考察了政治地理课的本体知识，结果如图12-4和图12-5所示。

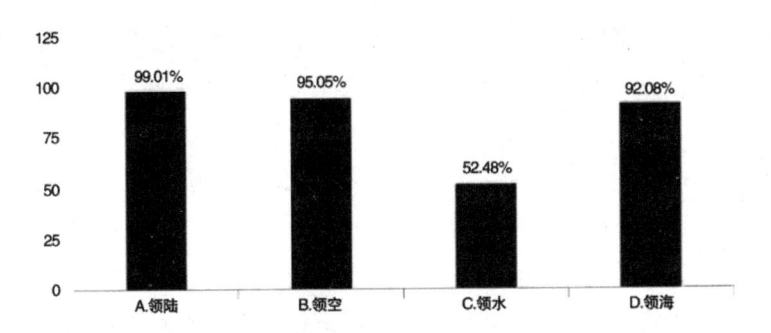

图12-4 中学地理教师对领土组成的认识

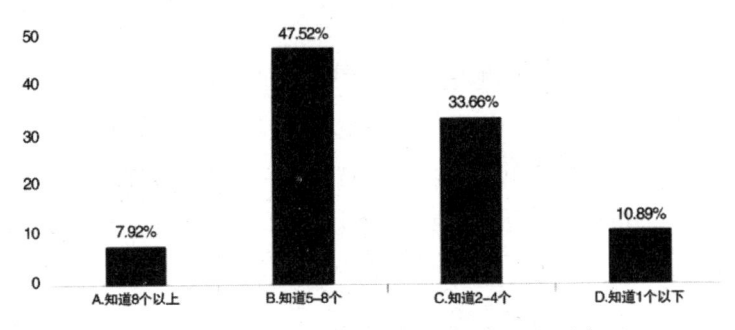

图12-5 中学地理教师对综合国力要素的认识

图 12-4 表明，90%的地理教师都把领土的最上层结构看作是领陆、领空和领海。实际上，最高级的是领陆、领空和领水，而领海只是领水的一部分。图 12-5 为初中地理教师对国家综合实力因素的认知情况，8 位教师（7.97%）了解 5~8 个，48 位教师（47.52%）了解 2~4 个，34 位教师（33.66%）了解 1~4 个，11 位教师（10.89%）表示知道 1 个或更少。

通过对这两个问题的解答可以看出，大多数中学的地理老师对政治地理的理解都不够深刻，不能准确区分领水和领海的概念，也没有对领土有一个全面的了解。这对教师的日常教育水平产生了很大影响。

问卷中有 11 位从教 20 年以上的教师，他们都是地理专业学生，目前大多在二级或更高水平的中学任教。然而，仍然有 10.89%的教师对综合国力的根本因素一无所知，其中，9 位教师的教龄在 0~5 年，而这 11 位教师中，有 7 位在一级达标校任教。这说明，尽管一些老师来自好学校，但他们对政治地理的认识仍然不足。

运用 SPSS 22.0 统计方法，研究结果显示：中学地理教师对政治地理本体知识的掌握程度与其是否为地理专业学生有显著的相关性。究其原因，主要有两点：

首先，在理论认识方面，与一般学生相比，地理师范生在大学阶段已经学习了较为全面、系统的地理知识。他们所学的课程也与中学地理的课程密切相关，具有很强的专业性和针对性。

其次，在教学理念上，地理师范教师更注重教育理念的科学性。他们更多地关注新课程理念对教学的指导作用，因此对政治地理教学的重视程度也越来越高。

地域与国力是初中政治地理教学的根本，也是最关键的要素。为了让学生拥有宽广的胸怀和视野，学生必须对国土、综合国力等相关概念有一定的认识。为适应新课程改革对教师的新要求，同时满足学生综合发展的需求，地理教师必须加强对政治地理学的研究，以提升自身的政治地理本体性认识。这将为今后政治地理教学的顺利开展奠定坚实的基础。

2.中学地理教师对党的二十大会议报告中政治地理的认识

老师们需要充分了解党的方针政策,坚持党的领导。毫无疑问,地理老师需要加强对党的二十大精神的学习。党的二十大报告的内容中9个章节都涉及了政治地理学,涵盖国家的政治地理。针对调查问卷中的第七题(选择题),"下列选项属于党的二十大会议的四个方面,与政治地理相关的是。"请看图12-6中老师的答案。

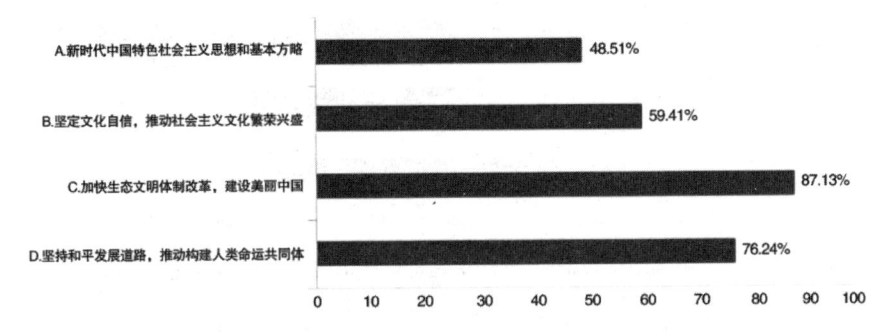

```
A.新时代中国特色社会主义思想和基本方略           48.51%
B.坚定文化自信,推动社会主义文化繁荣兴盛           59.41%
C.加快生态文明体制改革,建设美丽中国              87.13%
D.坚持和平发展道路,推动构建人类命运共同体         76.24%
      0  10  20  30  40  50  60  70  80  90  100
```

图12-6 中学地理教师对十九大会议报告中政治地理的认识

问卷调查显示,绝大多数中学地理教师对党的二十大报告所涉及的"政治地理"内容了解较少。出现这种情况,一方面是因为中学地理老师本身对政治地理了解不够深刻,另一方面可能是因为他们没有仔细阅读党的二十大会议报告的内容,因此不能辨别其中与政治地理相关的内容。这两个因素是导致中学地理教师不能准确理解党的二十大报告中关于政治地理内容的重要原因。在强化政治地理教育的整体环境下,中学地理教师需要加强对政治地理的关注,注重研究国家重大会议、政策、文件等,将其与地理学科有机融合,以更好地理解国家的意愿对地理课程的要求。

3.中学地理教师对2003年版、2017年版《普通高中地理课程标准》中关于政治地理的认识

地理课程标准明确定义了地理课程的性质、目的和内容目标。在中学地理教学中,教师应根据自己的实际情况来制订相应的教学计划。因此,在中学地理课堂教学过程中,教师的主要依据不应该是教科书,而应该是地理课程标准。

调查问卷中的第八题(多选题)提到:"本题是《普通高中地理课程标准》

2003 版教材中的一部分,请选出与政治地理相关的选项。"第九题(多选题)则是:"下面是 2017 版《普通高中地理课程标准》中的一部分,下面是一道填空题。"这两题旨在考察教师对新、旧课程标准下政治地理知识的掌握程度。问卷结果见图 12-7 和图 12-8。

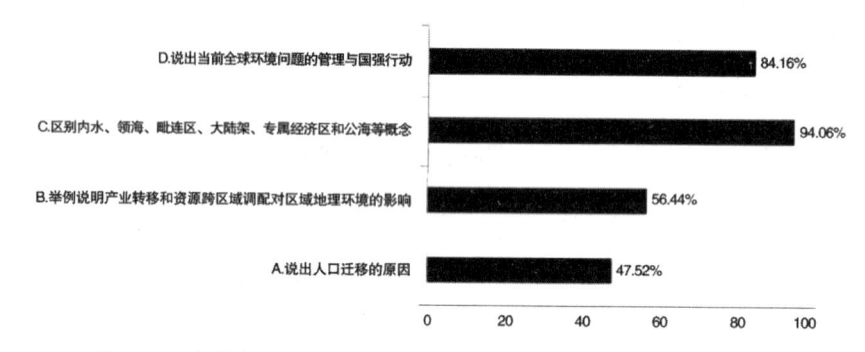

图 12-7 中学地理教师对 2003 版地理课标内容涉及政治地理的认识

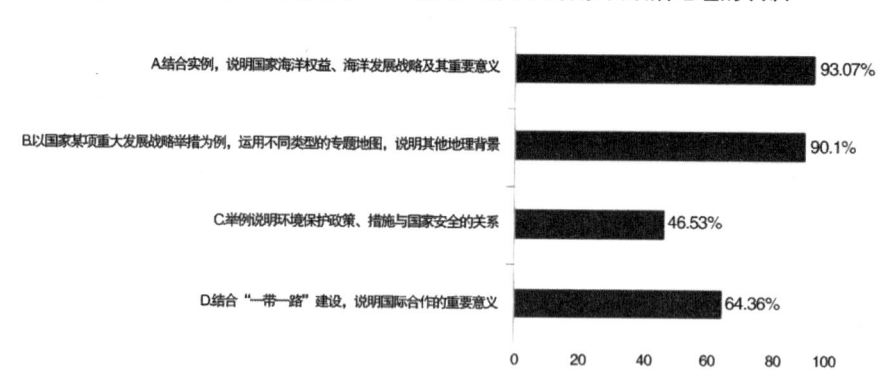

图 12-8 中学地理教师对 2017 年版地理课程标准内容涉及政治地理的认识

在第八题的答案中,出现频率最高的选项是"C.区分内水、领海、毗连区……"其中有 95 位受访者选择了这个选项,占比 94.06%;而"A.说出人口迁移的原因"是选择最少的,仅有 48 名受访者选择,占比为 47.52%。B 和 D 两个选项的占比都超过了 50%。在回答第九题时,选择"A.结合例子,阐述国家海洋权益、海洋发展战略及其重要意义"的数量最多,有 94 人选择了这个选项,占比 93.07%;其中,"C.举例说明环境保护政策、措施和国家安全之间的关系"有 47 人选择,占比 46.53%。选择 B 和 D 选项的都在 60%以上。这两道选择题都与政治地理有关，但没有一道题是百分之百正确的。此外，大多数地理老师都认为这些题目与政治地理没有任何关系。这表明，中学地理教师对课程标准的学习不够透彻，对中学政治地理的理解程度较低。

中学地理教师对《新课标》中有关政治地理内容的理解不够深刻。究其原因，一是教师对《新课标》的定位不够明确，也没有认真研读《地理课标》，二是中学地理教师缺乏对政治地理知识的理解和掌握，因此不能准确辨别《新课标》中的政治地理内容。因此，中学地理教师应该充分认识到《课程标准》的重要性，并以《课程标准》为指导，不应脱离《课程标准》而仅仅依赖教材进行教学。此外，在教学之外，地理老师也应该不断完善自己的专业知识，可以首先进行自主学习，有疑问时向懂行的人请教，如果问题仍无法解决，可以通过信函或邮件咨询相关的学者。

4.中学地理教师了解、学习政治地理的情况

（1）中学地理教师对政治地理知识的了解存在一些问题。在第12道题中，受访者的回答如图12-9所示，其中有54名教师（53.47%）表示他们是在大学期间才开始接触政治地理的。调查对象中有52名地理专业学生，38名教师有0~5年教龄，这表明近年来高校对政治地理教学的重视程度有所提高。然而，总体而言，在他们的大学生涯中，专门学习政治地理学的学生并不多，大约一半的地理老师在大学期间没有系统地学习政治地理。缺乏足够的政治地理知识将导致地理知识结构的不完整，必然会影响教师的教学能力，进而影响地理教学的质量。

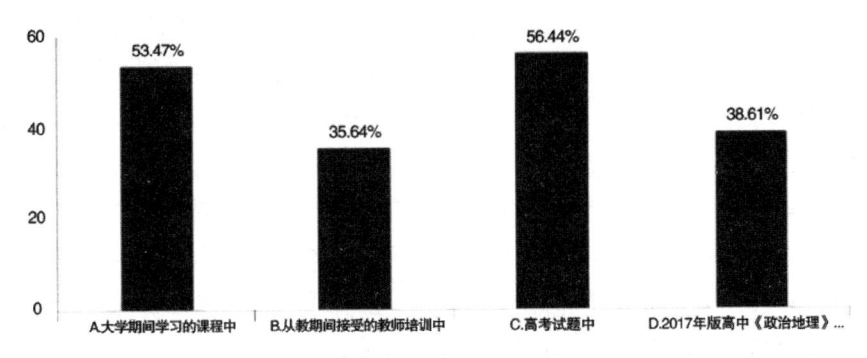

图12-9 中学地理教师接触到政治地理的途径

还有 36 名（35.64%）教师表示在教学过程中对政治地理有了一定了解，其中，在 5~10 年教龄段的教师占比最高，在未达到标准学校教职的老师中，这一比例也较高。这表明初级学校的年轻教师主要通过师资培养来学习新的课程理论。总体而言，只有约 1/3 的地理老师在接受培训时学到了有关政治地理的知识，大部分培训机构似乎忽略了政治地理及其相关内容的重要性。

此外，57 名老师（56.44%）表示在高考题目中遇到过政治地理，其中，有 85.7%的老师具有 20 年以上的教龄。这种经验是宝贵的。总体而言，大约一半的地理老师对高考题目给予了较多关注，认真分析高考题目，特别是那些经验丰富的老师。然而，另一半的地理老师在高考题目的分析方面做得并不充分。

有 39 名老师（38.61%）表示他们是在 2017 年版《政治地理》基础上学习政治地理的，而在有着 15~20 年教龄的老师中，60%的人是因新课程改革而学习政治地理的。此外，其余的老师都是较年轻的教师。这显示出大多数地理老师对 2017 年版《地理课程标准》并没有给予足够的重视，或者没有认识到这一新标准的重要性。

从上述分析可以看出，大多数中学地理老师主要依赖中学地理考试和大学期间所学到的知识进行教学。近年来，高考中出现了越来越多的政治地理材料，而新课程标准将《政治地理》列为地理学科的选项，这要求我们更加重视政治地理的教学。然而，从目前的研究情况来看，地理教师对政治地理教学的了解并不理想，只有 53.47%的地理教师曾在学校里学过政治地理，35.64%的人在师资培训中接触到了政治地理。

（2）中学地理教师如何在师资培养过程中进行政治地理训练呢？在第 13 题中问道："你觉得在师资训练中，是否需要特别的政治地理训练？"根据图 12-10 的数据，有 90 人（89.11%）认为"有必要"，而有 11 人（10.89%）认为"没有必要"。值得注意的是，7 位非地理师范出身的老师都认为需要接受特殊的政治地理训练，这反映出非专业背景的老师们在不断进取，提升自己的专业素质。此外，大多数中学地理老师认为，在培养师资的过程中，政治地理教学仍然是必不可少的。这也表明，相当一部分中学地理老师仍然将政治地理放在首要位置，显示出他们对不断进步的追求。

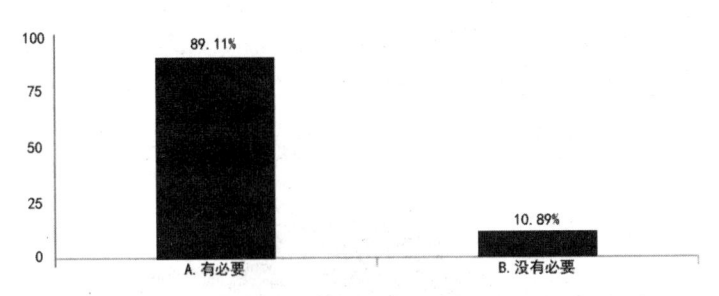

图 12-10　中学地理教师对教师培训中开展政治地理培训的看法

（3）在中学地理教学中，如何理解中学地理知识呢？关于这个问题，学生在第 14 题（选择题）的回答是："你从哪里获取政治地理知识？"从图 12-11 中可以看出，有 82 人（81.19%）通过互联网获取政治地理资料，这是因为互联网和现代电子设备的发展，使得网络已成为地理教师获取相关资料的重要渠道。此外，74 名受访者（73.27%）通过新闻媒体获取政治地理信息，因为新闻媒体具有权威、准确和迅速的特点。另外，有 44 名（43.56%）通过报刊获得政治地理资讯，还有 35 名（34.65%）从期刊中获取信息。总的来看，地理教师主要依赖现代信息技术来获取政治地理知识，而传统的印刷媒体和期刊所占比例相对较小。学术期刊通常刊载最新的学术研究成果，教师通过阅读这些期刊，可以了解相关领域的最新发展动态，同时也能够提高阅读期刊的能力。

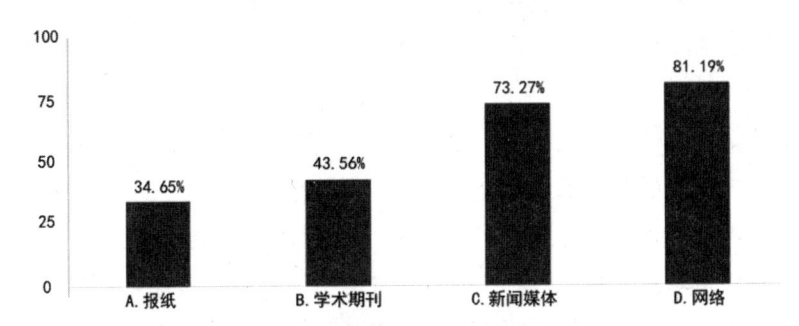

图 12-11　中学地理教师了解政治地理信息的途径

5.中学地理教师对学生进行政治地理教育的现状及态度

（1）关于中学地理思想教育的现状，第十五题（选择题）提问：有关你的课程中是否融入了政治地理的内容？从图 12-12 中可以看出，只有 29 人（28.71%）选择了自然地理学，而有 87 人（86.14%）选择了人文地理学，还有 80 人（79.21%）选择了区域地理学。可以看出，大部分教师将政治地理的内容融入人文地理和区域地理的教学中，而在自然地理的教学中，政治地理的内容较少，因此，在自然地理的教学中需要提高政治地理教育的质量。

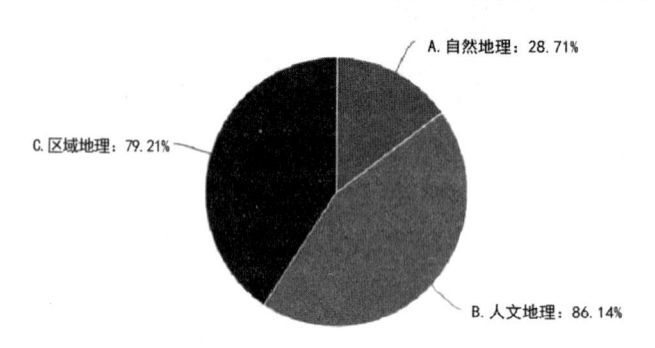

图 12-12　中学地理教师教学过程中渗透过政治地理的内容

第 16 题"你是否能够在每堂地理课上都进行政治地理教育？"的调查结果如图 12-13 所示，其中，有 2 人（1.98%）认为"完全可以"，37 人（36.63%）认为"基本可以"，60 人（59.41%）认为"偶尔可以"，还有 2 人（1.98%）认为"不能"。在认为"基本可以"的 37 名教师中，有 11 名教龄超过 20 年，占比 29.73%，这意味着在从教 20 年以上的教师中，近 80%的人认为他们能够胜任政治地理教育。另外，那两位认为"不能"上政治课的老师表示对政治课不感兴趣，也没有上过政治课。大多数中学地理老师认为只有在偶然机会下才能进行政治地理教育，而很少一部分人相信政治地理教育可以贯穿每一堂课。造成这种情况的原因主要有以下几个方面：首先，教龄越长，对本专业知识的了解越多，对自己的要求也更高。其次，由于地理教师个人水平的限制，难以将政治地理与其他学科的知识有机融合，进行政治地理教育。最后，一些教师本身对政治地理素质较差，对其内容的理解不够清晰，仅将其局限在人文和区域地理的范畴中。这表明地理教师需要提高政治地理教育水平，并学习政治地理知识，以适应中学阶段强化政治地理教育的需求，对中学地理教师的政治地理素质提出更高的要求。

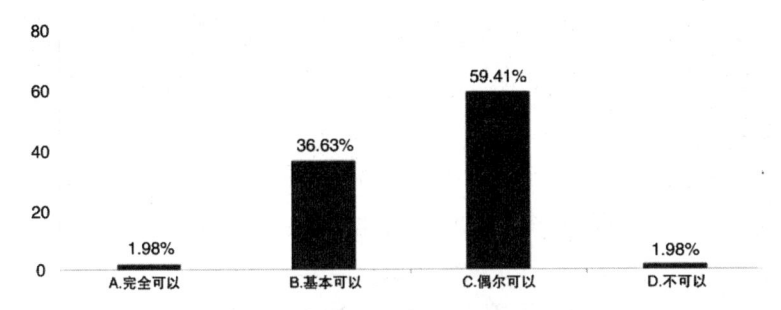

图 12-13　中学地理教师进行政治地理教育的能力

（2）中学师生对中学地理教学的看法。第 17 道题为："学生对上政治课是否感兴趣？"如图 12-14 和图 12-15 所示，有 49 名学生（48.51%）表示对政治课感兴趣，48 名学生（47.52%）选择了"中等"，而有 4 名学生（3.96%）则表示"不感兴趣"。从调查结果来看，大部分学生对政治地理感兴趣，这意味着在中学中强化政治地理教学不仅满足了学生的需求，也提高了他们的学习兴趣和效率。

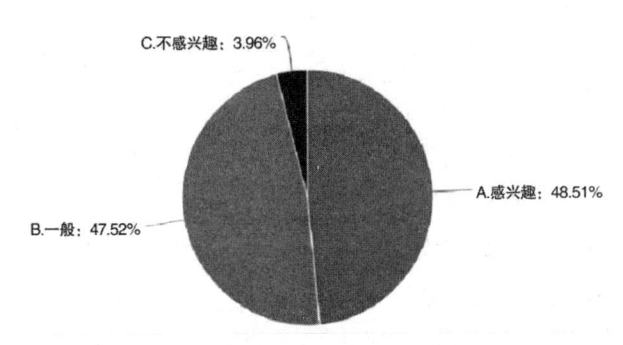

图 12-14　学生对政治地理的兴趣

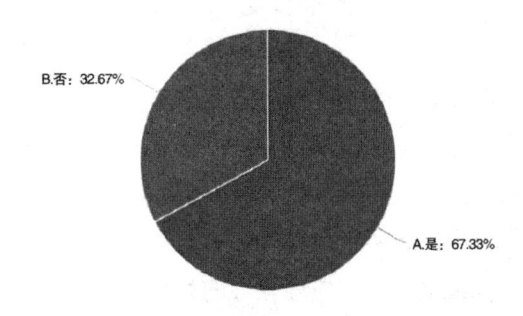

图 12-15　中学地理教师对学校开设《政治地理》课程的态度

在第 18 道题中，被调查者中有 68 人（67.33%）表示支持学校开设《政治地理》选修课程，而有 33 人（32.67%）选择反对。这表明大部分教师仍然希望学校开设这门选修课程。

由此可以看出，中学地理教师需要具备完备的、系统的、科学的政治地理素质，这要求他们在教学中加强对政治地理的宣传与学习。政治地理不仅满足了学生的需求，还提高了学生的学习效率。

（3）中学地理教师在政治地理课上采用的是多种教学方法。在第 19 题中，被调查者回答了关于他们在讲授政治地理课时主要采用的教学方法，如图 12-16 所示。通过数据提取，最常见的五个词汇为"讲授""分析""教学""个案""渗透"。其中，"讲授法"是最早也是最广泛应用的教学方式。

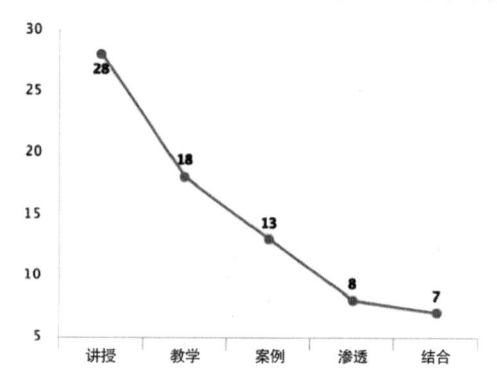

图 12-16　中学地理教师进行政治地理育是采取的主要方式

在当前的中学地理教学中，各种教学方法的应用都需要与讲授法相结合。因此，经常会听到教育者提到"讲授"这个词。此外，很多地理教师也采用个案教学法来进行政治地理教育。同时，越来越多的教师将政治地理知识融入其他学科的教学中。

总的来说，目前的中学地理教师在思想政治素质方面仍有很大的提升空间，尤其是在适应新课程改革对教师素质的要求方面。首先，他们对中学地理教学的理解仍不够全面。例如，在回答有关国土组成的问题时，大多数被调查者不能准确区分领海与领土，对领土的了解仍有欠缺，这可能会影响他们在日常教育中对学生的指导。其次，中学地理教师的教育水平有待提高。举例来说，我们在调查中发现，大多数地理教师只会偶尔为学生上一堂政治地理课，因此在平时的地理教学中，当遇到与政治地理相关的内容时，难以处理和分析这些内容。比如，在"合理利用水资源"的教学中，只有极少数教师将其与政治地理直接联系起来。第三，中学地理教师的政治地理教学意识并不够强烈。在第十八道问题中，有超过三分之一的教师表示不愿意开设《政治地理》这门课程，缺乏对政治地理教学的兴趣。然而，在实际的政治地理教学中，大多数教师采用"渗透法"，这是一个值得倡导的方法，因为这样的方法可以在任何一堂地理课上看到政治地理的影子。

导致上述情况的原因如下：首先，地理学科常常被视为"疏离政治"的学科，地理教学中存在对政治的忽视，忽略了地理和政治之间的紧密联系。此外，一些地理老师可能对政治漠不关心，对政治缺乏积极的认识，未深入探究其地缘含义。然而，在现代社会中，很多政治问题都涉及地理因素，因此，地理教师需要加强思想政治教育，提升自身的政治地理素养。

其次，在教师自己的学生时代，一些教师可能没有系统研究政治地理学，因此无法建立完整的政治地理学理论体系，也难以培养出高水平的地理学知识。另外，一些地理老师可能并非地理专业毕业，他们既未进行过系统的地理学习，也缺乏对政治地理联系的认知。通常，教师入职后的专业培训很少包括政治地理方面的内容，这也限制了他们在政治地理方面的知识和能力的提升。

（4）被调查的教师在不同级别的学校工作，不同学校对教师政治觉悟的强化程度各不相同，而且不同级别的学校其政治活动的开展能力也存在差异。因此，学校是否鼓励教师进行政治学习和时政学习，以及教师自身是否认真深入地进行政治学习，都会对教师将政治与地理相结合的能力产生影响。

（5）教师资源有限，尤其是新教师，新教师通常处于初级教育阶段，需要学习新事物。由于时间和精力的限制，他们未能深入研究地理新课程改革，从而无法准确掌握当前地理新课程改革的动态，也未了解政治地理教学逐渐增强的趋势。

（6）一些老师的自我发展意识较弱，未积极开展教育研究，也未提出教育项目。这使得学生在课堂上无法及时进行自我反思，也无法与同学进行有效交流。

第二节　地理教师政治地理素养提升对策

随着新课程改革的深入，中学政治地理教学呈现出越来越强的势头。在新课程改革的背景下，中学地理教师的政治素质亟待提高。

一、中学地理教师培养

师资培训主要侧重于各类高校，以师范教育为核心，是基础教育的重要组成部分。同时，高校的地理教育专业扮演着培养地理师资的重要角色。当今的地理师范生将成为未来的地理老师，是教育事业的基石。因此，他们的素质和能力将直接影响中国未来的教育水平。过去的地理师范教育为我国输送了许多杰出的地理教师，但是，由于时代的变迁和社会对人才的需求不断增大，传统的地理师范教育已经无法满足时代发展对地理师资的需求。

（一）修订高校地理科学（教师教育）专业人才培养方案

目前，国内大学地理教育专业采用的培养模式已不再适应现代社会对人才的需求。在当今国际政治和经济格局变得越来越复杂和微妙，竞争也日益激烈的背景下，我国提出了"一带一路"的构想，基于"两极世界"的理念。拥有扎实的政治地理知识不仅能有效缓解和化解邻国的领土争端，还能加速"一带一路"倡议的实施，推动全球政治和经济的健康发展。

过去，各大学的地理教育专业并未具体规定学生政治地理素质的培养计划，因此，政治地理教育一直没有得到足够的重视。然而，随着时代的发展，对政治地理的需求日益增长。习近平提出，应在教育内容、教育理念和师资队伍等方面进行变革，以更好地推动教育的现代化。高校在地理师资队伍的培养中扮演着关键角色，需要尽快修改培养计划，并效仿已经开设《政治地理学》课程的高等院校，如北京师范大学、东北师范大学、福建师范大学，对学生的政治地理素质提出更高要求。结合各校实际情况，修订人才培养计划，将政治地理课程列入学校的人才培养计划，甚至将其设为各专业的首选课程，甚至是必修课程。

（二）调整高校地理科学（教师教育）专业课程设置

中学阶段一直在强化政治地理教学，但是纵观全国各大学地理教育专业的人才培养计划，国内并没有太多开设政治地理这门课程，详情见表12-4。在访问的9所大学中，只有3所大学开设了《政治地理学》这门选修课程。由于政治地理知识的匮乏，中学地理教师在课堂上的作用受到了影响，从而导致中学政治地理教育的不足。

因此，大学应该设立相关的《政治地理学》课程，使学生能够接受系统的专业和政治地理教育，从而培养适应新课程改革的中学地理师资。《政治地理学》不仅应是高等院校的必修课，还应包括在《旅游地理》《人口地理》和《生态学》等多门学科的必修课中。将《政治地理学》作为一门专业选修课程，有助于提高师范生对政治地理的关注度，经过系统的学习，地理教师的政治地理素质必将得到提高。

表12-4　九所高校开设《政治地理学》课程情况

高校名称	是否开设政治地理学
北京师范大学	是
华东师范大学	否
东北师范大学	是
湖南师范大学	否
浙江师范大学	否
福建师范大学	是
江西师范大学	否
山东师范大学	否
广西师范大学	否

此外，还可以运用《城市地理》中的"地区和城市管理"及"城市政治"等内容作为教学方法。在《旅游地理》中，讨论制度增权和社区增权，而《经济地理》和《世界地理》则关注对地缘政治学和经济学的研究，这些都与政治地理学密切相关。通过这种方式，地理师范生在进入中学后，就能够进行政治

地理教学，并清楚了解所教授的内容与政治地理之间的联系，以及如何有效地融合其他内容和学科，以满足新课程改革对地理教师素质的需求。

在新时期，政治地理教育的重要意义在于它是一种跨学科的研究。不仅地理老师需要具备政治地理知识，每个人都应该具备政治地理知识。因此，大学可以在公共课程中引入《政治地理学》，以提升广大师生的政治地理素质。

（三）统一编制高校地理科学（教师教育）专业政治地理学教材

目前，中国的政治地理研究呈现出零散、分散、以个人兴趣为线索的特点，其研究结果多半以个人思维为主，缺乏师承关系，中国的政治地理研究仍处于起步阶段。

《政治地理学》是一门综合性的学科，其教学内容在国内尚未完善。目前，大学中常用的政治地理课程教材如表12-5所示。

表12-5 使用较多的政治地理学教材

书名	作者	出版社	出版时间
政治地理学	张文奎等编著	江苏教育出版社	1991.5
政治地理学概论	肖星编著	测绘出版社	1995
现代政治地理学	王正毅著	南开大学出版社	1993.4
政治地理学：时空中的政治格局	王恩涌等编著	高等教育出版社	1998.4

这些教科书都是在20世纪90年代出版的，至今已过去了二十多年的时间，世界政治、经济和科技都发生了巨大变化。因此，现行大学《政治地理学》教材已不再适应当今国际形势，急需编写一本新的《政治地理学》教材。为了满足当前社会对地理教材的需求，各国大学的相关教师应共同努力，参照最新的《地理课程标准》认真编写符合当今国际形势的《政治地理学》教材。当前，中学地理课程中有关政治地理的内容更加与时俱进，尤其是"人类命运共同体""热点区域""国际合作与冲突"等主题，反映了时代特点。同时，国内和国际上有许多关于政治的权威刊物，成为编辑教材的重要来源。

政治地理学是一门融合政治与地理的交叉学科，因此，编写相关教材既需要地理专家，也需要政治学领域的专家。此外，由于主要面向地理专业学生，所以在借鉴国内外政治地理研究的优秀成果时,还需要教育学科的专家和学者的参与。为了适应当今国际形势,在编写《政治地理学》教材时,各位专家和学者需要加强交流,年轻一代的学者不仅要认真倾听前辈的意见,还要根据自己的最新研究成果,积极提出自己的观点。不同领域、不同学科的专家和学者应及时交换意见,将政治地理作为一个交汇点,整合各个学科的知识。各方共同努力,一定能编写出一本反映当代国际政治地理思想精髓,具有科学性和实用性的《政治地理学》教材。此外,有关学科教材中包括政治地理学的章节,也应根据实际情况进行修订,使政治与科学相互融合,提高高校政治地理教学的实效性。合作编制教材的基本流程如图 12-17 所示。

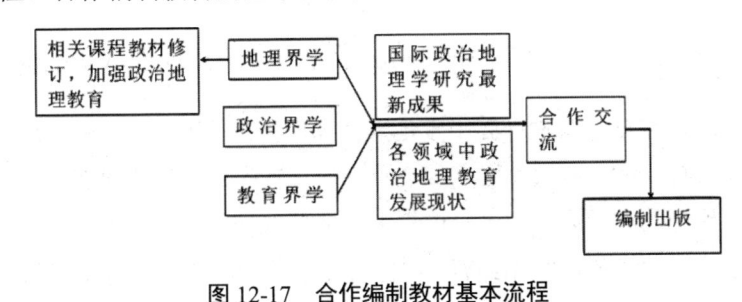

图 12-17 合作编制教材基本流程

(四)高校地理科学(教师教育)专业加强政治地理科学与教学研究

目前,在政治地理学研究方面取得较大成就的多数是老一辈地理学学者,国内大学中专职从事政治地理学教学研究的青年学者寥寥无几,相关论文和课题更是凤毛麟角。中国的政治地理学主要包括外生性政治地理学(地缘政治学)、"政治地理"(即人文地理学)、中国传统政治学与地理学三大类。这种情况引发了相关学者的担忧。大学地理教师既是教学的主体,又承担研究任务,如果他们自身的政治地理知识不够丰富,如何能更好地开展政治地理教育呢?在这种情况下,大学地理教师应主动向老一辈专家学者学习政治地理知识,也可以通过网络、书籍、报刊等方式了解政治地理的最新发展动态,提高自己的政治地理意识和素质,结合中国的实际情况,加强对"一带一路""一国两制""经济特区"等国家治理实践的总结,并通过对西方政治地理与中国古代政治地理的批判与借鉴,对中国政治地理进行更深入的研究。

政治地理教学不仅限于《政治地理学》一门课程，其与其他地理课程有着密切的联系。在教学过程中，应注重将政治地理与其他学科相互融合。例如，政治地理学是人文地理学的一个分支，在对其他人文地理学开展研究时，也要考虑政治地理学的因素。然而，在借鉴其他学科经验和保持自身特色之间要保持平衡。学校应将思想政治教育工作贯穿于整个教育教学过程中，积极承担学生和家长的思想政治教育，不仅要在平时的教学中注重政治地理的教育，还要让地理师范生在思想上更加重视政治地理。此外，还需要加强对政治地理学的认识。在此基础上，本文提出了一种新的、有针对性的、具有创新性和较高学术价值的政治地理学。

（五）高校政治地理学课程满足指导中学政治地理教育的需要

大学地理教育专业是培养中学地理教师的基地，如何开展中学地理学生的政治地理教育，是当前教育研究的热点问题。首先，大学地理老师不仅要讲授大学政治地理的相关内容，还应该与中学地理课程标准相联系。将大学政治地理与中学政治地理的内容相结合，这样有助于地理师范生更好地理解中学地理课标中有关政治地理的内容，从而充实他们的专业知识，为以后在教学中开展政治地理教育打下坚实的基础。其次，在讲授政治地理的过程中，大学地理老师可以将历年的中考和高考试题与教学内容结合起来。老师要对这些材料如何应用于政治地理进行说明，然后让学生分组讨论，分析有关中考和高考中所涉及的政治地理的内容。这对进一步加强中学政治地理课程的教学具有重要意义。最后，在实施政治地理教学后，要对学生进行政治地理教学评价，以促使学生认真学习并检查自己的学习效果。评价的依据是课堂上的表现，并在课后让学生分组协作，模拟中、高考试题，自己设计一系列与政治地理有关的试题，对中学政治地理教学的影响进行调查研究。

（六）在中学地理教师入职标准中严格规定对政治地理学素养的要求

在教师教育发展和教师专业化发展的背景下，"科班出身"的地理教师占了很大比例，但仍有少数非地理专业的教师，他们只需花上数月的时间，就能拿到教师资格证书。由于缺乏对政治地理的认识，中学地理教师要想在中学开展政治地理教学工作，就必须具备一定的理论和实践基础。2011年，教育部发布了《中学教师专业标准（试行）》，明确了学校需要培养什么样的专业人才，强调了政治地理的教育，并规定学生毕业后应进行考试。此外，将政治地理课程纳入地理教师资格考试，可以增强教师对政治地理的关注程度，使其具备一定的政治地理素质。另外，在2018年中共中央、国务院印发的《关于全面深化新时代教师队伍建设改革意见》中，提到了修改《教师法》。修改《教师法》的核心是："提升教师准入门槛，改进教师资格制度，提升教师进入教师专业的学历与能力。"这旨在提高地理教师的入门门槛，以增强地理教师的政治地理素质。

二、中学地理教师培训

江泽民同志在2001年5月提出了"构建一个终身教育系统，创造一个学习型社会"的目标，从而推动了学习化社会的建立和发展。习近平同志在2018年9月举行的全国教育工作会议和十九大报告中都明确提出，要把教育放在第一位，把继续教育放在第一位，推动学习型社会的建立，把人民的素质提升到一个新的高度。教师培训是教师继续教育的重要方式，是提高教师自身素质的关键。目前，在中学阶段，政治地理教育一直在强化，但在新课程改革的要求下，中学地理教师的政治地理素质还远远达不到新课程标准的要求。在这种情况下，地理教师必须加强自身的政治地理素质培养。

（一）在中学地理教师培训方案中完善政治地理学培训目标和内容

中学地理师资培训计划的内容包括指导思想、培养目标和培养计划。然而，过去的培训计划中很少涉及政治地理学的内容。鉴于目前中学阶段对政治地理教学的迫切需求，需要尽快修改和完善地理教师的培训计划，将思想政治素质培养纳入其中。在制订培训方案之前，有必要对参加培训的教师进行水平调查。通过课堂观察和问卷调查的结果可以看出，不同教龄、性别和专业背景的地理教师在政治地理素质方面存在差异。因此，培训方案应根据参训教师的水平差异进行个别重点培训，以避免采取一刀切的方式。可以将政治地理素质水平为一、二级的教师划分为一个等级，将政治地理素质等级分为两到三个等级，一个等级间的工作人员的素养水平差距应不大于两个等级，这有助于增强培训的针对性和实效性。

在培训内容方面，不仅要考虑其他地理课程的知识，还要包括政治地理的相关知识。这些政治地理的培训内容可以融入其他地理课程中，但如果条件允许，也可以专门为他们安排时间，组织专门从事政治学研究的学者参加培训。根据问卷调查，大多数地理教师的政治地理素质都处于第二层次，尽管他们在大学里已经掌握了一些政治地理的基础知识，也通过网络、新闻媒介和学术刊物学习和获取了一些政治地理信息，对政治地理学有了初步的认识，但对一名地理老师来说，这远远不够。

因此，应加强对中学地理师资的专业训练，有针对性地提高他们的思想政治素质，以满足中学思想政治课教学的需求。

（二）在中学地理教师培训课程体系中提升政治地理学内容的地位

当前，地理教师接受的培训主要包括通识培训、岗位培训及专业培训。然而，目前的培训更侧重通识培训和岗位培训，较少涉及专业培训，政治地理内容方面的培训更是稀缺。《中学教师专业标准（试行）》对中学教师的职业素养提出了较高要求，然而，通过调研发现，相当一部分教师在校期间并未接受过相关系统的学习。为了进一步完善中学地理教师的知识结构，在师资培养过程应该加强思想政治教育，以促进教师的专业成长。

在师资培养过程中，要围绕立德树人的根本目标，进行合理的职业训练。培训内容应具有针对性。在对中学地理教师开展政治地理训练时，应将当前国情、政治地理发展前沿及中学地理教学中所涉及的政治地理内容结合起来，解读中考和高考中运用的政治地理材料，阐释地理学科在中考和高考中使用政治地理材料的命题宗旨和意图。例如，在一次师资培训活动中，作者参加了一场专门针对中学地理教师的"培养地理学科关键核心素养"的讲座。此讲座强调了地理课程的关注点是民族意愿，地理教师应加强对政治地理的研究，更多关注国家执行的重大战略和时事。此外，还展示了其他科目的高考试题，突出了不同学科之间的关联性，以及"政治地理"对培养学生核心素养的重要性。还设有一门关于政治地理的培训课程，重点探讨政治地理研究对象、性质特征、作用和主要理论。加强政治地理学科知识、政治地理教学方法及政治地理素质培养等方面的培训，对提高人才培养的有效性和针对性至关重要。中学地理培训课程可以拓宽中学地理教师的视野，使其明确未来的课程内容，从而提高其政治地理素质。对多学科教师、学生等的深入研究，可以进一步提高教学质量。

（三）编制重视政治地理学内容的中学地理教师培训专业课程教材

随着国际政治地理教育在全球范围内的发展，以及国家战略如"一国两制"和"一带一路"的推进，对政治地理学研究的需求也日益增加。通过问卷调查，我们发现中学地理教师对一些前沿思想和国家发展战略等问题的重视程度相对较低。值得注意的是，我国的政治地理学仍处于起步阶段，尚未形成与国情相适应的政治地理理论，有关政治地理的著作也相对稀缺，目前尚没有一本适合地理教师进行政治地理训练的教科书。培训教材在高校思想政治课教学工作中扮演着不可或缺的角色，培训教材匮乏将严重影响思想政治课的教学质量。

政治地理训练所需的教科书必须与高校通用教材不同，它们不仅应该整合最新的政治地理研究成果，还应融合最新的政治地理教学成果。此外，培训材料还应强调从政治地理的角度解析当前的热点事件、国家内外政策，以及地理课程和政治地理之间的内在联系，同时对中考和高考的地理试题进行深入分析。例如，可以借用其他学科的中考和高考试题，通过深入解释，阐明其涉及的关键概念。提高培训材料的针对性和实用性将有助于提高培训计划的执行效果。

（四）由政治地理学科建设高水平的高校引领中学地理教师培训

目前，我国中小学教师培养主要依赖于各类院校、地方教育机构等单位，而教师培养水平参差不齐。为改变这一局面，需要建立一个专业的培训组织，其成员必须是拥有某一领域的专业知识和中学地理教师培训经验的专家。鉴于当前中学地理师资培训的需求，相关机构应谨慎选择培训师，确保他们具备职业素养。

一种方式是充分利用高水平大学的资源，邀请在国内政治地理领域取得一定成就和研究成果的专家和学者参与培训。然而，需要指出的是，当前从事政治地理研究的学者大多为老一辈，因此高等院校也应积极培养新一代政治地理人才。学校可以采用"老中带新"的方式，以确保知识传承和政治地理教学的连贯性和质量，从而提升中学地理教师的政治地理素质，防止出现不均衡的现象，并促进中学地理教学整体水平的提升。

以往，地理教师的培养主要由学校负责，但现在情况已有所改变，高校在承接师资培养方面临着一些挑战，特别是高水平院校，他们在举办中学地理师资培训活动方面呈下滑趋势。当前，新一轮的中学课程改革刚刚起步，中学地理老师对其发展趋势了解较少。与此形成鲜明对比的是，大学中的专家和学者不仅参与了地理新课程标准的制定和高考大纲的修订，还参与了高考试题的命题。因此，大学的专家学者参与中学地理教师思想政治训练不仅可以提高师资队伍的素质，还能更好地推动实施国家的教育方针；地理教育的目的在于实现教学目标，提高教学质量，促进新一轮地理课程改革的发展。

（五）严格考核评估中学地理教师培训提升政治地理素养的实效

为了检验和巩固高校思想政治理论课的教学效果，可以采用即时测评和定期测评相结合的方法。高校思想政治课的教学质量评价不能仅仅采用一种评价方法，应该将诊断性、形成性和终结性评价有机结合起来。在进行系统的政治地理训练之前，可以先让参加培训的老师阅读相关的中、高考试题或时事新闻，让他们确定与政治地理相关的内容，并记录授课老师的评分。经过这个过程，我们可以初步了解参加培训的老师的政治地理素质状况。

在培训过程中，专家可以通过平时的工作表现和课堂提问来评估培训效果。在培训结束后，可以再次呈现类似的内容给参加培训的老师，让他们将所学的关于政治地理的知识与理论解释相结合。通过不同时段的测评，我们可以了解参加培训的老师的地理思想素质是否有所提升。然而，由于即时评估不能科学全面地反映学生的政治地理素质,因此,在完成一次政治地理教育训练后,还需要进行定期评估。

培训结束后,应由培训单位指派专门人员,定期对参加培训的地理教师进行政治地理素养测评,并将测评结果作为教师职称评审的参考依据。如果评定结果为零,不得晋升;对多次评定不及格者,可予以降级处分。采取这些措施可以改变培训人员的心态,提高其对政治地理培训的重视程度,从而真正提升中学政治地理教育的质量。对中学地理教师进行严格的评估不仅可以提高他们的政治地理素质,还可以促使他们将政治地理教育融入自己的教学中,真正实现立德树人的根本目标。

三、中学地理教师自我发展

在哲学上,内在因素是决定一切的关键,因此,习近平同志曾在教育会议上提出,要严格要求自己,不断完善自己。在新的时代背景下,政治地理的重要性日益凸显,因此,作为一名教师,需要不断更新自己的理论和知识,培养科研意识,改进教育方法,提升自己的职业素质。

(一)中学地理教师多方面展开政治地理教学研究

要提升中学地理教师的政治地理素质,需要进行长期持续的科研工作,并展开项目研究,提出相关课题。在日常生活中,地理老师应该加强对最新政治地理理论的研究,阅读相关报刊和书籍,也要关注时事和热点问题。中学地理老师可以从政治地理理论、教学实践和个人兴趣出发来选择研究课题,但在课题选择的过程中,也要考虑其价值和可行性,进行深入分析。地理老师可以研究与中考、高考、新课程标准中的政治地理内容、国家重大战略的地理背景、国际合作与冲突的地理环境等相关的教学问题。这一项目的实施,可以提高地理教师的政治地理素质和教学水平,丰富和完善我国的政治地理教学内容,提高教学质量,培养学生正确的政治地理意识。这种研究也对提高学生的学习能力和综合素质具有重要意义,因为它涉及学生的学习、生活等多个方面。

(二) 在教学反思中提高政治地理教学效果

思之不慎，行而得当。在平时的教学实践中，教师要培养学生的自我反省意识，不断提升自己的教学水平，并优化教学内容与方式。地理教师可采用的方法主要包括渗透法、时事分析法、探究法、社会调查法等。例如，在观看了多位教师的《水资源的合理利用》课程后发现，A 老师将整个课程再次呈现，主要内容是"南水北调"。这种方式不仅为学生提供了一个现实情景，还使他们能够从地理的角度了解我国南水北调工程的目的，从而提高了他们对国家政策的认知，取得了良好的教学效果。这种教学方式很有可取之处，但也有一点需要改进，即老师在这节课的总结中可以强调我国相关法规明确提到建立节水型国家，培养学生节约用水的观念，帮助学生树立科学的资源观。政治地理教育与一般的地理教学有所不同，C 老师在《水资源的合理利用》的教学中采用了传统的讲授教材的方法，但忽略了对学生的情感培养。

另外，两个班级的观察对象都未涉及该领域的最新研究成果和热点问题。例如，"虚拟水理论"在我国水资源的开发与利用中扮演着重要角色，然而，许多中学地理教师却对此知之甚少。教学反思是促进教师专业发展的一种有效方式，对提高教学质量具有重要意义。

(三) 中学地理教师主动与同行或相关学科从业者交流

中学地理教师在中学地理师资队伍建设中起着举足轻重的作用。研究表明，成年人的学习具有以下特点：第一，成年人的学习更加主动；第二，更加注重实践性；第三，可以更好地发挥个体的主观能动性，从而实现创造性思考；第四，更加强调学习的实效性。此外，对成年人而言，在轻松的学习氛围中，他们的学习成果将更加显著。因此，教师的政治地理素质能否有效提升，关键在于教师自身。

地理师范生应通过各种途径积极学习和了解政治地理，当遇到不懂的问题时，应向同学和老师请教，培养对政治地理的浓厚兴趣。然而，学习和教育都是不断发展的过程。成为中学地理老师后，除了积极与同事沟通，还应与各领域的专家学者如教育学、政治学、地理学和经济学等领域的专家进行交流，以不断充实自己的专业知识,掌握学科发展的前沿理论,并用这些理论武装自己。只有这样,才能具备坚实的政治地理理论知识,开阔的教育视野,增强自身的政治地理教育意识,培养强大的政治地理素质。

参 考 文 献

[1]曹红梅．引导与建构：当代大学生性道德教育研究[M]．成都：电子科技大学出版社，2015．

[2]陈国丽．新媒体时代高校德育协同育人模式的实施[J]．公关世界，2022（20）：134-135．

[3]翟莉．德育在初中地理教学中的有效渗透策略[J]．亚太教育，2022（11）：82-84．

[4]丁云，周宗圣．浅析在初中地理教学中渗透德育的有效策略[J]．名师在线，2020（11）：35-36．

[5]贾立敏．德育空间论[M]．北京：中国社会科学出版社，2021．

[6]姜洁晶．新媒体视域下大学生德育研究[M]．北京：世界图书出版公司出版，2017．

[7]李岗．学科融合德育的研究与实践[M]．上海：上海社会科学院出版社，2018．

[8]刘丽波．新时期高校德育教育创新发展研究[M]．石家庄：河北人民出版社，2018．

[9]刘雪侠．初中地理教学中渗透德育的有效策略[J]．当代家庭教育，2021（10）：167-168．

[10]刘阳，陈韵．新媒体背景下高校德育工作路径创新研究[J]．产业与科技论坛，2022，21（06）：87-88．

[11]马光焱，李其源．新媒体语境下开展高校思政德育工作的路径探析[J]．辽宁省交通高等专科学校学报，2023，25（02）：69-72．

[12]齐学红．学校德育与班主任专业成长[M]．上海：华东师范大学出版社，2019．

[13]童卫.基于新媒体时代背景下优化初中德育质量的对策[J].公关世界，2022（24）：117-118.

[14]王丽红，曹玮晏.德育在初中地理教学中的渗透策略[J].华夏教师，2022（02）：3-4.

[15]王伟强，巩冬阳.新媒体时代大学生德育路径思考[J].教育教学论坛，2021（26）：173-176.

[16]杨旭.新时期大学生思想道德教育与法律素质研究[M].成都：电子科技大学出版社，2017.

[17]张凤池.道德教育的方法与实践 基于中国传统文化的视角[M].上海：上海社会科学院出版社，2019.

[18]张忠华.共和国教育学70年·德育原理卷[M].北京：北京师范大学出版社，2021.

[19]周凤林.学校德育顶层设计实践案例[M].上海：华东师范大学出版社，2018.

[20]朱海龙.多元文化与中美大学生道德教育[M].北京：社会科学文献出版社，2017.

后　记

　　德育一直以来都是教育领域的一个重要议题。然而，新媒体时代的到来为德育带来了新的挑战和机遇。在这个时代，信息传播的速度前所未有的快，学生容易受到各种信息的冲击，包括来自互联网、社交媒体等渠道的信息。因此，如何培养学生的品德和价值观成为一个更加紧迫的问题。本书提出了一些关于如何更好地在新媒体时代下进行德育教育的新思考，包括教育理念的更新，关注学生的全面发展，以及采用新的教育方法和形式来传达道德价值观等。本书深入研究了新媒体时代下的德育创新，旨在客观分析德育的理念、模式、内容、方法和形式在这一时代的发展，并探讨了潜在的创新路径。不仅关注了德育的内在发展，还扩大了研究视野，涉及德育教育在不同学科和领域的应用，以及未来的可能发展趋势。

　　本书分为十二章，由王京姝、郭艳和贾士勇共同撰写。其中，山东财经大学的王京姝负责第一章至第四章内容的撰写，合计10万字；辽宁省盘锦市兴隆台区欢喜岭学校的郭艳负责第十章至第十二章内容的撰写，合计10万字；济南槐荫区崇新学校的贾士勇负责第五章至第九章的撰写，合计10万字；山东省滨州市第一中学的李飞负责本书的统稿工作。

　　本书的研究是一个起点，德育的创新需要不断的实践和探索。希望本书的研究能够为教育者、决策者和研究人员提供一些有价值的参考，同时也希望能够激发更多的研究和实践，以推动德育教育在新媒体时代的不断发展和完善。在未来，期待看到更多有关德育教育的深入研究，以满足不断变化的社会和教育需求。